Der Mann, der nicht schlafen konnte

Arthur Stringer

Writat

Diese Ausgabe erschien im Jahr 2024

ISBN: 9789359944739

Herausgegeben von
Writat
E-Mail: info@writat.com

Inhalt

KAPITEL I

Der Lohn geht zur Neige

Zunächst einmal bin ich gebürtiger Kanadier und 33 Jahre alt. Neun dieser Jahre habe ich in New York gelebt. Und meine Freunde in dieser Stadt halten mich für einen erfolgreichen Autor.

Es gab eine Zeit, in der ich mich selbst in einem ähnlichen Licht betrachtete. Aber diese Zeit ist vorbei. Ich muss mich jetzt der Tatsache stellen, dass ich ein Versager bin. Denn wenn ein Mensch nicht mehr schreiben kann, kann er natürlich nicht mehr als Autor gelten.

Ich glaube, ich habe den Namen Witter Kerfoot zu bekannt gemacht, um zu erklären, dass praktisch alle meine Geschichten über Alaska geschrieben wurden. Warum ich für meine Schauplätze auf dieses weit entfernte Land zurückgegriffen habe, ist mir immer noch mehr oder weniger ein Rätsel. Vielleicht lag es nur an der Ferne . Vielleicht lag es daran, dass die Herausgeber sich daran erinnerten, dass ich aus dem Land des Bibers kam, und weise zu dem Schluss kamen, dass ein Kanadier am besten darin wäre, über den gefrorenen Norden zu schreiben. Als ich jedenfalls über den Yukon und seine vereisten Wanderwege schwärmte, kauften sie meine Geschichten ab und verlangten mehr.

Und ich habe ihnen mehr gegeben. Ich habe ihnen blutrote Fiktion über bewaffnete Männer und Claim-Springer und Siwash-Königinnen und Lachsfischerei erzählt. Ich gab ihnen Übermenschen aus Eisen, die gegen Kälte und Hunger kämpften und ihre Feinde immer wieder anknurrten. Ich gab ihnen rednerische junge Ingenieure mit klaren Gesichtszügen und stählernen Sehnen, die gegen die Mächte des hyperboreanischen Bösen kämpften. Ich lieferte ihnen Handgreiflichkeiten, die dazu führten, dass meine Bücher heimlich aus den Schulbibliotheken verbannt wurden, aber dennoch Telegramme von Filmregisseuren einholten, um Erstrechte zu erwirken. Ich ließ sie genug schießen, um den Chilcoot Pass mitten in den Pazifik zu schießen, und wurde öffentlich als Apostel der Eye-Socket School bezeichnet, und das sogar während der dreihundert Nächte dauernden Aufführung meines Melodramas „ *The Pole Raiders* ". Auf den Broadway-Schildern sah ich ein außergewöhnlich robustes Bild von mir in einem verwegenen Stetson und einem Flanellhemd, das am Hals weit offen war, mit einem Rindslederholster, das von meiner herkulischen Taille herabhing, und einem sehr schrecklich aussehenden Six-Shooter ragt aus der offenen Oberseite des Gürtelholsters heraus. Meine Verleger bezeichneten mich aus geschäftlichen Gründen als den Dolmetscher des Großen Nordwestens.

Und ich habe dieses Gebiet mit der Fleißigkeit eines Dachses ausgebeutet. Auf meine Art habe ich Alaska abgebaut. Und es hat mir eine respektable Menge Lohn eingebracht.

Aber ich wusste nichts über Alaska, ich hatte das Land noch nie gesehen. Ich habe mich natürlich darauf „gestopft", so wie wir es früher für die Prüfung der dritten Klasse in lateinischer Grammatik getan haben. Ich blätterte in den Atlanten, ließ Regierungsberichte anfordern , brütete über den RNWMP Blue Books und holte aus einem Telefonverzeichnis der Stadt Montreal etwa hundert französisch-kanadische Namen für Mischlingsschurken. Aber ich wusste nicht mehr über Alaska, als ein Fidschi-Insulaner über die New Yorker Börse weiß. Und deshalb konnte ich so frei und so herrlich darüber romantisieren!

Ich vermute, dass ich genauso verschwenderisch mit Blut umgegangen bin, weil ich noch nie einen echten Blutfluss gesehen habe – außer im Fall meiner kleinen Nichte, als ihre Mandeln entfernt worden waren und eine sehr sanfte Krankenschwester mir aus der Operation geholfen hatte und Er gab mir einen Schluck Eiswasser, nachdem er mir gesagt hatte, dass es am besten wäre, den Kopf so tief wie möglich zu halten, bis es mir besser ginge. Was Schusswaffen angeht, habe ich sie verabscheut. Ich habe nie ein Luftgewehr abgefeuert, ohne vorher die Augen zu schließen. Ich habe nie eine Entenpistole in die Hand genommen, ohne vor Abscheu zusammenzuzucken. So konnte ich auf dem Papier wunderbare Dinge mit Schusswaffen machen. Und mit dem Frozen Yukon und den Schusswaffen zusammen konnte ich Wunder wirken. Ich habe einem ganzen Kontinent so oft pro Saison Gänsehaut gegeben. Und der Kontinent schien es zu genießen, denn diese luftigen Essays aus Eisen und Blut wurden immer bezahlt, und zwar zu immer höheren Raten.

Während dies geschah, geschah etwas noch Wichtigeres, etwas, das mich schließlich mit Mary Lockwood selbst in Kontakt brachte. Ich glaube, es war mehr als alles andere der Zufall, der mich zum ersten Mal in das brachte, was man auf unbestimmte Zeit und oft so abwertend als Gesellschaft bezeichnet. Die Gesellschaft lässt in der Regel nur die Löwen meiner Berufung durch ihre heiligen Tore zu. Und selbst diese Löwen wurden, wie ich herausfand, unter Protest oder unter dem Flügel einer lobenswerten Wohltätigkeitsinitiative akzeptiert, und nachdem sie ihre kleine Stunde gebrüllt hatten, wurden sie stillschweigend wieder in Vergessenheit geraten. Aber ich hatte das Glück, Briefe an die Peytons und die Gruger-Philmores zu bringen , und diese alten Familien, das muss ich ehrlich zugeben, waren dumm genug, mich zu mögen.

Deshalb habe ich von Anfang an mein Bestes getan, um diesen früheren Zugehörigkeiten gerecht zu werden. Ich wurde weitergegeben, von einer geheimnisvoll verbarrikadierten Abgeschiedenheit zur nächsten. Der Teestundenbesuch ging in das formelle Abendessen über, und das formelle Abendessen ging in die noch formellere Loge bei der Horse-Show über, und dann folgte ein Anruf, um an einem Caruso-Abend eine Nische im Metropolitan zu besetzen, oder eine freie Stelle für eine Versammlungstanz bei Sherry's oder eine Woche bei Tuxedo im Winter, wenn das Eislaufen gut war.

Ich habe hart gearbeitet, um mein Ende durchzuhalten. Aber ich war natürlich auf der ganzen Linie ein Betrüger. Ich erkannte bald, dass ich mich als mehr als akzeptabel erweisen musste; Ich musste mich auch als *zuverlässig erweisen* . Dass ich Schriftsteller war, bedeutete diesen Leuten überhaupt nichts. Sie hatten wenig Geduld mit dem langhaarigen Genietyp. Das kam nur bei Musikern gut an. So lernte ich bald, meinen Pony kurz zu schneiden, meine Hose in Falten zu legen und meine Krawatte im Mantelrevers zu verstecken. Ich habe auch gelernt, meinen Verstand zu nutzen, meine Worte auf die Witwe oder auf die Debütantin abzustimmen und wie ich einigermaßen amüsant sein konnte, noch bevor der Champagner-Gang kam. Ich legte Wert darauf, mich an Verlobungen und Jubiläen zu erinnern, und schickte mehr als einmal Blumen und Millairds , für die ich unbedingt bezahlen wollte. Sogar meine *Pourboires* an Butler, Lakaien und Mägde waren in jenen früheren Tagen Gegenstand vieler geheimer und sorgfältiger Überlegungen.

Aber wie gesagt, ich habe versucht, mein Ziel durchzuhalten. Ich *mochte* diese großen und ordentlichen Häuser. Mir gefielen die ruhigen Menschen, die dort lebten. Es gefiel mir, das Leben mit seiner Gleichgültigkeit gegenüber Kleinigkeiten zu betrachten. Ich entwickelte eine ziemliche Verachtung gegenüber meinen bescheideneren Kollegen, die in den Nachbarschaftstheatern und in den Red- Inkeries von Greenwich Village herumlungerten, vor dem Dachgeschosspublikum Sozialismus und Gedichte aus leeren Versen predigten und Schalen mit Fenstervorhängen und Scheuklappen aus Zelluloid mit großen runden Gläsern trugen. und gingen in fröhlichen und Karamell essenden Gruppen zu den „Rush"-Sitzen im *Rigoletto* . Ich wurde, wie ich bereits zu erklären versuchte, als mittelloser, aber zuverlässiger junger Junggeselle akzeptiert. Und ich schätze, ich hätte diese Rolle Jahr für Jahr weiterführen können , bis ich mich zu einem schelmischen und etwas abgenutzten alten *Freund entwickelt hätte* . Aber ungefähr zu dieser Zeit bereitete ich Nordamerika die ersten Gänsehautkrämpfe mit meinem halbgöttlichen Gibson- Ingenieur, der gegen den Bösewicht kämpfte, bis sein Flanellhemd in Lumpen hing, und der dann der Natur die Faust ins Gesicht schüttelte, als sie ihn mit der ewigen Kälte verfolgte . Und es gab Geld, das für die Bewohner der Wohnung geschrieben wurde, über die Ewige Kälte und über den Kampf von Klaue um Klaue und Fang gegen Fang und über

Augenhöhlen ohne Augen darin. Mein Einkommen sammelte sich wie ein Schneeball. Und als es so weit kam , begann ich zu spüren, dass ich ein Etablissement haben sollte – kein Hinterzimmerstudio am Washington Square, keine Mansarde im Village of the Free- Versers , noch eine bloße Wohnung in den West Sixties, noch nicht einmal eine Maisonette mit Blick auf den Central Park South. Ich wollte mehr sein als eine Nummer. Ich wollte ein Haus, ein eigenes Haus, und einen katzenfüßigen Butler, der einen Hickoryholzscheit ins Feuer legt, und einen kompletten Satz Sévres *auf* meinem Mahagoni-Sideboard und etwas, über das ich einen Streifen roten Teppichs spannen kann, wenn … Landaulets und Limousinen rollten vor meiner Tür.

Also habe ich das Haus der Whighams am Gramercy Square für neun Jahre gemietet . Es war altmodisch und ruhig und unprätentiös für das vorbeigehende Auge, aber unter dieser etwas düsteren Hülle verbarg sich ein erstaunlich reicher Kern von Luxus. Es war guter Ton; Es war unglaublich bequem und nicht das, wonach der Kletterer strebt. Selbst die Kosten einer neunjährigen Anspruchsdauer verschlugen mir den Atem, aber der Gedanke an Alaska stärkte immer meinen Mut.

Damals musste ich viel über Alaska nachdenken, denn nachdem ich mein Haus erworben hatte, musste ich auch einen Mann gewinnen, der es verwaltete, und dann ein paar andere Leute, die dem Mann halfen, der mir half, und dann einen Stadtauto, das mich dort hin und zurück bringt, und dann ein Chauffeur, der sich um das Auto kümmert , und dann die Dienstkleidung für den Chauffeur, und kurz gesagt, die tausend und eine unerwartete Sache, die mit der Nadelfeder konfrontiert wird Haushälter und halte ihn davon ab, sich zu sehr als Herr der Schöpfung zu fühlen.

Doch in Benson, meinem Butler, habe ich zweifellos ein Juwel ersten Ranges gefunden. Er bewegte sich so leise wie ein Panther und doch so wachsam wie ein Adler. Er könnte gleichzeitig allgegenwärtig und selbstvernichtend sein. Er war die fleischgewordene Sanftmut, und doch konnte er mich so unaufhaltsam zu einer vorgegebenen Verhaltensweise zwingen, wie Stahlschienen eine Straßenbahn auf ihrer vorherbestimmten Verkehrslinie führen. Tatsächlich war er viel mehr als nur ein Butler. Er war Kammerdiener, *Küchenchef*, Lord-High-Chamberlain, Einkäufer, Leibwächter und gütiger alter Pate in einem. Der Mann hat mich *gestillt* . Das konnte ich die ganze Zeit sehen. Aber ich war schon damals ein überarbeitetes und leicht neurasthenisches Exemplar und war froh, diese maskierte und stille Effizienz immer an meiner Seite zu haben. Es gab auch Zeiten, in denen seine Tätigkeiten mit denen eines ausgebildeten Krankenpflegers verschmolzen, denn wenn ich zu viel rauchte , versteckte er meine Zigarren, und wenn ich zu hart arbeitete, erinnerte er sich unpersönlich daran, was das morgendliche Reiten im Park für einen Ehemaligen bewirkt hatte Meister von ihm. Und als ich dazu überging, Chloralhydrat zum Einschlafen zu verwenden, hatte diese gefährliche kleine Flasche die Angewohnheit, auf mysteriöse und unerklärliche Weise von ihrem zugewiesenen Platz in meinem Badezimmerschrank zu verschwinden.

Es gab nur eine Sache, in der mich Benson enttäuschte. Das lag an seiner hartnäckigen und unvernünftigen Abneigung gegen Latreille , meinen französischen Chauffeur. Denn Latreille war auf seine Art genauso effizient wie Benson selbst. Er verstand sein Auto, er verstand die Verkehrsregeln und er verstand, was ich von ihm wollte. Latreille war gewissermaßen eine Entdeckung für mich. Als ich eines Abends bei den Peytons speiste, traf ich den Polizeikommissar, der mir eine Karte gegeben hatte, mit der ich durch das Hauptquartier schlendern und die Mechanismen des Gesetzes inspizieren durfte. Ich war zufällig auf Latreille gestoßen , als er im Identifizierungsbüro vermessen und „überfallen" wurde, wobei diese seltsam aussehenden Bertillon-Zangen seine Schädelmessungen vornahmen. Die Intelligenz des Mannes interessierte mich; Der unveräußerliche Ausdruck der Seriosität in seinem Gesicht überzeugte mich als Kenner der menschlichen Natur davon, dass er nicht für ein solches Schicksal oder eine solche Umgebung bestimmt war. Und als ich mir seinen Fall ansah, stellte ich fest, dass der Instinkt nicht falsch gewesen war. Dem Unglücklichen wurde ein Autodiebstahl „angeklagt", an dem er völlig unschuldig war. Er erklärte mir das alles tatsächlich mit Tränen in den Augen. Und die Umstände bestätigten, als ich sie untersuchte, seine Aussagen. Also besuchte ich den Kommissar und wurde zu den Bewährungshelfern weitergeleitet, von denen ich zum stellvertretenden Bezirksstaatsanwalt weiterging, der mich wiederum an einen anderen Beamten delegierte, der zynisch genug war, um vorzuschlagen, dass der Gefangene möglicherweise freigelassen werden könnte, wenn … Ich war bereit, so weit zu gehen, ihn zu binden. Dies tat ich sehr schnell, denn ich war nun entschlossen, den armen Latreille wieder als freien Mann zu sehen .

Latreille bekundete seine Wertschätzung für meine Bemühungen, indem er mir beim Kauf meines Stadtautos siebenhundert Dollar sparte — obwohl ich aus Aufrichtigkeit zugeben muss, dass ich später herausgefunden habe, dass es sich um einen generalüberholten Gebrauchtwagen handelte und nicht um ein fabrikneues Produkt, wie ich es getan hatte erwartet. Aber Latreille war stolz auf dieses Auto und stolz auf seine Position, und ich war stolz darauf, einen französischen Chauffeur zu haben, obwohl meine Begeisterung etwas später gedämpft wurde, als ich entdeckte, dass Latreille nicht aus dem *Bois de Boulogne* stammte *Die Avenue de la Paix* entstand in den etwas weniger prächtigen Vororten von Three Rivers, oben am St. Lawrence.

Aber mein Interesse an Latreille wurde zu dieser Zeit ziemlich untergeordnet, denn mir passierte etwas viel Wichtigeres als Autos. Ich verliebte mich in. Ich habe mich in Mary Lockwood verliebt, Hals über Kopf in ein Mädchen, das jede zweite Woche ein Stadtauto in den Hudson hätte werfen können, ohne es jemals zu verpassen. Sie war wunderschön; sie war wunderbar; aber sie war entmutigend reich. Trotz all ihres abscheulichen Reichtums war sie jedoch ein furchtbar ehrliches und ehrliches Mädchen, ein New Yorker Mädchen mit gesundem Körper, klarem Blick, praktischem Denken und normalem Leben, das in den zweiundzwanzig aktiven Jahren seines Lebens hatte genug von der Welt gesehen, um zu wissen, was Furnier und was solide war, und hatte genug von Männern gesehen, um von ihnen geistige Kameradschaft und kein „Quatschgeschwätz" zu verlangen.

Ich habe sie zum ersten Mal beim Volpi-Verkauf in den American Art Galleries gesehen, wo wir zufällig gegeneinander um eine alte italienische Tischdecke geboten haben, einen blauen Samt aus dem 16. Jahrhundert, bestickt mit einer Goldgallone. Mary hat mich natürlich eingeladen. Ich habe meine Tischdecke verloren und damit auch mein Herz. Als ich sie eine Woche später im Obden-Belponts traf, gestand sie, dass ich lieber auf ihrem Gewissen gewesen wäre. Sie bot mir großzügig an, mir das Rechteck aus altem Samt zu übergeben, falls ich immer noch über seinen Verlust trauern sollte. Aber ich sagte ihr, dass alles, was ich wollte, die Gelegenheit sei, es gelegentlich zu sehen. Und gelegentlich habe ich es mir angesehen. Ich sah auch seinen Besitzer, der für mich von Woche zu Woche immer wunderbarer wurde. Dann habe ich wegen ihr den Kopf verloren. Diese *Apherese* war so vollständig, dass ich Mary erzählte, was passiert war, und sie bat, mich zu heiraten.

Mary ging bei allem sehr praktisch vor. Sie sagte, sie mochte mich, mochte mich sehr. Aber es gab noch andere Dinge zu bedenken. Wir müssten warten. Ich hatte meine Arbeit zu erledigen – und sie wollte, dass es *eine große Arbeit* war , eine herrlich große Arbeit. Sie würde nicht einmal einer formellen Verlobung zustimmen. Aber wir hatten ein „Verständnis". Ich wurde zu meiner Arbeit zurückgeschickt, betrunken von der Erinnerung an ihre ergebenen Lippen, die warm auf meinen lagen, an ihre wehmütigen, flehenden Augen, die mein Gesicht nach etwas absuchten, das sie dort scheinbar nicht finden konnte.

Meine Arbeit, zu der ich zurückkam, schien jedoch etwas sehr Flaches, Dürftiges und Triviales zu sein. Und das war, wie mir klar wurde, ein Zustand, der niemals funktionieren würde. Der Topf musste am Kochen gehalten werden, und zwar jetzt lebhafter als je zuvor. Ich war in einen mehr oder weniger luxuriösen Lebensstil verfallen; Ich hatte einen teuren Geschmack entwickelt und eine Vorliebe für Antiquitäten und chinesische Bronzen *sowie jene Kunstgegenstände entwickelt* , die man nie auf dem Schnäppchenmarkt findet. Ich war den spartanischen Gewohnheiten meiner Jugend entwachsen, als ich bei Child's zufrieden zu Mittag essen und auf einer Studiocouch in einem Zimmer im obersten Stockwerk tief und fest schlafen konnte. Und dieser räuberische Menschenfresser namens „Social Obligation" hatte immer mehr seine Verbindungen und Fesseln über meine Bewegungen geschmiedet. Mehr denn je wurde mir klar, dass ich mithalten musste. Was eine Freizeitbeschäftigung hätte sein sollen, war fast zu einem Laufband geworden. Ich war ein Heuchler und musste meinen Vorwand aufrechterhalten. Ich konnte es mir nicht leisten, „fallen gelassen" zu werden. Ich musste meine Grenzen schützen und meine Kräfte besänftigen. Ich konnte Mary nicht bitten, sich einem Niemand hinzugeben. Anstatt also zu versuchen, ein Ende durchzuhalten, versuchte ich, zwei durchzuhalten. Ich bewegte mich weiterhin am Rande der Vierhundert. Und ich klammerte mich weiterhin hungrig an Marys Hinweis, Arbeit zu leisten, herrlich große Arbeit.

Aber herrlich große Arbeit wurde, wie ich entdeckte, meist von einsamen Männern verrichtet, die einfach und ruhig lebten und sich von den frivolen Nebenthemen des Lebens fernhielten, abgeschieden von den Ablenkungen einer Stadt, die nur für Müßiggänger und Lotos organisiert zu sein schien. Esser. Und ich konnte sehen, dass der Lohnschmutz aus Alaska immer dünner wurde.

Um dem abzuhelfen, vermute ich, habe ich mit meinem alten Freund Pip Conners gegessen, der gerade nach vierzehn langen Jahren im Yukon in die Zivilisation zurückgekehrt war. Unser gemeinsames Abendessen war unvergesslich. Es war einer der Meilensteine meines Lebens. Ich wollte meine Informationen über diesen entlegenen Winkel der Welt, den ich in gewisser Weise als meinen eigenen angesehen hatte, auffrischen. Ich wollte neue Informationen, Daten aus erster Hand und neue Inspiration. Und ich war froh zu spüren, wie Pips geile Hand sich brüderlich um meine schloss.

„Witter", sagte er und starrte mich voller Bewunderung an, „du bist ein Wunder."

Mir gefiel Pips Lob, auch wenn ich etwas ratlos war, die Inspiration darin zu erkennen.

"Du meinst das?" Ich fragte mit einer beiläufigen Handbewegung nach meiner Wohnung am Gramercy Square.

„Nein, Sir", war Pips prompte Antwort. „Ich meine deine Geschichten. Ich habe sie alle gelesen."

Ich errötete dabei, ganz offen. Denn solch ein Lob von einem Mann, der das Leben so kannte, wie es war, der das Leben in seiner Rohform kannte, klang wie Honig in meinen Ohren.

„Willst du damit sagen, dass du sie *da oben bekommen könntest* ?" Ich bat eher um etwas, um meine Verlegenheit zu vertuschen, als um tatsächliche Informationen zu erhalten.

„Ja", bestätigte Pip mit einem ziemlich albern klingenden Lachen, „sie kommen durch die Post ungefähr so, wie sie durch die Post hier unten gekommen wären. Und die Leute lesen sie sogar hin und wieder, wenn der Waffenrauch weht." raus aus dem Tal!"

„Was fandest du dann so wunderbar an ihnen?" Ich erkundigte mich etwas unsicher nach seinem Gedankengang.

„Es sind nicht *sie* , die wundervoll sind, Witter. Du bist es. Ich sagte, du wärst ein Wunder. Und das bist du."

„Und warum bin ich ein Wunder?" fragte ich, während der Honigtropfen meine Bescheidenheit nicht mehr beeinträchtigte.

„Witter, *du bist ein Wunder, dass du damit durchkommst* !" war Pips feierliche Antwort.

„Um damit durchzukommen?" Ich wiederholte.

„Ja, um es untergehen zu lassen! Um sie zu fesseln, zu knebeln und zu fesseln! Damit sie kommen und dir aus der Hand fressen und dann nach mehr schreien! Denn ich bin schon seit Jahren dort oben im britischen Yukon Vierzehn schöne, angenehme Jahre, Witter, und ich habe das Land irgendwie kennengelernt. Ich weiß, wie die Leute dort leben und welche Gesetze es gibt. Und es kommt dir vielleicht seltsam vor, Freund-Autor, aber Leute da oben In diesem Bezirk sind die Menschen hier unten in den Staaten ungewöhnlich ähnlich. Und im Klondike und im selben britischen Yukon gibt es ein Feuerwaffengesetz, das es für jeden Zivilisten gesetzeswidrig macht, eine Waffe zu tragen. Und dieses Gesetz wird mit Sicherheit umgesetzt. Fakt ist , eine Waffe ist nicht *nötig* . Und selbst wenn du eine reinschmuggeln würdest, würde die berittene Polizei sie dir verdammt schnell wegnehmen!"

Ich saß da und starrte ihn an.

„Aber all diese Kinofilme", keuchte ich. „Und all diese Romane über . . ."

„Deshalb sage ich, dass du ein Wunder bist", unterbrach ihn Pip mit dem freundlichen Blick. „Du kannst *jederzeit alle* Leute täuschen ! Du hast es geschafft. Und du tust es weiterhin. Du kannst sie einschläfern lassen und es aus ihrer Hosentasche ziehen, bevor sie merken, dass sie vorbei sind." Du hast sie sogar in die alltägliche Schulgeographie vertieft. Du hast einige deiner Helden sieben- oder achthundert Meilen zurücklegen lassen, und das auf einer Rodelbahn aus Birkenrinde, zwischen dem Abendessen und Abendessen. Und wenn das nicht genial ist, habe ich es noch nie in einem Lesebuch eingebunden gesehen!"

Dieses Abendessen war zwar ein Meilenstein in meinem Leben, aber nicht so, wie ich es erwartet hatte. Denn während ich in kaltem Schweiß der Besorgnis und gekrönt von Scham dasaß, erzählte mir Pip Conners viele Dinge über Alaska und den Klondike. Er erzählte mir viele Dinge, die für mich neu waren, entmutigend, entmutigend, entmutigend neu für mich. Ohne es zu wissen, hat er mich niedergestochen und mich durch und durch erstochen. Ohne zu träumen, was er tat, hat er mich ausgeweidet. Er hinterließ mir die hohle und leere Maske eines Autors. Er hinterließ mir ein obdachloses Exil, in dem die eisernen Tore der Tatsachen streng verschlossen waren, und zwar in einem Gebiet, das einmal ein Märchenland der Romantik gewesen war, ein gelobtes Land ungehinderter und sorgloser Fantasien.

Das war meine erste schlaflose Nacht.

Ich sagte nichts zu Pip. Ich habe niemandem etwas gesagt . Ich hielt diesen Schamgeier fest in meinen Armen und spürte, wie sein unreiner Schnabel in meine Eingeweide eindrang . Am nächsten Tag versuchte ich, mich wieder meiner Arbeit zu widmen und mich in der Schöpfung zu verlieren. Aber es war, als würde man neben einer Leiche Trost suchen. Für mich wurde Alaska getötet, für immer getötet. Und der Verfall hatte mehr als nur meine Arbeit befallen. Es hatte sich über meine Welt selbst ausgebreitet, die Welt, die nur die Arbeit meiner Feder in Ordnung und Ordnung halten konnte. Die Stadt, in der ich als Eroberer gesessen hatte, legte sich plötzlich um mich herum wie ein flaches und eintöniges Plateau der Langeweile, so leer und abgestanden wie ein Zirkusgelände, nachdem der letzte Planwagen davongerumpelt ist.

Ich habe nicht die Absicht, diese Erzählung zu den Geständnissen eines Neurasthenikers zu machen. Nichts liegt weiter von meinen Zielen entfernt als die Gründung einer zweiten Stadt der schrecklichen Nacht. Aber ich begann mir Sorgen zu machen. Und später begann ich, meine Probleme zu vergrößern. Ich bin in diesem Sommer sogar in New York geblieben, aus dem einfachen Grund, weil ich es mir nicht leisten konnte, wegzugehen. Und es war ein unbeschreiblich heißer Sommer. Ich tat mein Bestes, um zu arbeiten, saß stundenlang da, starrte auf ein leeres Blatt Papier und machte mich wie ein Wurm auf den Weg, um eine vorübergehende Idee einzufangen. Aber auf diesem makellos weißen Quadrat kam keine einzige Idee auf. Als ich neue Felder ausprobierte und wusste, dass Alaska tot war, schüttelten die Redakteure feierlich den Kopf und verkündeten, dass dieses neue Angebot von mir offenbar nicht mehr so gut funktioniert wie meine ältere Art. Dann überkam mich Panik und nach einer weiteren weißen Nacht ging ich direkt zu Sanson , dem Nervenspezialisten, und sagte ihm, ich würde verrückt werden.

Er lachte mich aus. Dann tippte er mich beiläufig an, testete meine Reflexe, maß meinen Blutdruck und stellte mir noch schüchterner ein oder zwei Fragen. Am Ende verkündete er, dass ich kerngesund sei, was auch immer das heißen mochte, und schlug im Nachhinein vor, ich solle das Rauchen aufgeben und mich mehr dem Golfen widmen.

Das hat mir ein oder zwei Wochen lang Auftrieb gegeben. Aber als Mary strahlend und kühl für drei Tage zum Einkaufen in die Stadt kam, schien sie eine Veränderung in mir zu bemerken, die sie zunächst überraschte und dann beunruhigte. Ich war mir bitter bewusst, dass ich eine Enttäuschung für jemanden war, der Großes von mir erwartete. Und um diesem zweischneidigen Schwert der Demütigung zu entkommen, habe ich erneut versucht, mich in meine Arbeit zu vertiefen. Aber ich hätte genauso gut versuchen können, mich in einer Butterdose zu vergraben, denn es gab keine Anstrengung und keine Aktivität, die mich umhüllen konnte. Ich wurde zum Nichtstun gezwungen, ohne jemals die Kunst des Nichtstuns erlangt zu haben. Denn das Leben mit mir war ein wenig wie das Kochen von Reis: Man musste ihn im Galopp halten, damit er nicht matschig wurde. Doch jetzt schien das Feuer selbst erloschen zu sein. Und das veranlasste mich dazu, hinzusitzen und meinen Werken zuzuhören, wie die französische Sprache es ausdrückt, was für einen von Natur aus nervösen Mann niemals eine gewinnbringende Berufung ist.

Sanson zurückkehrte und im Namen Gottes etwas verlangte, das mir eine gute Nachtruhe bescheren würde. Diesmal war er weniger scherzhaft. Er sagte mir, ich solle meine Sorgen vergessen und ein paar Wochen angeln gehen.

Ich *bin zwar* angeln gegangen, aber ich habe nach Ideen gesucht. Und ich bekam kaum einen Schlag. An ein Verlassen der Stadt war mehr denn je nicht zu denken. Zur Erholung ließ ich mich von Latreille im Auto mitnehmen, als mich ein fieberhafter Geschwindigkeitsdurst, den ich mir nur schwer erklären konnte, in tägliche Verstöße gegen die Verkehrsregeln trieb. Tatsächlich wurde ich dafür zweimal mit einer Geldstrafe belegt, beim zweiten Mal erhielt ich eine knappe Warnung des vorsitzenden Richters, da die Straftat in diesem Fall durch einen Zusammenstoß mit einem leeren Kinderwagen erschwert wurde. Latreille schien sich ungefähr zu dieser Zeit meines Zustands auf unheimliche Weise bewusst zu sein. Immer mehr schien er mich aufs Korn zu nehmen, bis sich die Verärgerung in eine regelrechte Abneigung gegen den Mann verwandelte.

Als Mary für ein paar Tage in die Stadt zurückkam, bevor sie im Herbst in die Hügel von Virginia fuhr, sah ich so elend aus und fühlte mich so elend, dass ich beschloss, sie nicht zu sehen. Ich nahm jetzt Veronal, damit ich schlafen konnte, und bei kühlerem Wetter suchte ich nach besserer Ruhe und einer Rückkehr zur Arbeit. Aber meine Hoffnungen waren unbegründet. Ich fürchtete mich vor der Nacht und vor dem immer wiederkehrenden Kampf der Nacht um den Schlaf. Ich habe meinen Blick auf die Dinge verloren. Und dann kam die krönende Katastrophe, die Katastrophe, die mich in eine Art Macbeth des 20. Jahrhunderts verwandelte.

Die Einzelheiten dieser Katastrophe waren lächerlich genug, und sie hatte keinen eindeutigen und eindeutigen Ausgang, aber ihre Auswirkungen auf meine überanstrengten Nerven waren hinreichend katastrophal. Es geschah seltsamerweise in der Halloween-Nacht, wenn die Welt eigentlich dem Fest gewidmet sein sollte. Latreille hatte mich zu einem kleinen Tanzabend bei Washburn's auf Long Island gefahren, aber ich war am frühen Abend abgereist, pervers deprimiert von einer Heiterkeit, zu der ich mich nicht einlassen wollte. Zweimal, auf dem Rückweg in die Stadt, hatte ich Latreille um mehr Geschwindigkeit gebeten . Wir waren gerade am Stadtrand von Brooklyn abgebogen, als meine schwenkenden Scheinwerfer die Gestalt eines Mannes entdeckten, eines labilen und schwankenden Mannes, offensichtlich betrunken, der schwankte und direkt vor meinem Auto fiel.

Ich hörte das Quietschen der Bremsen und die schrillen Rufe einer Gruppe Jugendlicher auf dem Bürgersteig. Aber es war zu spät. Ich konnte den Aufprall spüren, als wir zuschlugen. Ich konnte den widerwärtigen Knall und die Erschütterungen spüren, als die Räder über den gefallenen Körper donnerten.

Ich stand auf, ohne genau zu wissen, was ich tat, und schrie wie eine Frau. Dann fiel ich schwach in meinen Sitz zurück. Ich glaube, ich habe geschluchzt. Ich bemerkte kaum, dass Latreille es nicht geschafft hatte, das Auto anzuhalten. Er sprach tatsächlich zweimal mit mir, bevor ich es wusste.

„Sollen wir weitermachen, Sir?" fragte er und warf mir über die Schulter einen Blick zu.

„ *Mach weiter!* ", schrie ich, obwohl ich inzwischen genau wusste, was ich sagte, und gab einfach dieser blinden und feigen Panik nach Selbsterhaltung nach, die den Menschen auf dem Tiefpunkt kennzeichnet.

Wir polterten, bogen ab und rasten auf den Flügeln der Feigheit davon. Ich saß keuchend da und presste meine feuchten Finger zusammen, wie ich es bei hysterischen Frauen gesehen habe, die Latreille um Geschwindigkeit und noch mehr Geschwindigkeit baten .

Ich weiß nicht, wohin er mich gebracht hat. Aber ich wurde mir der tröstlichen Schwärze der Nacht um uns herum bewusst. Und ich dankte Gott, wie Kain es getan haben muss, als er mit seiner Schande allein war.

„ Latreille ", sagte ich und atmete schwer, als wir langsamer wurden, „haben wir – *haben wir ihn getötet* ?"

Mein Chauffeur drehte sich auf seinem Sitz um und musterte mein Gesicht. Dann blickte er aufmerksam zurück, um sicherzustellen, dass wir nicht verfolgt wurden.

„Das ist ein schweres Auto, Sir", gab er schließlich zu. Er sagte es kühl und fast unpersönlich. Aber die Worte trafen mich wie ein Vorschlaghammer ins Herz.

„Aber wir hätten keinen Mann töten können", schrie ich wahnsinnig und schwach, als wir am Straßenrand stehen blieben.

„4200 Pfund – und er hat beide Räder!" protestierte ruhig gegen meinen Feind, denn ich hatte jetzt das Gefühl, dass er in gewisser Weise mein Feind war.

„Was zum Teufel wirst du tun?" Ich schnappte nach Luft, denn ich bemerkte, dass er von seinem Sitz aufstand.

„Sollte ich nicht besser das Blut vom Fahrwerk entfernen, bevor wir zurück in die Stadt fahren?"

"Blut?" Ich zitterte, als ich mich an der Kleiderstange vor mir festklammerte. Und dieses eine Wort brachte mir den Schrecken der Sache in all ihrer Grausamkeit vor Augen. Ich konnte Achsen, Trittbrett und Bremsbügel sehen, die von Rot trieften, mit Fleischfetzen übersät waren und von schwärzendem Blut übersät waren. Und ich bedeckte mein Gesicht mit meinen Händen und stöhnte laut in meinem Seelenschmerz.

Aber Latreille wartete nicht auf mich. Er hob das Sitzpolster an, holte Putzlappen aus dem Werkzeugkasten und kroch unter dem Auto außer Sichtweite. Ich konnte das gelegentliche Zittern spüren, das durch das Gerüst ging, während er sich mit dieser grausigen Aufgabe beschäftigte. Ich konnte sein zufriedenes Grunzen hören, als er fertig war. Und ich beobachtete ihn mit fassungslosen Augen, wie er durch die vage Dunkelheit trat und seine verräterischen Tücher weit über den Straßenzaun warf.

„Es ist alles in Ordnung", verkündete er gesellig, als er wieder ins Auto stieg. Aber das Verhalten des Mannes hatte eine neue Note, eine Note, die selbst durch diesen schwarzen Nebel des Schreckens zu mir drang und meinen Groll weckte. Wir waren Partner in der Kriminalität. Wir waren

Mitspieler in einem Drama unbeschreiblicher Feigheit, und ich war bis ans Ende der Zeit in der Macht des Mannes.

Der Ausgang dieser Katastrophe war, wie ich bereits sagte, unbestimmt, quälend unbestimmt. Ich war zu erschüttert und krank, um die Konsequenzen zu erkennen. Das überließ ich Latreille , der offenbar gut genug verstand, was ich von ihm erwartete.

Die erste Nacht verging und es kam nichts dabei heraus. Der Morgen verging, und mein Mittäter schien nichts zu entdecken, was einer Probe für mich würdig gewesen wäre. Dann kam und ging noch eine weitere Nacht. Mit schlagendem Herzen ging ich die veröffentlichten Krankenhausberichte und die Polizeiakten durch. Aber ich konnte keinen offiziellen Bericht über die Tragödie finden. Offensichtlich zufällig begegnete ich sogar meinem guten Freund, dem Streifenpolizisten McCooey, und unterhielt ihn auf seiner Tour durch Gramercy Park, um beiläufig nachzufragen, ob es auf der Straße zu Unfällen kam und ob sich solche Vorkommnisse in letzter Zeit häuften. Aber offenbar hatte McCooey nichts Bedeutendes zu Ohren bekommen. Und ich stand da und beobachtete ihn, wie er mit einer meiner besten Zigarren unter seiner Tunika ruhig mit flachen Füßen von meinem Haus wegschritt, und fragte mich, was die Welt sagen würde, wenn sie diesen Witter Kerfoot kennen würde, den unerschrockenen Schöpfer sehniger, knurrender Übermenschen und mit eisernen Fäusten gegen die Zähne der Extremität gekämpft und wie ein Kaninchen vor einem Menschen geflohen, den er umgeworfen und getötet hatte?

Trotz aller Hoffnung hoffte ich jedoch immer noch, versuchte mir einzureden, dass es nicht einfach ist, einem Mann das Leben zu nehmen, machte mir leidenschaftlich Vorwürfe, dass ich nicht das getan hatte, was ich hätte tun sollen, um den Verletzten zu helfen, und erinnerte mich dann betrübt an das, was Latreille erwähnt hatte über das Gewicht meines Autos. Doch erst in der nächsten Nacht, als ich es wagte, in diese abscheulich schwerfällige Maschine der Zerstörung einzusteigen, wurde diese Unsicherheit zur Realität.

„ *Du hast ihn erwischt* ", verkündete mein Chauffeur halblaut, damit Benson, der auf der Haustreppe stand, diese schicksalhaften Worte nicht mithören konnte.

"Hab ihn?" wiederholte ich und ärgerte mich ein wenig darüber, dass der Mann dieses Personalpronomen Singular benutzte.

"Getötet!" war Latreilles einsilbige Erklärung. Und mein Herz hörte auf zu schlagen.

"Wie kannst du das Wissen?" fragte ich mit entsetztem Flüstern. Denn ich verstand die Gesetze des Landes ausreichend, um zu wissen, dass ein

Raser, der vor dem Opfer seiner Fahrlässigkeit flieht, technisch gesehen des Totschlags schuldig ist.

„Ein Mann namens Crotty, den ich kenne, hat geholfen, die Leiche zurück zu seinem Haus zu tragen. Crotty hat mir gerade davon erzählt."

Mein Gesicht muss Latreille Angst gemacht haben , denn er verdeckte seine Bewegung, meinen Arm zu ergreifen, indem er feierlich die Autotür für mich öffnete.

„Bleib ruhig, Mann!" befahl er mit seinem knappen und verschwörerischen Unterton. „Bleiben Sie ruhig – denn das ist alles, was noch zu tun bleibt!"

Ich saß fest. Es war alles, was zu tun war. Ich ertrug Latreilles Selbstgefälligkeit kommentarlos. Zwischen uns entwickelte sich prompt ein stillschweigendes Schweigen. Dennoch hatte ich Grund zu der Annahme, dass dieses Schweigen nicht immer so tief war, wie es schien. Denn am Ende meines dritten Tages der selbstquälerischen Einsamkeit ging ich zum Essen in meinen Club. Ich bin mit gebissenen Zähnen gegangen. Ich ging in der Hoffnung hin, meine Selbstangst loszuwerden, so wie ein Alkoholiker in ein türkisches Bad geht. Ich habe mich noch einmal mit meinen Kameraden getroffen, um zu beweisen, dass ich mit ihnen auf einer gemeinsamen Basis stehe.

Doch die Vermischung war kein Erfolg. Ich betrat dieses vertraute Portal in zitternder Angst vor Feindseligkeit. Und ich habe gefunden, was ich gesucht habe. Ich bemerkte, dass ich von Männern, die sich einst als meine Freunde ausgegeben hatten, kalt beäugt wurde. Ich speiste alleine und war bedrückt von der Entdeckung, dass ich von den anderen Mitgliedern einer organisierten Gesellschaft absichtlich gemieden wurde. Dann fasste ich mich zusammen und argumentierte einsam, dass das alles bloße Einbildung sei, die Ausdünstungen eines krankhaften und chlorotischen Geistes. Doch im nächsten Moment erlebte ich einen Gegenschock. Denn als ich verzweifelt aus dem Fenster des Clubs blickte , erblickte ich Latreille selbst. Er stand am Straßenrand und unterhielt sich selbstbewusst mit drei anderen Chauffeuren, die zwischen ihren Autos um ihn herumstanden. Nichts, erinnerte ich mich plötzlich, konnte den Mann vom Tratschen abhalten. Und ein Wort, das einem Diener ins Ohr fiel, wurde bald an einen anderen weitergegeben. Und dieser andere würde das Flüstern noch weiter verbreiten, bis es sich wie eine Infektion von unten nach oben und von Privathäusern bis zu den Dächern ausbreitete. Und schon war ich ein gezeichneter Mann, ein Paria, ein Ausgestoßener, der keine freundliche Wildnis hatte, die mich verschlingen konnte.

Ich schlich in dieser Nacht nach Hause, während ein Lot aus Blei unter meinen Rippen schwang, wo mein Herz hätte sein sollen. Ich versuchte zu schlafen und konnte nicht schlafen. Also nahm ich eine doppelte Dosis Chloralhydrat und wurde mit ein paar Stunden Albtraum belohnt, in dem ich ein Attila aus dem 20. Jahrhundert war, der in einem Rennwagen über eine endlose Allee entblößter Kleinkinder fuhr. Es war alles so schrecklich, dass ich vor dem Schlag des Tageslichts schlaff und zitternd zurückblieb. Dann, aus einer leeren Trostlosigkeit, die immer unerträglicher wurde, klammerte ich mich fieberhaft an den Gedanken an Mary Lockwood und die herbstlich gefärbten Hügel Virginias. Ich verspürte das Bedürfnis, dieser Stadt des verlorenen Schlafs zu entfliehen. Ich verspürte das Bedürfnis, das zu „äußern ", was mein Innerstes zersetzte. Plötzlich überkam mich ein fieberhaftes Verlangen nach Gesellschaft. Also schickte ich ein Telegramm mit vierzig Wörtern an die einzige Frau auf der Welt, die mir in meiner Not helfen konnte. Und der nächste Morgen brachte mir eine Antwort.

Es hieß lediglich: „Komm nicht."

Mit dieser knappen Botschaft schien der Boden aus der Welt zu fallen, und ich tastete verzweifelt und verzweifelt nach etwas Stabilem, das mich tragen könnte. Aber da war nichts. Schlechte Nachrichten, erinnerte ich mich bitter, hatte die Angewohnheit, schnell zu reisen. *Maria wusste es* . Die endlose Kette hatte sich erweitert, wie eine Funkwelle. Es war wie Kriegsgas weitergerollt, bis es sogar die Hänge jenseits des Potomac vernichtet hatte. Denn Maria *wusste es* !

Zwei Tage später folgte nach dem Telegramm eine Notiz in ihrer Lattenzaunschrift, die so spitz wie Pfeilspitzen war.

„Es gibt bestimmte Dinge", schrieb Mary, „über die ich kaum auf dem Papier sprechen kann. Zumindest nicht, da ich lieber darüber sprechen würde. Aber diese Dinge müssen notwendigerweise eine Veränderung in Ihrem Leben bewirken, und in meinem. Das tue ich nicht „Ich möchte nicht hart wirken, Witter, aber wir können nicht so weitermachen wie bisher. Wir müssen uns beide an den Gedanken gewöhnen, im Einzelgeschirr dahinzutrotten. Und ich denke, Sie werden verstehen, warum. Ich" Ich verlange keine anspruchsvollen Erklärungen, denken Sie daran. Ich verlange lediglich einen Waffenstillstand. Wenn Sie beabsichtigen, mich zuzulassen, möchte ich immer noch Ihr Freund sein, und ich vertraue darauf, dass zwischen uns keine wahrnehmbare Kluft entstehen wird [Anmerkung des Übersetzers: Gähnen?], wenn wir Gelegenheit, am selben Tisch zu speisen oder durch denselben *Cotillion* zu gehen. Aber ich muss mich den neueren Umständen beugen, mit denen Sie anscheinend konfrontiert wurden, noch bevor sie sich mir präsentierten. Wenn ich mich also verabschiede, gehört das eher zur Vergangenheit , denke ich, als zu Dir."

Ich erinnere mich, dass das die erste Nacht war, in der sich Schlafpulver für mich als nutzlos erwies. Und dies wäre keine ehrliche Darstellung der Ereignisse, wenn ich nicht erwähnen würde, dass ich mich am nächsten Tag in meinem Arbeitszimmer eingeschlossen und viel mehr *Pommery-Greno getrunken habe* , als mir gut tat. Ich habe mich tatsächlich betrunken, blind, dumm und sinnlos. Aber es schien einen Schleier zwischen mir und der Vergangenheit zu legen. Es machte aus meinem Körper ein Lagerfeuer, um die Trümmer meines Geistes zu verbrennen. Und als der arme alte Benson mit dem geduldigen Blick mir ein Bromid mischte und mich ins Bett brachte, fühlte ich mich wie ein Patient, der nach einer großen Operation aus dem Äther erwacht. Ich war müde und wollte noch lange liegen bleiben und mich ausruhen.

KAPITEL II

DIE Ochsenblutvase

Es war eine Woche später und weit nach zwei, in der trübsten Ebbe der todsten Stunde der Welt, als Benson die Portière hob und mein Zimmer betrat.

Ich legte das Buch weg, an dem mein Gehirn gekratzt hatte wie ein Hund, der an einer geschlossenen Tür kratzt. Es handelte sich um einen Band mit Gautiers *Nouvelles* . Ich hatte gerade den leicht beruhigenden Punkt in *Une Nuit de Cléopâtre erreicht* , an dem der geheimnisvolle Pfeil, der durch das Palastfenster einer fast bis zur Auslöschung gelangweilten Königin pfeift, sich zitternd in der Zedernholztäfelung über ihrem Sofa vergräbt.

Doch dieses Mal schien der Vorfall seinen Reiz verloren zu haben. Das Ganze klang sehr leer und alt, sehr albern und weit weg. Der Nervenkitzel des Dramas, so überlegte ich, kann aus einer Situation entweichen, wenn es im Laufe von zweitausend Jahren zu einer solchen kommt. Also schaute ich ein wenig lustlos zu meinem Diener auf und doch ein wenig verwirrt über die offensichtlich einstudierte Ruhe in seinem Auftreten.

„Benson, warum bist du nicht im Bett?“

„Verzeihen Sie, Sir“, begann der Eindringling, „ich habe hier einen Herrn.“

Er war dabei so außerordentlich cool, dass ich bei dem Gedanken an etwas Ungewöhnliches wie ein Fisch aufsprang.

„Um diese Zeit in der Nacht?“ Ich habe nachgefragt.

"Jawohl."

„Aber was *für* ein Gentleman, Benson?“

Benson zögerte; Es war die Art von Zögern, die Schweigen in eine Entschuldigung umwandeln kann.

„Ich glaube, Sir, es ist ein Einbrecher.“

"Ein Was?" fragte ich ungläubig.

„Tatsache ist, Sir, ich schien ihn an der Schleuse zu hören. Als er die Tür aufbrach, Sir, da ich die Tür nicht öffnen konnte, wartete ich auf ihn.“

Der heruntergefallene Aspirat war ein sicheres Zeichen für eine psychische Störung bei Benson. Ich schloss mein Buch und warf es beiseite. Es war nur ein Drama der zweiten Dimension, so alt und muffig wie eine

Mumie. Und hier war offenbar ein Abenteuer ersten Ranges, etwas aus meiner eigenen Welt und Zeit.

„Das klingt ziemlich interessant, Benson. Seien Sie so gut und zeigen Sie den Herrn."

Ich setzte mich und warf einen zweiten Blick auf die schleppenden Zeiger der kleinen französischen Uhr auf meinem Kaminsims. Aber Benson schien immer noch ein wenig unwohl zu sein.

„Ich – ich habe mir die Freiheit genommen, ihn ein wenig zu fesseln, Sir", erklärte der kluge alte Heuchler, „da ich sozusagen gezwungen war, ein wenig Gewalt anzuwenden."

„Natürlich. Dann binden Sie ihn so weit wie nötig los und holen Sie ihn hierher. Und Sie bringen vielleicht eine Flasche *Lafitte* und etwas zu essen mit. Für zwei, bitte."

„Ja, Sir", antwortete er. Aber er zögerte noch immer.

„Der Revolver, Sir, ist in der Schrankschublade links von Ihnen."

Es gab Zeiten, da konnte mich der alte Benson fast zum Lachen bringen; Zeiten, in denen die Transparenz seiner Schrägen sie in etwas fast Respektables verwandelte.

„Wir werden den Revolver nicht brauchen, Benson. Was ich am meisten brauche, ist Unterhaltung, Ablenkung, Aufregung, alles – alles, was mich durch diese endlose Höllennacht bringt."

Ich spürte, wie sich meine Stimme bei den letzten Worten hob, wie das Aufbäumen eines verängstigten Rennpferdes. Es war kein gutes Zeichen. Ich stand auf und ging auf dem Teppich auf und ab wie ein Schiffbrüchiger, der auf einer kargen und leeren Insel auf und ab geht. Aber hier, sagte ich mir, war ein rechtzeitiger Fußabdruck. Ich wartete, so atemlos wie ein Crusoe, der auf seinen Freitag wartet.

Ich habe so lange gewartet, dass ich schon Angst vor einem Missgeschick hatte. Dann öffnete sich die Portière zum zweiten Mal, und Benson führte den Einbrecher in den Raum.

Als ich ihn ansah, verspürte ich ein deutliches Gefühl der Enttäuschung. Er war überhaupt nicht das, was ich erwartet hatte. Er trug keine schwarze Maske und war weder stämmig noch wild. Was mich zuerst beeindruckte, war seine Schlankheit – eine fast katzenartige Schlankheit. Als nächstes bemerkte ich, dass er große Angst hatte, sogar so sehr, dass sein Gesicht die Farbe eines ziemlich schmutzigen weißen Handschuhs hatte. Es konnte nie ein rotes Gesicht gewesen sein. Aber seine jetzige verblüffende Blässe, so vermutete ich, war größtenteils auf Bensons Behandlung zurückzuführen, obwohl ich immer noch verwirrt war über den Ausdruck völligen Entsetzens, der den Augen des Gefangenen ihr tierisches Glitzern verlieh. Er stand für alle Welt vor mir, als ob ein Krankenhauspraktikant abstruse Verbandkunststücke an seinem Körper geübt hätte, so ordentlich und doch so bestimmt hatte der gefürchtete Benson ihn gehumpelt und seine Arme in ein halbes Dutzend meiner besten irischen Tischleinen gehüllt - Servietten. Darüber war wiederum ein Rumpfgurt gewickelt und befestigt. Benson hatte bei seiner Arbeit nicht gespart. Sein Einbrecher war so sicher verpackt, wie ein Metzger einen Rippenbraten ohne Knochen einwickelt.

Meine Hoffnung auf ein unterhaltsames Gespräch entlang der malerischeren Straßen des Lebens war deprimierend kurzlebig. Der Mann blieb sowohl mürrisch als auch schweigsam. Seine mürrische Sprachlosigkeit war eindeutig das Zeichen einer niedrigen Geisteshaltung, die von vagen Unsicherheiten bedroht und von der neuen Umgebung verwirrt war. Das Blut tropfte immer noch langsam über die Rückseite seines schmutzigen Kragens, wo Bensons gepflegter Welpe die Kopfhaut aufgeschürft hatte.

Dennoch waren seine Augen die ganze Zeit über wachsam genug. Sie schienen eine unheimliche Weisheit anzunehmen, die unartikulierte Weisheit eines Reptils, die mich trotz all ihrer Angst mit einem inneren Gefühl bösartiger Sicherheit verwirrte. Ihn mit Fragen zu bewerfen war ebenso sinnlos, wie einen Alligator mit Kieselsteinen zu bewerfen. Er hatte offenbar beschlossen, seine Lippen nicht zu öffnen; obwohl sein Blick die ganze Zeit über niemals müßig oder leer war. Ich gab auf, mit einem Anflug von Wut.

„Durchsuchen Sie ihn", sagte ich dem wartenden Benson. Da diese Unterweltphrase für die seriösen englischen Ohren neu war, musste ich sie übersetzen. „Sehen Sie nach, ob er eine Waffe trägt. Durchsuchen Sie seine Taschen – jede einzelne."

Dies tat Benson mit einer emotionalen Mischung aus gedämpfter Vorsicht und offener Abneigung. Er tastete von Tasche zu Tasche, so vorsichtig, wie kleine Jungen in Frettchenlöcher tasten, und ein Auge immer auf das farblose und sphinxartige Gesicht neben ihm gerichtet.

Das Ergebnis dieser Suche war sehr ermutigend. Aus einer Tasche kam ein hässlicher Colt mit kurzem Lauf. Aus einem anderen kamen zwei Dietriche und ein paar Zentimeter zu einer Spule gebogener Kupferdraht. Aus noch einem anderen kam eine kleine elektrische Taschenlampe. Unter dem Mantel unseres Einbrechers befand sich, ein Ende steckte in der linken Westentasche, ein zwanzig Zoll langer „Jimmy" aus Stahl. Es war ein sehr attraktives Werkzeug, nicht unähnlich einem langen und extrem schlanken Ofenheber mit abgeschrägter Spitze. Ich empfand es als Hinweis auf eine enorme Hebelwirkung, die einen dazu verleitete, seine Stärke zu testen. Er erwies sich als ebenso einladend für die Hand wie der ausgewogene „Driver" eines Golfspielers.

Aus der rechten Westentasche holte Benson eine goldene Damenuhr, zwei Fingerringe, eine goldene Haarspange und ein oder zwei Fuß altmodische Medaillonkette aus massivem Gold hervor. Es gab keine Hinweise darauf, wer der Besitzer dieses Schmuckstücks sein könnte.

„Ich nehme an, Sie haben das gerade bei Tiffany gekauft?" Ich habe nachgefragt. Aber die Nadel der Antiphrase hatte keine Wirkung auf seine verhärtete Haut. Seine Passivität begann mir auf die Nerven zu gehen. Er hätte eine Wachsfigur im Eden Musée sein können , wenn es nicht diese wachsamen und immer zur Verzweiflung neigenden Augen gegeben hätte. Ich stand auf und konfrontierte ihn.

„Ich möchte wissen, woher dieses Zeug kommt."

Der Einbrecher mit dem blassen Gesicht blickte mich immer noch mit seinen mürrischen und rebellischen Scheuklappen an. Aber kein Wort kam über seine Lippen.

„Dann werden wir die Sache noch etwas genauer untersuchen", sagte ich und beäugte sein etwas hervortretendes Brustbein. „Fahren Sie mit der Suche fort, Benson, und holen Sie sich alles." Denn es war offensichtlich, dass unser Besucher, bevor er uns an diesem Abend die Ehre erwies, andere Häuser besucht hatte.

Ich beobachtete Benson mit zunehmendem Interesse, wie seine sorgfältig forschende Hand in die geöffnete Weste des Einbrechers eindrang. Ich sah, wie er dort spürte, und während er das tat, bemerkte ich eine Veränderung im Gesichtsausdruck unseres Gefangenen. Zu diesem Zeitpunkt sah er besorgt und belästigt aus; er schien seine ruhige und schlangenartige Sicherheit verloren zu haben. Sein kleiner, hagerer Kopf mit den erbärmlich gierigen Augen bekam etwas wie eine Ratte. Da erkannte ich das Ende, nach dem mein Geist gestrebt hatte. Der Mann war nicht schlangenähnlich. Er war wie eine Ratte. Er war eine in die Enge getriebene Ratte. Rat schien überall auf ihm zu stehen.

Aber in diesem Moment richtete sich mein Blick wieder auf Benson, denn ich hatte gesehen, wie er mit der Hand eine kleine Vase wegbrachte, die teilweise in ein Taschentuch gewickelt war. Dieses Taschentuch war extrem schmutzig.

Ich nahm ihm die Vase aus der Hand und zog den Lappen weg, der sie verdeckte. Dabei gelang es mir nur mit Mühe, meine Überraschung zu verbergen. Denn ein Blick auf diese schlanke kleine Säule aus *Sang-de-Boeuf*-Porzellan verriet mir, was es war. Es bestand keine Möglichkeit eines Fehlers.

Ein Blick darauf genügte. Es stammte aus der Gubtill- Sammlung. Zum ersten Mal hatten meine Finger dieselbe Glasur und dieselben zarten Konturen gestreichelt. Schon einmal und unter ganz anderen Umständen hatte ich diese zarte Porzellanröhre in meinen nachdenklichen Händen gewogen.

Ich lehnte mich zurück und betrachtete es genauer. Ich untersuchte den knisternden Untergrund mit seinen leuchtenden, gesprenkelten Tönen und seinen blassen Rubintönen, die ins Purpurrot übergingen. Ich spähte auf den Fuß aus emailliertem Weiß mit seinem langsam dunkler werdenden blassgrünen Schimmer. Dann schaute ich zu der zarten Lippe hinauf, der Lippe, die einst verletzt und kunstvoll mit einem goldenen Ring umwickelt worden war. Es handelte sich um eine Vase aus der K'angshi -Zeit, ein seltenes und schönes Exemplar unter den Lang Yao-Monochromen. Und die Geschichte besagt, dass es dreißig Jahre zuvor vom sechsten Prinzen von Peking gekauft worden war und immer als „Die Flamme" bekannt war.

Sowohl Anthony Gubtill als auch ich hatten für diese Vase geboten. Unser Wettbewerb darum war lebhaft gewesen und wurde in den Morgenzeitungen sogar in ein oder zwei Absätzen thematisiert. Aber eine unerklärlich rücksichtslose Stimmung hatte diesen sparsamen alten Sammler erfasst, und er hatte gewonnen, obwohl ich am Tag nach dem Graves-Verkauf Mitglied dieser anständig anerkennenden Dinnerparty gewesen war, die der Aufstellung zwischen einer ziemlich wertvollen pfirsichblütenfarbenen Amphore mit Gartenbohnen beiwohnte -rotes Grundwerk mit Rosenflecken, akzentuiert durch die üblichen apfelgrünen Wolken, und ein höherer und meiner Meinung nach viel wertvollerer zylindrischer Lang Yao aus Asche aus Rosen mit geschnitztem Elfenbeinsockel. Wir hatten diesen Anlass als eine Art Ereignis betrachtet, denn solche Dinge kommen natürlich nicht alle Tage zur Sprache. Der bloße Anblick der Vase führte mich zurück zum Gubtill- Haus, zu dem prächtigen und geräumigen Haus an der unteren Fifth Avenue, in dem ich nicht wenige glückliche Abende verbracht hatte. Und das wiederum führte meine Gedanken zurück zu einem bestimmten Volpi-Ausverkauf und einer alten italienischen Tischdecke aus blauem Samt. Von der Tischdecke aus blickten sie auf Mary Lockwood und die erinnerte Schönheit ihres Gesichts, als wir Seite an Seite standen und auf die goldene Gallone an den Rändern dieses alten Gewandes starrten. Dann unterbrach ich die Erinnerung und zuckte zusammen, als mir plötzlich klar wurde, dass der Wanderer auf streng verbotene Wege vorgedrungen war.

Ich stellte die Vase auf meinen Tisch und wandte mich von ihr ab, ohne mein Interesse daran zu verraten oder den Rattenaugen, die mich immer noch beobachteten, einen Hinweis auf meine wahren Gefühle zu geben. Doch der Gedanke, dass solch eine Schönheit in den Händen eines solchen

Rohlings sein könnte, machte mich krank. Ich war verärgert über die bloße Vorstellung, dass solch eine Anmut und Zartheit durch die üblen Lumpen und die noch üblere Berührung eines bescheidenen Hinterhältigen empört werden sollten. Ich ärgerte mich über die Empörung, so wie jeder normale Geist sich über die Entführung eines zarten Kindes durch einen Dschungelaffen ärgern würde.

Ich drehte mich um und musterte den Verbrecher von oben bis unten. Zum ersten Mal bemerkte ich, dass sein Gesicht schweißüberströmt war.

„Darf ich fragen, was Sie damit vorhaben?" fragte ich und blickte gegen meinen Willen zurück auf den zerbrechlichen kleinen Schatz, der als „Die Flamme" bekannt ist.

Der Mann bewegte sich unruhig und zum ersten Mal. Zum ersten Mal sprach er auch.

„Geben Sie es seinem Besitzer", sagte er.

„Und wer ist sein Besitzer?"

Er schaute von mir zur Vase und dann wieder zurück.

„Es gehört einem Kumpel von mir in der Fifth Avenue", hatte er die Unverschämtheit zu behaupten.

„Und wo hast du es her?"

„Raus aus dem Hintern!"

Ich konnte einen Anflug von Ungeduld nicht unterdrücken, als mein Blick auf die allzu beredten Einbruchswerkzeuge fiel.

„Und du erwartest, dass ich das schlucke?" Ich forderte.

„Es ist mir scheißegal, was du schluckst. Ich kenne die Wahrheit, wenn ich es sage!"

„Und du sagst mir die Wahrheit?" Es fiel mir schwer, meine Wut in Grenzen zu halten.

„Sicher", war seine knappe Antwort.

„Das ist eine feige Lüge!" Ich weinte wieder. „Du bist ein Feigling und ein Lügner, wie alle deine Schleicher, die in dunklen Ecken herumschleimen und unter Betten kriechen und sich bis an die Zähne bewaffnen und bereit sind, unschuldige Frauen zu ermorden, um sie im Dunkeln niederzuschlagen, anstatt entdeckt zu werden! Es ist Feigheit, die niedrigste und gemeinste Art von Feigheit!"

Der Schweiß stand in glitzernden Tropfen auf seinem Gesicht.

„Was frisst dich überhaupt?“ er forderte an. „Was habe ich getan?“

Ich schob die Gruppe von Damenschmuck näher an ihn heran.

„Du hast die gemeinste und schmutzigste Arbeit geleistet, zu der ein Mann sich nur beugen kann. Du bist durch die Dunkelheit geschlichen, gekrochen und geschlichen, um Frauen und Kinder auszurauben!“

„Wer hat *dir* die Lizenz gegeben, mich einen Feigling zu nennen?“

„Wagen Sie es anzudeuten, dass in einer solchen Arbeit alles andere als niedrige und arrogante Feigheit steckt?“

„Versuchen Sie es einfach“, sagte er mit einem Grinsen, das sein Gesicht scheußlich machte.

„Warum sollte ich es versuchen?“ Ich forderte. „Glauben Sie, dass ich, weil ich weder einen Mann noch eine Waffe trage, einer ernsthaften Gefahr nicht ausgesetzt sein kann, wenn es sein muss?“

Ich warf einen Blick auf die Wände meiner Höhle, die mit Trophäen übersät waren, vom Elchbullen über dem Kamin bis zum Leopardenfell unter meinen Fersen. Der andere Mann folgte meinem Blick, verzog jedoch verächtlich die Lippen. Er war natürlich voreilig zu dem Schluss gekommen, dass diese Relikte der Begegnung im Freien eine Art Anschauungsbeispiel für Tapferkeit darstellten, das mir persönlich gehörte.

„Bah“, sagte er und schien froh zu sein, mich in ein weniger persönliches Nebenthema zu verwickeln, „ *das ist* doch nur Theater . Stell dich gegen das, was ich habe, und du würdest dein Quietschen dämpfen. Dann würdest du gehen.“ in die Realität hinein.

„Das Echte, Zimmermädchen überfallen und beim Anblick eines Messingknopfes davonlaufen wie ein beworfener Hund!“

Ich konnte sehen, wie er plötzlich zusammenzuckte und dass es ihm Mühe kostete, zu sprechen.

„Man würde merken, dass es Mut erfordert, schon gut, schon gut“, erwiderte er. „Und die Art von Nervosität, die kein langer Anzug für einen Manschettenschützen ist.“

Meine verächtliche Bewegung brachte ihn ein oder zwei Schritte näher. Aber es war Benson, der zuerst sprach.

„Hätten wir nicht besser die Polizei, Sir?“ er schlug vor. Der Einbrecher, den Blick auf mein Gesicht gerichtet, trat noch näher heran, als wolle er jeden Vorschlag wie Bensons aus der Sache herausdrängen.

„Du gehst einfach mitten in der Nacht aus", fuhr er mit spöttischer Redseligkeit fort. „Gehen Sie nachts raus und schauen Sie sich ein Haus an. Halten Sie Abstand und schauen Sie es sich genau an. Dann fragen Sie sich, wer drinnen ist und was sich hinter den Backsteinmauern tut , und wer wach ist und woher ein Schuss kommt ." , und welche Chancen du hast, zu entkommen, und wie groß das Stück ist, das du bekommst, wenn du gekniffen wirst. Stehen Sie einfach da und sagen Sie sich, dass Sie in dieses Haus gelangen müssen, und machen Sie sich auf den Weg und holen Sie sich weg mit der Ware, dass man es tun muss oder mit leerem Mut gehen muss. Probieren Sie es aus und sehen Sie, ob es Mut erfordert.

Ich muss seinen Berufsstolz berührt haben. Ich hatte mit diesem ethischen Totempfahl gespielt, der unter Dieben als Ehre bekannt ist.

„In Ordnung", sagte ich und drehte mich plötzlich zu ihm um, als mir die Inspiration kam. „Wir werden es versuchen, und wir werden es gemeinsam versuchen. Denn ich werde dich dazu bringen, dieses Zeug zurückzunehmen, und zwar heute Abend."

Ich konnte sehen, wie sich sein Gesicht verdunkelte. Dann vollzog sich eine plötzliche Veränderung. Seine rattenähnlichen Augen begannen tatsächlich zu funkeln.

„Ich denke, wir sollten die Polizei haben, Sir", wiederholte Benson und erinnerte sich zweifellos an seine Begegnung unten. „Er ist ein ungewöhnlich kniffliger Kerl, Sir."

Bei nüchternerem Nachdenken erkannte ich, dass dies meinem Freund zu viel Spielraum und zu viele Möglichkeiten für Verrat geben würde. Und er würde in seinen Methoden nicht allzu nett sein, das wusste ich, jetzt, wo ich ihn in die Enge getrieben hatte. Eine zweite Idee kam mir, eine ziemlich berauschende. Ich fühlte mich plötzlich wie ein Kreuzritter, der ein heiliges Relikt vor der Verschmutzung rettet. Ich konnte das Wimmern einer unbändigen Dramatik dieser Angelegenheit wahrnehmen.

„Benson", sagte ich, „ich werde diesen würdigen Herrn hier bei Ihnen lassen. Und während Sie sich um ihn kümmern, werde ich diese Pfirsichblütenvase ihrem Besitzer zurückgeben."

„Er ist heute Nacht nicht in der Stadt", unterbrach mich mein besorgter Einbrecher.

„Und um seiner etwas zynischen Geisteshaltung zu zeigen, dass seine besondere Tätigkeit nichts Außergewöhnliches ist, schlage ich vor, es auf die gleiche Weise zurückzugeben, auf die es aufgenommen wurde."

Benson sah besorgt aus.

„Ich bitte um Verzeihung, Sir, aber könnte uns das nicht alle ein bisschen in Schwierigkeiten bringen? Könnten wir es nicht bis zum Morgen aufschieben, Sir, und es ruhig mit Ihrem Freund Mr. McCooey oder mit Lieutenant Belton besprechen? , Sir, oder der Herr aus dem Pinkerton-Büro?“

„Und ein Handschellen, der wegen einer solchen Kleinigkeit um Hilfe bittet? Niemals, Benson, nie! Du wirst es dir hier mit diesem galanten Gentleman vom Black-Jack bequem machen und seinen hübschen Colt ganz nah bei dir behalten, während du „Wir tun es. Denn ich werde dieses Stück Porzellan dorthin zurückbringen, wo es hingehört, auch wenn ich mich einem Dutzend Schoßhunden stellen und jedes Hausmädchen der Zwölften Straße in Hysterie versetzen muss.“

Niemand, das habe ich mehr als einmal behauptet, ist nach Mitternacht wieder völlig gesund. Dieser Glaube kam mir wieder in den Sinn, als ich in dieser Ebbestunde der Nacht, in der sogar der Broadway leer ist, vor diesem Haus mit der düsteren Fassade an der Fifth Avenue stand und mich fragte, was sich hinter der Brownstone-Maske verbarg, und mich fragte, welche Gefahren hinter dieser inneren Düsterkeit lauerten , spekulierte darüber, welche Schläfer sich bewegten und welche Augen, selbst als ich dort stand, wachsam sein und beobachten könnten.

Wie Benson vorgeschlagen hatte, hätte ich vielleicht höflich bis zum Tagesanbruch warten können, oder ich wäre ruhig die breiten Steinstufen hinaufgestiegen und hätte weiter an der elektrischen Klingel geläutet, bis ein schläfriger Diener geantwortet hätte. Aber das schien schließlich absurd zahm und alltäglich zu sein. Es war ohne den geringsten Anflug von Dramatik, und ich war genauso ungeduldig, dieses verlockende, mit der Spitze geneigte Werkzeug aus Stahl an einer gegenüberliegenden Tür auszuprobieren, wie ein Junge mit einem neuen Messer, wenn er an den Holzarbeiten im Kinderzimmer schnitzt.

Es war ein Hauch von Neuheit, selbst wenn man vor einem düsteren, massiven und insgesamt bedrohlich aussehenden Haus stand und sich der Tatsache bewusst war, dass man sich zu seiner heimlichen Invasion entschlossen hatte. Ich konnte nicht länger leugnen, dass es einer gewissen groben Form von Nervosität bedurfte. Davon war ich tatsächlich überzeugt, als ich die sich nähernde Gestalt eines Streifenpolizisten auf seinem Rundgang sah. Es veranlasste mich, als ich den Splitter wie einen Stützknochen an meinen Rippen und die Taschenlampe wie einen Torpedokopf in meiner Tasche spürte, sofort in die Twelfth Street einzubiegen und in Richtung Sixth Avenue zu gehen. Ich verspürte ein deutliches Leuchten der Befriedigung, als die patrouillierenden Schritte nordwärts durch die Stille der Allee gingen.

Aber das Haus selbst schien so uneinnehmbar wie eine Festung. Es hat mich ein wenig entmutigt, als ich feststellte, dass nicht einmal ein Kellergrill gestört worden war. Zum zweiten Mal drehte ich mich um und schlenderte langsam in Richtung Sixth Avenue. Als ich mich wieder nach Osten wandte , stellte ich fest, dass das letzte Haus in der Seitenstraße, das an das Fifth Avenue-Herrenhaus angrenzte, das Gegenstand meines Angriffs war, leer stand. Daran konnte es keinen Zweifel geben. Die Türen und Fenster waren mit ordentlich bemalten Fensterläden verschlossen.

Mir kam der Gedanke, dass dies eine mögliche Herangehensweise darstellen könnte. Aber auch hier sah ich mich einer scheinbar uneinnehmbaren Lage gegenüber. Ich wich ein wenig zurück und betrachtete die mit Brettern verkleidete, sargartige Vorderseite, als mein Absatz gegen die eiserne Abdeckung eines Kohlenschachts schepperte. Diese Kohlenrutsche befand sich auf halber Strecke zwischen dem Bordstein und dem Geländer. Ich blickte einen oder zwei Augenblicke lang darauf hinab. Dann veranlasste mich etwas dazu, die Kante mit der Spitze meines Schuhs zu testen. Dann achtete ich ganz darauf, dass die Straße leer war, bückte mich und klammerte mich an den Rand der Eisenscheibe. Es war ziemlich schwer. Doch als ich daran zog, erkannte ich, dass die Kette mit dem Schloss auseinandergerissen worden war.

Es dauerte nur einen Moment, den Metallschild auf eine Seite des Fallschirmkopfes zu heben. Es dauerte nur einen weiteren Moment, bis ich mich in die Rutsche selbst hinunterlassen konnte. Ich konnte sehen, dass es ein etwas schändlicher Anfang war. Aber ich war mir absolut sicher, dass ich auf dem richtigen Weg war. Es war mühsam, die Eisenscheibe wieder über die Öffnung zu bewegen. Es erforderte auch viele seltsame Verrenkungen meines Körpers, um mich in diesen engen und schmutzigen Tunnel zu schlängeln.

Mein eher energischer Auftritt in der Kohlengrube führte zu einem erschreckenden Lärm, der ausreichte, um selbst den tiefsten Schläfer zu wecken. Also hockte ich einige Sekunden lang da, atmete Staub ein, lauschte und fragte mich, ob die Wände über mir einen Hausmeister beherbergten oder nicht. Dann holte ich den Taschenscheinwerfer heraus und richtete mit dem Druck eines Fingers meinen Lichtstrahl auf eine hölzerne Trennwand, die von einer bemalten Holztür halbiert wurde.

Ein deutliches Gefühl der Enttäuschung erfasste mich, als ich mich bückte, um diese Tür zu untersuchen, und feststellte, dass sie bereits gewaltsam geöffnet worden war. Ich wusste jedoch, dass ich in die Fußstapfen meines erfahreneren Vorgängers trat. Dann kam ein Lagerraum und dann eine Waschküche mit einer weiteren verriegelten Tür am Ende der Treppe, die in den ersten Stock führte.

Hier stand ich einige Zeit wartend und lauschend. Aber immer noch umgab mich nichts als Dunkelheit und Stille und der muffige Geruch, der unbewohnten Häusern eigen ist. Mittlerweile fühlte ich mich wohler und blickte den Gang nach oben gemächlicher an. Natürlich sah ich mich mit nichts Beunruhigenderem konfrontiert als geisterhaften Möbeln, die mit Inletts überzogen waren, und mit Kristallen behangenen Kronleuchtern, die in Käsetücher gehüllt waren. Ich begann die Klugheit meines Freundes, des Einbrechers, zu bewundern, der einen so umständlichen und doch so geschützten Weg wählte. Da war geradezu Genialität darin. Ich war mir sicher, dass er in Richtung Dach vordrang. Wie ich erwartet hatte, fand ich den Eimer offen vor. Das Schloss war, wie ich sehen konnte, recht geschickt geknackt worden. Und bisher war es zu keinem Missgeschick gekommen.

Als ich jedoch auf dem Dach war, ahnte ich, dass ich vorsichtiger sein musste. Als ich zu den höheren Dachziegeln hinaufkletterte, die die Linie des nächsten Daches markierten, wusste ich, dass ich tatsächlich in die feindlichen Linien eingebrochen war. Dennoch schien der Weg klar genug zu sein. Denn als ich zum Dach des zweiten Hauses kam, stellte ich fest, dass auch dieses unverschlossen blieb. Mein Vorgänger hatte es mir fast enttäuschend leicht gemacht. Doch auf andere Weise hatte er die Dinge doppelt gefährlich gemacht. Ich musste die Hauptlast aller Fehltritte tragen, die er begangen haben könnte. Ich wurde aufgefordert, mich der Verantwortung für sein und mein eigenes Eindringen zu stellen.

Mit größter Vorsicht hob ich das Schiff hoch, beugte mich über den kleinen Brunnen der Dunkelheit und atmete die wärmere Luft ein, die mir ins Gesicht stieg. Damit einher ging ein ganz anderer Geruch als das Haus, das ich gerade verlassen hatte. Darin lag etwas Erklärendes, etwas Vitaleres und Elektrisierenderes, etwas Beredtes über einen bewohnten Ort, über Menschen und ihre Verstecke und Pfade, über Bewegung und Leben und vage definierte Bedrohungen. Ich vermutete, dass es dem Menschengeruch sehr ähnlich war, der einem gestielten und vorsichtigen Elch entgegenkommt.

Ich stieg die Eisenleiter hinunter, die in die unsichere Dunkelheit führte und die Falle hinter mir verdeckte. Während ich mich nach unten tastete, begann ich zu spüren, dass die ganze Sache mehr als nur ein Spiel wurde. Der Gedanke daran, wie tief ich mich in eine Ungewissheit gewagt hatte, beunruhigte mich. Der Gedanke daran, wie kompliziert sich mein Weg erwies, begann mich zu bedrücken. Ich fühlte mich eingeschüchtert von den unbestimmten Feinheiten, die mich noch erwarteten. Eine neue Angst erfasste mich, eine Art leichtes Angstfieber, eine zunehmende Ungeduld, mein kostbares Porzellan zu ersetzen, meine Mission zu beenden und ins Freie zu fliehen.

Während ich tiefer und tiefer durch die Dunkelheit tastete, wurde mir langsam klar, dass die Berufung eines Einbrechers nicht nur Bier und Kegeln war. Ich begann mich ein wenig für meine Heldentaten vor einer Stunde zu schämen.

Dann zog ich plötzlich an, denn ein Geräusch drang an meine Ohren. Das Kribbeln, das durch meinen Körper lief, war nicht nur Angst. Doch als ich mit einer Hand an der Wand in der Dunkelheit stand, hörte ich den Rhythmus eines langsamen und gedämpften Schnarchens. Diese wiederholte Vibration hatte etwas seltsam Beruhigendes, auch wenn sie die Gefahren betonte, die mich umgaben. Es war dem Geräusch einer Glockenboje nicht unähnlich, die auf die Brücke eines in Nebel gehüllten Linienschiffs zusteuerte.

Ich war keinem Gefühl des Zögerns mehr ausgesetzt. Ich war schon zu tief im Wald, als dass ich daran gedacht hätte, umzukehren. Meine einzige Leidenschaft bestand jetzt darin, den Rundkurs zu absolvieren und auf der anderen Seite wieder aufzutauchen.

Während ich nach dem Treppengeländer tastete und mich vorsichtig die Stufen hinuntertastete, begann ich mich zu fragen, wie der Einbrecher selbst diesen endgültigen Ausgang aus dem Haus geschafft hatte. Und je früher ich die Schlafräume verließ, desto sicherer fühlte ich mich. Jedes Schlafzimmer war voller Gefahren, und ich wusste ganz genau, dass nicht alle mit der gleichen großzügigen Pfeifboje ausgestattet sein würden wie die, die ich gerade zurückgelassen hatte. Es hatte auch etwas Befriedigendes in der Gewissheit, dass ich dem Erdgeschoss zumindest immer näher kam. Das lag nicht so sehr daran, dass ich mich einem Teil des Hauses näherte, mit dem ich mehr oder weniger vertraut war, sondern vielmehr daran, dass mein Abstieg eine Annäherung an einen möglichen Fluchtweg markierte. Denn diese Idee stand jetzt im Mittelpunkt meines Kopfes, und kein Flieger mit einem störrischen Motor sehnte sich jemals sehnsüchtiger danach, zur Erde zurückzukehren als ich.

Die völlige Dunkelheit und Stille der unteren Hallen begannen mir auf die Nerven zu gehen. Ich war froh, den neuen Pfosten zu spüren, der mir versicherte, dass ich die letzte Stufe meines Abstiegs erreicht hatte. Ich war erleichtert, dass ich mich vorsichtig und lautlos nach links drehen konnte, zu einer Tür tasten konnte, von der ich wusste, dass sie in der Dunkelheit vor mir stand, und dann vorsichtig den Türknauf drehen und eintreten konnte.

Noch bevor ich die Taschenlampe aus der Tasche zog, wusste ich sofort, dass ich in der Bibliothek war. Und der Raum, der sich zu diesem Raum öffnete, war, wie ich mich erinnerte, halb mit Schränken gesäumtes Arbeitszimmer und halb informeller Ausstellungsraum, der Raum, in dem Anthony Gubtill seine Kuriositäten hütete. Ich wusste, dass es nur ein oder zwei Minuten dauern würde, sein unbezahlbares kleines Porzellan auszutauschen. Und ich hatte das Gefühl, dass ich noch ein oder zwei Minuten brauchen würde, um mich sicher hinaus und auf den Heimweg zu bringen.

Ich stand mit dem Rücken zur Tür und war fest entschlossen, dass kein unpassender Fehler das Ende meines Abenteuers verderben sollte. Meine erste Vorsichtsmaßnahme bestand darin, meine Taschenlampe herauszuzücken und mich auf meinen Weg zu vergewissern. Ich ließ den weißglühenden Strahl fragend durch den massiv möblierten Raum gleiten und ruhte für einen Moment auf dem Bücherregal aus Marmor, Metall und Glasfront. Mit fast einem zufriedenen Lächeln erinnerte ich mich an die kleine *Clytie* über dem Kamin und an die *Hebe* in Bronze, die neben der schweren Leselampe stand. Diese Lampe, hatte Gubtill mir einmal erzählt, stamme aus München; und ich erinnerte mich an sein Lachen über die Tatsache, dass es in einem „Schlafkoffer" gekommen war und sich dem Dienst entzogen hatte.

Dann ließ ich das schwankende Licht zum Ende des schimmernden, dunkelholzigen Lesetisches wandern. Ich stand da, wählte ein Objekt nach dem anderen aus, an das ich mich erinnerte, und betrachtete es mit einzigartiger Gedankenlosigkeit, während mein Licht weiterhin das Ende des Raumes umkreiste.

Dann ging ich leise zur offenen Tür im hinteren Teil, teilte den zweiten Raum mit meinem Lichtspeer und überzeugte mich davon, dass zwischen der Amphore mit Pfirsichblüten und der Rosenasche Yang Lao mit dem Elfenbeinsockel Platz war tatsächlich leer.

Ich stand da und lauschte dem exotischen Ticken einer rumänischen Uhr mit Messingzifferblatt. Ich verweilte dort und ließ meinen kahlen Lichtschacht wie eine Schweinsschnauze über das Regal wühlen, das so voll war mit zarten Tönen und Konturen. Ich seufzte ein wenig neidisch, als ich mich zum anderen Ende des Raumes umdrehte.

Dann hörte ich plötzlich auf zu atmen. Automatisch ließ ich meinen Daumen von der Stromfeder meiner Aufbewahrungslampe los und das Licht ging sofort aus. Ich stand mit allen Nerven meines Körpers angespannt da. Ich beugte mich vor, kribbelte und spähte in die Dunkelheit vor mir. Denn ich hatte plötzlich entdeckt, dass ich nicht allein im Raum war.

Dort, mir gegenüber und so deutlich erkennbar wie ein kleiner Scheinwerfer das Gesicht eines Schauspielers, hatte ich den Besitzer des Hauses selbst gesehen, keine zehn Schritte von mir entfernt. Er saß in einem Sessel aus grünem Leder mit hoher Rückenlehne. Er muss mich vom ersten Moment an beobachtet haben, jeden Moment und jede Bewegung. Er hatte keine Anstalten gemacht, mich zu unterbrechen oder abzufangen. Er war sich seiner Position zu sicher gewesen.

Ich wartete scheinbar endlos lange. Aber außer dem mürrischen Ticken der Uhr drang kein Laut an meine Ohren. In der Dunkelheit gab es nicht einmal eine Bewegung.

Die unbestimmte Bedrohung dieser Stille war zu viel für mich. Das Ganze entwickelte sich seltsamerweise zu einem Albtraum. Ich entfernte mich unwillkürlich und fragte mich, was ich sagen und auf welche Weise ich mit meiner dummen Erklärung beginnen sollte. Ich ging in die Hocke und wich schräg zurück, als läge ein gewisser Wert im Eingreifen des Weltraums und als stünde mir etwas Giftiges gegenüber. Ich ließ mich langsam zurückfallen und suchte hektisch nach etwas Greifbarem, an dem ich mich festhalten konnte. Dabei kam mein Körper mit einem Möbelstück in Berührung – was ich jedoch nicht sagen konnte. Aber ich schreckte davor in Panik zurück, wie ein Fohlen vor einer heruntergefallenen Zeitung zurückschreckt.

Meine plötzliche Bewegung warf ein zweites Möbelstück um. Es muss eine Art zusammenklappbarer Schirm gewesen sein, denn er fiel mit einem hallenden Krachen zu Boden. Ich wartete mit angehaltenem Atem, während die schreckliche Angst jedes Glied meines Körpers erfasste, da ich nur zu gut wusste, dass dies tatsächlich das Ende bedeuten musste.

Aber es gab keine Bewegung, kein gesprochenes Wort, kein leisestes Geräusch. Ich starrte durch die Dunkelheit, immer noch halb erwartungsvoll. Ich versuchte mir einzureden, dass es vielleicht nur eine Halluzination war, dass die erwartungsvolle Aufmerksamkeit eine rein imaginäre Feigenlüge in mein Blickfeld projiziert hatte. Ich wartete immer noch mit klopfendem Herzen. Dann wurde die Spannung größer, als ich ertragen konnte. Ich kroch tatsächlich ein oder zwei Schritte vorwärts, spähte immer noch blind durch die Dunkelheit, lauschte immer noch und wartete.

Dann stockte mir der Atem mit einem plötzlichen neuen Misstrauen, mit einer schnellen Angst, die wie eine Kugel durch den Bewusstseinsfilm krachte. Es folgte ein widerwärtiges Schockgefühl, das fast einer körperlichen Übelkeit gleichkam.

Ich hob noch einmal die Taschenlampe. Diesmal zitterte meine Hand spürbar, als ich den Zitterrochen direkt vor mir drehte. Ich ließ den winzigen Lichtkreis durch die Dunkelheit pfeilen, direkt auf das weiße Gesicht zu, das ihn zu erwarten schien. Dann lasse ich es zur Ruhe kommen.

Ich erinnere mich, dass ich ein oder zwei Schritte zurückgefallen bin. Ich habe vielleicht gerufen, aber da bin ich mir nicht sicher. Doch einer Sache war ich mir nur zu sicher. Vor mir saß Anthony Gubtill. *Er war ziemlich tot.*

Mein erstes Gefühl war nicht nur das des Schreckens. Begleitet wurde es von einer Welle der Empörung über die Ungerechtigkeit und Brutalität des Ganzen. Mir fiel der gesteppte Morgenmantel auf, der den entspannten Körper bedeckte. Ich war so gefasst, dass ich annahm, dass er den Eindringling belauscht hatte; war gekommen, um Nachforschungen anzustellen, und war niedergeschlagen und geschickt auf einen Stuhl gestoßen worden. Auf diese Schlussfolgerung folgte ein Anflug von Jubel, als ich mich daran erinnerte, dass sein Mörder bekannt war, dass das Verbrechen gegen ihn leicht bewiesen werden konnte und dass er selbst im gegenwärtigen Moment in Bensons Gewahrsam sicher war.

Ich ging auf den toten Mann zu, gestärkt durch das Wissen um eine gewaltige neue Verpflichtung. Erst nachdem ich das Gesicht ein zweites Mal untersucht und gesehen hatte, dass der Tod durch einen grausam schweren Schlag mit einem stumpfen Instrument herbeigeführt worden war, wurde mir die Ungeheuerlichkeit meines eigenen Eindringens in dieses Haus des Grauens bewusst. Ich verspürte plötzlich ein Bedürfnis nach Licht, nach ernüchterndem und rationalisierendem Licht. Sogar das Ticken der Uhr mit dem ehernen Zifferblatt war zu etwas Phantastischem und Beunruhigendem geworden.

Ich tastete fieberhaft und blind auf der Suche nach einem elektrischen Schalter umher. Dann blieb ich plötzlich wieder stehen, ein Geräusch stoppte meine Bewegung.

Als ich dastand und zuhörte, wusste ich, dass es nur das Schnurren eines Autos war, schwach und gedämpft von der Straße draußen. Doch plötzlich wurde mir klar, wie peinlich meine Lage war. In diesem Haus gefunden zu werden oder auch nur gesehen zu werden, wie man es verließ, war nicht mehr erstrebenswert. Meine tollkühne Laune verwandelte sich angesichts einer so überwältigenden Realität in etwas Schlimmeres als Absurdes. Und plötzlich kam der Gedanke zurück zu dem Porzellan in meiner Tasche. Ich erinnerte mich an die alte Rivalität zwischen dem Toten und mir um The Flame. Ich erinnerte mich an die Einzelheiten meiner Ankunft zwischen den Mauern, an denen ich stand. Und mein Blut wurde kalt. Es war keine Frage der Unbeholfenheit; es war eine Frage der Gefahr. Denn wer, fragte ich mich erneut, würde eine so absurde Geschichte glauben oder eine so extravagante Ausrede akzeptieren?

Die Uhr tickte vorwurfsvoll weiter. Das Geräusch des Autos verstummte. Ich hatte dies gerade mit Erleichterung bemerkt, als das Geräusch einer leise geschlossenen Tür an meine erschrockenen Ohren drang. Dann erklang Stimmengemurmel. Es bestand kein Zweifel mehr an der Sache. Ein Motor war an die Tür gefahren, und von dort aus waren bestimmte Personen in das Haus gelangt.

Ich schlich mich in die Bibliothek und hörte zu. Dann schlich ich auf Zehenspitzen zurück und schloss die Tür zum Innenraum. Ich fühlte mich sicherer, selbst wenn zwischen mir und dem, was dieser Innenraum beherbergte, nur eine 2,5 cm dicke Platte war.

Dann habe ich zugehört. Ich begann, das gepolsterte Auftreten von Füßen zu hören. Dann ertönte das Geräusch einer weiteren geöffneten Tür und dann das Klicken eines Lichtschalters. Es gab kein Geheimnis über die neue Invasion. Als ich mich hinter einen der hochlehnigen Bibliotheksstühle zurückzog, wusste ich, dass die Vorderseite des Hauses bereits beleuchtet war.

Dann ertönte eine rufende Stimme, offenbar vom oberen Ende der Treppe. Es war eine vorsichtige und sorgfältig modulierte Stimme; Ich hielt es für das eines jungen Mannes von etwa zwanzig Jahren.

„Bist du das, Caddy?"

Dann herrschte Stille.

„Ich sage, bist du das, Orrie ?" wurde in einem etwas schläfrigen Bühnenflüstern gefordert. In dieser alltäglichen Jungenstimme lag etwas seltsam Beruhigendes. Ich wusste, dass Anthony Gubtill keine unmittelbare Familie hatte. Ich erinnerte mich jedoch vage an ein Gespräch über einen kanadischen Neffen und eine kanadische Nichte, die ihn zeitweise besucht hatten.

„ Sch – s – sch !" sagte eine Frauenstimme aus der unteren Halle: „Weck Onkel Anthony nicht."

Es muss eine junge Frau gewesen sein. Ihre Stimme klang nachdenklich, wie die eines Mädchens, das müde von einem Tanz bei Sherry nach Hause kommt. Doch als ich wusste, was ich tat, nahm die mädchenhafte Müdigkeit ein unbeschreiblich ergreifendes Pathos an.

„Es ist eine schreckliche Stunde, nicht wahr?" fragte die Stimme eines zweiten Mannes aus der unteren Halle. Es gab Geräusche, die anzudeuten schienen, dass die Bandagen entfernt wurden.

„Fast vier", kam die Antwort von oben. „Hattest du eine schöne Zeit, Caddy?"

Ich hörte ein unterdrücktes Gähnen.

„Eher", antwortete die Stimme des Mädchens.

„Ich sage, Orrie , bringen Sie diese ägyptischen Keucher für ein oder zwei Züge zur Sprache, ja?" fragte der Junge von oben, immer noch im

Bühnenflüstern. „Und, Caddy, stellen Sie sicher, dass der Riegel geschlossen ist.“

"Auf was?" forderte Orrie .

„Die Tür, du Idiot!“ war die schläfrige, gutmütige Erwiderung.

Dann duckte ich mich plötzlich hinter die Rückenlehne meines Stuhls, denn der junge Mann namens Orrie hatte die Tür zur Bibliothek aufgerissen. Er kam tastend ins Zimmer, ohne die Elektrik einzuschalten. Ich konnte seine schlanken jungen Schultern und den weißen Fleck auf der Vorderseite seines Hemdes sehen. Hinter ihm, eingerahmt in der Tür, stand ein junges Mädchen von etwa zwanzig Jahren, eine Blondine in Hellblau, mit nackten Armen und nackten Schultern. Ihre Haut sah im starken Seitenlicht sehr weich und babyartig aus. Ich konnte etwas nicht unterdrücken, das fast wie ein Schaudern war, bei dem Gedanken an diese unbekümmerte Fröhlichkeit und Jugend, die der düsteren Tragödie hinter mir so nahe war und sich des Erwachens, das sie fast jeden Moment erleben könnte, so unbewusst war.

„ Beeilen *Sie* sich!“ sagte das müde Mädchen, während der junge Mann am Tischende herumfummelte. Als ich zu ihr hinausschaute, wurde mir klar, dass meine erste Pflicht darin bestehen würde, diese runden jungen Augen vor dem zu schützen, was ihnen in diesem inneren Raum begegnen könnte.

„Ich habe sie !“ antwortete der Mann. Er stand einen Moment regungslos da. Dann drehte er sich um, verließ den Raum und schloss leise die Tür hinter sich.

Ich stieß einen erleichterten Atemzug aus und stand noch einmal auf. Nichts Lebendiges oder Totes, so entschied ich, würde mich jetzt in diesem Haus halten. Doch trotz all dieser neugeborenen Ekstase der Ungeduld war ich immer noch gezwungen zu warten, denn ab und zu hörte ich das Geräusch von Schritten und ein oder zwei Flüstern hinter der geschlossenen Tür. Dann verstummten alle Geräusche; Die Düsternis und Stille umhüllte mich erneut.

Ich nahm das Yang-Lao-Porzellan aus meiner Tasche, wickelte es aus und schlich zurück in den Innenraum. Ich tastete in der Dunkelheit an der Wand entlang und kreiste weit um den grünen Ledersessel in der Mitte. Ich stellte die Vase wieder auf den Schrank, ohne auch nur mein Licht anzuzünden. Dann ging ich wieder an der Wand entlang, tastete nach der Bibliothekstür und tastete mich vorsichtig durch die gefährliche Weite des mit Möbeln überfüllten Raums. Es dauerte mehrere Sekunden, bis ich die Tür fand, die zum Flur führte. Sobald ich hindurch und über den Flur gegangen war, wusste ich, dass nur noch ein Federriegel zwischen mir und der Straße stand. Also drehte ich schnell den Knauf und schwang die Tür auf.

Aber ich habe es nicht durchgemacht. Denn statt der Dunkelheit sah ich mich mit einem Lichtstrahl konfrontiert. In diesem Lichtschein standen drei wartende und erwartungsvolle Gestalten. Was mich am meisten beunruhigte, war die Tatsache, dass der Mann namens Orrie einen Revolver in der Hand hielt, der die Größe einer Spielzeugkanone zu haben schien. Dies richtete sich direkt auf meine blinzelnden Augen. Der andere Jugendliche, in einem kirschroten Pyjama mit orangefarbenen Fröschen und einem Morgenmantel, der in der Taille mit einem Seidengürtel zusammengebunden wurde, stand direkt hinter ihm und hielt einen äußerst böse aussehenden Savage aus der Zeitschrift. Wieder hinter diesem Jüngling, dicht neben dem Pfosten, stand das Mädchen in Blau, alle Schläfrigkeit war aus ihrem Gesicht verschwunden.

Der Anblick dieses mit großen Augen aufgerissenen und eifrigen Trios irritierte mich unbeschreiblich. Es war kein Nervenkitzel mehr in der Sache. Ich hatte zu viel durchgemacht; Ich konnte auf diesen neueren Notfall nicht reagieren. Ich fragte mich immer wieder, ob der Idiot mit dem Colt wusste, wie sanft ein Druck den Abzug betätigen würde, an dem ich sehen konnte, wie sein Finger zitterte. Aber es war offensichtlich, dass dieses Zittern eher von Aufregung als von Angst herrührte.

„Wir haben ihn!" rief der Junge im kirschroten Pyjama. Der Art, wie er sprach, nachzugehen , hätte ich wie ein etwas eigensinniger Schwarzbarsch wirken können , der in seinen Kescher gelockt wird.

„Beweg dich nicht!" befahl der ältere der beiden und runzelte die Stirn zu einem Stirnrunzeln jugendlicher Entschlossenheit. „Wage es nicht, dich auch nur einen Zentimeter zu bewegen, sonst schieße ich ein Loch in dich."

Ich hatte nicht vor, umzuziehen.

„Pass auf seine Hände auf", forderte der jüngere Mann auf. „Er sollte sie unterbringen."

„Ja, Orrie , er sollte sie aufstellen", wiederholte das Mädchen am Newel-Post. Sie erinnerte mich mit ihren zarten Weiß-, Rosa- und Blautönen an den Porzellanschrank, den ich erst kürzlich angestarrt hatte.

„Zurück durch die Tür", rief Orrie . „Komm schon – zurück!"

Erschöpft gehorchte ich diesem etwas pferdeartigen Befehl. Dann befahl er mir, meine Hände über meinen Kopf zu halten. Ich tat dies ohne zu zögern; Ich hatte keine Lust zu widersprechen, während dieser Colt mir in die Augen starrte.

Sie folgten mir, indianischer Reihe, in den Raum. Es war das Mädchen, das die Tür schloss, als Orrie das Licht anschaltete. Sie stand mit dem Rücken dazu und betrachtete mein Gesicht. Ich konnte sehen, dass ich sie alle ziemlich interessierte. Aber in diesem Interesse konnte ich weder Freundlichkeit noch Respekt erkennen. Das Einzige, das mir ein Rätsel zu sein schien, war das Mädchen an der Tür.

„Haben Sie etwas zu sagen?" forderte Orrie und straffte seine Schultern.

„Ja, ich habe viel zu sagen", sagte ich ihm. „Aber ich sage es lieber dir allein."

Ich konnte seine verächtliche Bewegung sehen.

„Wirst du dir das anhören!" kommentierte der Jugendliche im kirschroten Pyjama.

„Und wenn Sie so gut wären, damit aufzuhören, mir die Pistole ins Gesicht zu stecken", fuhr ich mit einiger Hitze fort, „und dann diese Kinder aus dem Zimmer schicken, werde ich sagen, was ich zu sagen habe, und zwar ganz kurz!" "

"Kinder!" kam ein empörtes Keuchen von dem Mädchen an der Tür.

„Wir bleiben bei dir, alter Mann", versicherte der jugendliche Held in Kirschrot, die Fersen weit auseinander.

„Und warum sollte ich mich bei einem Einbrecher verstecken?" fragte die kluge Orrie und starrte mich mit äußerster Unverschämtheit an. Dennoch konnte ich sehen, dass ihn zumindest die Präzision meiner Artikulation ein wenig verwirrte.

„Das ist Blödsinn", erwiderte ich. „Ich bin kein Einbrecher, und das sollten Sie wissen."

Zu meinem Erstaunen wurde diese Aussage von einem kleinen dreigeteilten Gelächter begleitet.

"Was bist du dann?" fragte der ungläubige Orrie .

Ich wusste, dass es keinen Sinn mehr hatte, um den heißen Brei herumzureden.

"Ja, wer bist du?" forderte der andere Jugendliche.

Er hielt immer noch den Magazinrevolver in der rechten Hand. Die Wahrheit musste ans Licht kommen.

„Ich bin Witter Kerfoot", sagte ich ihnen so ruhig ich konnte. „Kerfoot, aus Gramercy Park West."

"Welche Nummer?"

Ich habe ihm die Nummer gegeben. Ich konnte sehen, wie das Trio Blicke austauschte; Es waren eindeutig amüsierte Blicke. Ich konnte sehen, dass meine jungen Freunde ein Heimmelodram genossen, ein Melodram, in dem ich offensichtlich der dümmste aller Bösewichte war. Ich fühlte mich ein wenig wie ein Grammophon, der eine Comic-Schallplatte ausspielt.

„Und mit diesem Gesicht!" rief der Mann namens Orrie .

Die stille Verachtung seines Blicks veranlasste mich, mich umzudrehen, damit ich einen Blick auf mich selbst im venezianischen Spiegel zwischen den Bücherregalen erhaschen konnte. Dieser Blick war in der Tat erschreckend. Den Durchgang durch das Kohlenloch hatte ich ganz vergessen. Ich konnte mich nicht einmal daran erinnern, wie oder wann mir die Hutkrone zerbrochen war. Ich hatte den Kratzer auf meiner Wange ebenso wenig bemerkt wie die Spinnweben auf der Dachkammer, die meine Kleidung bedeckten. Als ich in den Spiegel spähte, sah ich nur einen kränklich gefärbten und schmutzig aussehenden Fußgänger mit schmutzigen Händen und einem kaputten Hut. Es war kein Wunder, dass sie lachten. Mein Umfeld war in der letzten Stunde nicht dazu tendiert, auf Kleidung zu achten. Ich war gerade dabei, meine schändlich entstellende Kopfbedeckung abzunehmen, als der jüngere Mann mit dem Savage-Schlag direkt vor meinem Gesicht auf mich losging.

„Versuchen Sie das alles nicht!" Er hat tief eingeatmet. „Halten Sie die Hände hoch."

Die ganze Situation war so daneben, so losgelöst von dem ernsteren Problem, mit dem sie und ich konfrontiert waren, dass es mich entmutigte und verärgerte.

„Wir haben genug von diesem Blödsinn!" Ich protestierte.

„Ja, wir werden den Tommy-Rot herausschneiden und ihn fesseln lassen", verkündete der Mann mit dem Colt.

„Dann durchsuchen Sie ihn zuerst", forderte der junge Mann auf. „Hier, Caddy, nimm Orries Colt, während er ihn durchdringt", befahl er im Brustton einer neu erworbenen Wildheit, „und wenn er versucht, sich zu bewegen, beflügel ihn!"

Mit großen Augen und widerwillig nahm das Mädchen den schweren Revolver. Dann kam Orrie auf mich zu, wenn auch auf eine insgesamt vorsichtige und wortkarge Weise. Ich erkannte, dass es nur Atemverschwendung wäre, mit meinen Protesten fortzufahren. Es blieb nichts anderes übrig, als sich der Farce zu unterwerfen.

Ich sagte nichts, als er die verräterische Taschenlampe hervorholte. Ich schwieg auch, als er triumphierend den Jimmy und die verdammenden

Dietriche ausgrub. Ich konnte den Austausch jubelnder Blicke sehen, als diese auf die polierte Tischplatte geworfen wurden.

„Holt die Gurte aus den Golftaschen!" schlug die Jugend mit dem Wilden vor. Ich konnte nicht umhin, mich daran zu erinnern, dass diese Szene eine Parallele zu einer anderen derselben Art und in derselben Nacht darstellte, als Benson und ich die Situation beherrschten.

Der Mann namens Orrie schien ein wenig verblüfft darüber, dass er in meinen Außentaschen keine Wertsachen gefunden hatte, gab aber nicht auf. Er ignorierte meine Proteste grimmig, während er noch tiefer nachforschte und meine mit einem Monogramm versehene Brieftasche und dann ein goldenes Zigarettenetui hervorholte, auf dem mein Name ordnungsgemäß eingraviert war. Er drehte sie ein paar Mal in der Hand und untersuchte sie sorgfältig. Dann schien ein großes Licht zu ihm zu kommen. Er erlag, wie auch seine Ältesten, einem plötzlichen Gefühl des Dramas.

Ich sah, wie er in den Vorraum huschte und ein Telefonbuch holte. Er blätterte mit schnellen und ungeduldigen Fingern durch die Seiten. Dann ging er zurück und musterte mich von oben bis unten.

„Ich weiß, was dieser Mann getan hat", rief er und seine Augen leuchteten vor Überzeugung.

"Was?" forderte der jüngere Mann.

„Er hat heute Abend mehr als nur dieses Haus besucht. Er ist auch bei Witter Kerfoot gewesen. Er hat diese Dinge von dort mitgenommen. Und jetzt liegt *es an uns, ihn mitzunehmen* !"

Ich konnte sehen, wie die schiere Theatralik der Situation seine beiden Zuhörer erfasste. Ich konnte sehen, wie sie sich ergaben, obwohl das Mädchen immer noch zu zögern schien.

„Sollte ich nicht lieber Onkel Anthony anrufen?" Sie schlug vor.

Mit einem Atemzug erinnerten mich ihre Worte an die Tragödie, die mir so unmittelbar bevorstand, und an die gefährliche Komplexität meiner eigenen Lage.

„Nein, das ist dumm!" Schnitt in Orrie . „Das Auto steht noch draußen. Caddy, ich glaube, du musst mitkommen. Du kannst neben Jansen auf dem Fahrersitz sitzen."

Der Held des Manövers drehte sich wieder zu mir um. Ich dachte hauptsächlich an das Mädchen mit den sanften Augen und der babyweißen Haut und daran, wie ich sie sicher wegbekommen könnte.

„Wirst du leise kommen?" mein Entführer verlangte von mir.

„Ja", antwortete ich, ohne aufzusehen, „ich komme leise."

Es war die Stimme des Mädchens, ein wenig schrill vor Aufregung, die als nächstes die Stille durchbrach.

„ Orrie , er ist kein Einbrecher!" sie schrie in ihrer dreifachen Überzeugung auf.

„Was ist er dann?"

„Er ist ein Gentleman."

"Was bringt dich dazu, so zu denken?" forderte der gleichgültige Orrie , als er mich mit einer knappen Bewegung seines Colt-Laufs zur Flurtür winkte.

„Ich weiß es an seinen Nägeln!" war ihre belanglose, aber doch ganz bestimmte Antwort.

Orrie lachte.

„Dann würdest du jedem einbrecherischen Friseur aus Sing Sing Tee und Makronen geben ", spottete er. „Und unsere wahre Antwort wartet am Gramercy Square auf uns."

Im Auto schien es nur ein oder zwei Minuten zu dauern, bis wir von der Twelfth Street hinauf zur Twentieth und dann ostwärts in die Stille des Platzes gelangten. Meine Entführer hatten darauf bestanden, dass ich nicht reden sollte. "Kein Wort!" befahl Orrie , und ich konnte seinen unverschämten Gewehrlauf an meinen Rippen spüren, als er den Befehl zum zweiten Mal gab. Sie waren betrunken, wie ich sehen konnte, vom Rausch ihrer Heldentat. Sie waren damit beschäftigt, ihren subtilen Sinn für Drama einzuatmen. Mit der diktatorischen Selbstgenügsamkeit wahrer Trunkenheit hatten sie mich von jedem Versuch einer Erklärung abgehalten. Sie fanden, dass die Blase viel zu hübsch war, als dass man sie hätte aufstechen können.

Sie stiegen aus, einer vor mir und einer hinter mir, immer noch mit ihren albernen und mörderisch aussehenden Schusswaffen. Das Mädchen blieb auf ihrem Platz. Dann stiegen wir drei grimmig meine Stufen hinauf.

„Es ist unnötig, die Glocke zu läuten", erklärte ich müde. „Mein Hauptschlüssel wird Sie zulassen."

„Aber ich bestehe darauf, zu klingeln", sagte Orrie , als ich den Schlüssel ins Schloss steckte.

„In diesem Fall werde ich gezwungen sein, den Beamten anzurufen, der uns von der Ecke aus beobachtet", war meine ruhige Antwort.

„Dann ruf an und lass dich hängen!" war das Ultimatum des jüngeren Mannes.

Ein Wort über ihre Schultern brachte meinen alten Freund McCooey, den Streifenpolizisten, um die Ecke und die Stufen hinauf. Ich öffnete die Tür, als er zu uns kam. Dann schaltete ich die Flurlampen ein und sah mich meinen beiden Häschern gegenüber.

„Offizier, ich möchte, dass Sie mich sehr genau ansehen und diesen Herren dann versichern, dass ich Witter Kerfoot bin, der Eigentümer und Bewohner dieses Hauses."

„ Sicher ist er Kerfoot", sagte der unbeeindruckte McCooey. „Aber was ist dieses Mal das Problem ?"

„Etwas Ernsthafteres, als diese Herren sich erträumen. Aber wenn wir drei leise nach oben gehen, werden Sie dort meinen Mann Benson finden. Sie werden auch einen anderen Mann finden, gefesselt mit einem halben Dutzend –"

McCooey unterbrach mich von der Tür aus.

„Es tut mir leid, Sir, aber ich kann nicht bleiben , um Ihren Witz zu sehen."

„Aber du musst."

„Tatsache ist, Sir", erklärte er mit gesenkter Stimme, „ Creegan vom Hauptquartier hat einen Sing-Sing-Leuten in diesem Block festgehalten, und ich halte ihn an den Polizeilinien fest – ein Gefängnis." -Breaker, Sir, und ein kniffliger Idiot namens Pip Foreman, die Ratte!"

"Die Ratte?" wiederholte ich.

„Das Gleiche, Sir. Aber ich muss weg."

„Geh nicht", sagte ich und schloss die Tür. „ *Ihr Mann ist oben und wartet auf Sie* !"

„ Warten Sie auf mich?" er forderte an. "Welcher Mann?"

„Der Mann, den sie die Ratte nennen", versuchte ich ihm zu erklären. „Und ich bin dir sehr dankbar, McCooey, wenn du mit dieser Situation so schnell wie möglich zurechtkommst, denn die Wahrheit ist, dass ich mich ziemlich müde fühle und mir vorstelle, dass es fünf oder sechs gute Stunden sind Ehrlicher Schlaf erwartet mich!"

KAPITEL III

DER GESTOHLENE RAD-CODE

Ich hatte eine Nacht davon vor mir. Das wurde mir klar, als ich mich in meinem großen grünen Bibliotheksstuhl zurücklehnte und die Augen schloss. Denn irgendwo direkt vor meinen fest geschlossenen Lidern konnte ich immer noch eine Art Windrad sehen, das sich lebhaft drehte und wie ein milchweißes Orange vor einem trüben violetten Nebel leuchtete, der mit jedem Schlag meines Pulses verblasste und dunkler wurde.

Ich kannte die Symptome nur zwei gut. Das gesamte Lager des Bewusstseins war fieberhaft wach, wachsam, *im Beben* . Dieses pulsierende weiße Windrad war eine rein persönliche Angelegenheit zwischen mir und meiner Fantasie. Es war etwas ganz Eigenes. Ich war *es* . Und da es im Wesentlichen subjektiv ist, konnte es weder verbannt noch kontrolliert werden.

Also beschloss ich, mich auf den Weg zur offenen Tür zu machen. An ein Himmelbett zu denken, wäre in einer solchen Zeit intensiver Wachheit ein Hohn. Denn ich war der Schauplatz dieser krankhaften Wachsamkeit, die ein überfülltes geistiges Bewusstsein der Existenz mit sich brachte, das weit über mein eigenes physisches Sehvermögen hinausging, als wäre ich zum Nachtwächter der gesamten Welt ernannt worden, mit einem forschenden Blick auf alles vielfältige Aktivitäten und Aberrationen. Ich schien in der Lage zu sein, seinen Atem zu beobachten, während er seinen kosmischen Schlaf schlief. Es schien mir, als brütete ich mit mondgleicher Zurückhaltung über seinen wimmelnden Ebenen, deprimiert von seinen enormen Ausmaßen, verwirrt von seinem unverständlichen Gewirr und Wirrwarr kreuz und quer verlaufender Schicksale. Seine unzähligen mitternächtlichen Stimmen schienen zu einem vagen Seufzer zu verschmelzen, der so nachdenklich aus der Ferne und so unaussprechlich tragisch war, dass ich, als ich in meiner Tür stand und die Geräusche eines hirnrissigen jungen Romeo vernahm, der am Players' Club vorbeipfiff, seine schrille Wiederholung seines Liedes ein Broadway-Dachgesang wirkte mehr als dissonant; es schien eine Schändung zu sein. Der Narr war glücklich, als die ganze Welt mit geballten Fäusten dasaß und auf ein unbestimmtes Schicksal wartete.

Es war schon lange nach Mitternacht, erinnerte ich mich, als ich die Tür schloss. Denn es muss schon mehr als eine Stunde her sein, seit ich hinausgeschaut und die zwölf rubinroten Blitze von der obersten Spitze des Metropolitan Tower gesehen habe, die die traurige Botschaft signalisierten, dass ein weiterer Tag vergangen war. Ich hatte diese zwölf Augenzwinkern mit sinkendem Herzen beobachtet und fand etwas Sardonisches in ihrer lebhaften Leichtigkeit, denn ein verräterisches neurasthenisches Zucken meines rechten Augenlids hatte mich daran erinnert, dass ein scharfsinniger Satan namens „Insomnia" wieder einmal an meiner Seele zerrte und zuckte. wie ein Fliegenhaken am Maul einer Forelle zerrt und ruckelt.

Ich wusste, dass mir eine weitere schlaflose Nacht bevorstand, selbst als ich trübsinnig von meiner Haustür wegging und ebenso trübsinnig um die eiserne Parkanlage herumlief. Und ich hatte nicht die Absicht, es eingepfercht zwischen vier Wänden vorbeizulassen. Ich hatte das schon einmal versucht, und darin lag, wie ich mich erinnerte, der Wahnsinn.

So schlenderte ich ruhelos durch die verlassenen Straßen weiter, ohne aktiv an ein Ziel zu denken und ohne unmittelbare Orientierung für die Richtung. Ich erinnerte mich nur daran, dass die Stadt um mich herum lag, getaucht in eine Nacht von außergewöhnlicher Milde, eine Nacht, die sie hätte schön machen sollen. Aber es lag in seiner Stille um mich herum, so tot und flach und abgestanden wie ein Glas lauwarmen Weins.

Erschöpft ließ ich mich auf einer Bank am Madison Square nieder und blickte auf den langsam sprudelnden Brunnen, der mir so oft wie eine Art sichtbarer Puls der schlafenden Stadt vorgekommen war. Ich saß träge da und spähte zum Flatiron Building hinauf, wo es wie eine ewige Pflugschar seine ewigen Querfurchen der Fifth Avenue und des Broadway über die verworrenen Stoppeln aus Stahl und Stein der Stadt warf. Dann blickte ich auf die Schläfer um mich herum, die glücklichen Schläfer, die zusammengekauert und ausgestreckt auf den Parkbänken lagen. Ich beneidete sie, jeden Sterblichen dieser zerlumpten und obdachlosen Armee! Ich hasste sie fast. Denn sie tranken in vollen Zügen das Einzige, was mir verweigert worden war.

Während ich mit tief ins Gesicht gezogenem Hut dort herumlungerte, lauschte ich dem beruhigenden Schnurren und Plätschern des ständig pulsierenden Brunnens. Dann ließ ich meinen Blick trostlos nach Süden schweifen, vorbei an der Bronzestatue von Seward. Ich beobachtete den Fahrer eines Taxis der „Night-Hawk"-Variante in der Twenty-Third Street, der auf seinem Sitz schlief. Er saß dort in seinem verblichenen Hut und Mantel, so regungslos wie Metall, als hätte er dort durch alle Zeitalter aufgetaucht, wie eine eherne Statue des Schlafes unter seiner sanften *Patina* der Zeit.

Dann, als ich untätig nach Norden blickte, vergaß ich plötzlich den Brunnen, den Nachtschwärmer-Chauffeur und die Schläfer. Denn hinter der Fifth Avenue, hinter der Stelle, an der die doppelte Reihe elektrischer Kugeln den sanften Hang des Murray Hill hinunterschwang wie eine doppelte Perlenkette über die Brust einer Frau, erblickte ich eine Gestalt, die sich leise in die Stille des Platzes wandte. Es zog meinen Blick an und fesselte mich, denn es schien die einzige Bewegung an diesem Ort völliger Stille zu sein, wo selbst die grünspanfarbenen Bäume so regungslos dastanden, als wären sie aus Kupferplatten geschnitten.

Ich beobachtete die Gestalt, wie sie immer näher kam. Die einsame Mitternacht schien den lässigen Spaziergänger in einen Abgesandten des Mysteriums zu verwandeln, in etwas Fesselndes und Bedeutsames. Ich saß träge auf meiner Parkbank und starrte ihn an, während er unter den milchweißen Bogenlampen, deren verstreute Kugeln so aussahen wie ein Rauschen von Blasen, die in den Ästen der Bäume gefangen waren, hereinströmte.

Ich beobachtete den Fremden so genau wie ein Reisender mitten auf dem Ozean die Annäherung eines einsamen Dampfers beobachtet. Ich rührte mich nicht, als er einen Moment neben dem Brunnen stand. Ich gab kein Lebenszeichen von mir, als er sich langsam umsah, zögerte und dann zum Ende der Bank hinüberging, auf der ich saß. Die schlanke junge Gestalt in ihrem unzeitgemäßen und unpassenden Cape-Mantel hatte etwas Militärisches an sich. Auch in den Bewegungen des Mannes, als er sich wieder auf der Bank niederließ, lag etwas Wachsames und Zurückhaltendes. Er saß da und lauschte dem Schnurren und Plätschern des Wassers. Dann war er innerhalb kürzester Zeit tief und fest eingeschlafen.

Ich saß immer noch neben ihm. Ich überlegte immer noch, wer und was der Neuankömmling sein könnte, als eine andere Bewegung meine Aufmerksamkeit erregte. Es war die fast lautlose Annäherung einer zweiten und größeren Gestalt, der Gestalt eines breitschultrigen Mannes in marineblauem Serge, der leise zwischen der doppelten Reihe von Bankschläfern hindurchging. Er umkreiste einmal den granitschalenförmigen Ring des Brunnens. Dann ließ er sich schüchtern auf den Sitz neben dem Mann im Umhang fallen, keine anderthalb Meter von meinem Platz entfernt.

Etwas an ihm forderte von dem Moment an, als er diese Position antrat, meine Aufmerksamkeit heraus. Ich beobachtete ihn unter meiner Hutkrempe, während er sich vorsichtig umsah. Ich rührte mich nicht, als er seine verdeckten Augen für einen oder zwei Momente auf meiner faulen Gestalt verweilen ließ. Ich beobachtete ihn immer noch, wie er sich nach vorne beugte und dem tiefen Atem des Mannes lauschte, der so dicht neben ihm stand.

Dann sah ich eine Hand aus seiner Seite hervorkriechen. In seinen Bewegungen lag etwas Schnelles und Reptilisches . Ich sah, wie es die Brust des schlafenden Mannes berührte und berührte. Dann sah ich, wie es schlangenartig unter den Stoff des Mantels schlüpfte.

Es bewegte sich dort für ein oder zwei Sekunden, als wäre es damit beschäftigt, die Nischen aller möglichen Taschen zu erkunden.

Dann sah ich, wie sich die verstohlene Hand leise, aber schnell zurückzog. Als es wegkam, brachte es ein Päckchen mit sich, das im Lampenlicht weiß blitzte, offensichtlich ein Päckchen Papiere. Dieses wurde eilig in die Manteltasche des Neuankömmlings neben mir gesteckt. Es gab keinen Ton. Es gab keine Bewegung mehr.

Der breitschultrige Mann saß dort, es muss eine ganze Minute gedauert haben. Dann stand er leise auf und machte sich ebenso leise auf den Weg.

Erst da wurde mir bewusst, was er getan hatte. Er hatte absichtlich einen schlafenden und schutzlosen Mann ausgeraubt. In diesem Moment war er gerade dabei, die Beute eines vorsätzlichen und dreisten Diebstahls mit sich zu führen. Und ich hatte ruhig und ohne Protest dabei gesessen und zugesehen, wie ein Dieb, ein professioneller „Dip", ein Verbrechen vor meinen Augen, nur einen Meter von mir entfernt, beging!

Mit drei schnellen Schritten war ich an die Seite des Schlafenden gegangen und schüttelte ihn. Ich behielt noch immer die Gestalt des Diebes im Auge, die sich langsam zurückzog, während er sich scheinbar schüchtern den Weg nach oben über den Platz bahnte. Ich hatte oft von diesen Straßenharpyien gehört, die als „Lush-Dips" bekannt sind, diesen professionellen Taschendieben, die betrunken am Wegesrand Beute machen. Aber noch nie hatte ich einen bei der Arbeit gesehen.

„Schnell! Wach auf!" Ich weinte und schüttelte verzweifelt die Schulter des Schläfers. „Du wurdest ausgeraubt!"

Der nächste Schritt dieses kleinen Mitternachtsdramas war unerwartet und überraschend. Anstatt, wie erwartet, mit den widersprüchlichen Manövern eines halb wachen Schläfers konfrontiert zu werden, wurde ich plötzlich und fest am Arm gepackt und ruckartig auf den Sitz neben ihm geschleudert.

„Du wurdest ausgeraubt!" Ich wiederholte es, als ich spürte, wie mich dieser feste Griff nach vorne zog .

"Den Mund halten!" sagte eine ruhige und sehr hellwache Stimme, ganz nah an meinem Ohr. Ich kämpfte darum, meinen Arm von der Hand loszureißen, die ihn immer noch festhielt.

„Aber du wurdest *ausgeraubt* !" Ich habe protestiert. Ich bemerkte, dass sein eigener Blick bereits nach Norden gerichtet war, dorthin, wo die blau gekleidete Gestalt immer noch ziellos unter den Bogenlampen weiterging.

"Wie kannst du das Wissen?" er forderte an. Ich war beeindruckt von seiner resoluten und eher autoritativen Stimme.

„Ich habe es mit meinen eigenen Augen gesehen! Und da ist der Mann, der es getan hat!" Ich sagte es ihm und zeigte nach Norden.

Er riss meine Hand herunter und drehte sich zu mir herum.

„Pass auf diesen Mann auf!" sagte er fast heftig. „Aber um Himmels Willen, *bleib still*!"

"Was bedeutet das?" Ich verlangte natürlich.

Er warf mir einen schnellen Blick zu. Dennoch blickte er wohl mehr auf meine Kleidung als auf mein Gesicht. Mein Schneider schien für ihn durchaus zufriedenstellend zu sein.

"Wer bist du?" er hat gefragt. Ich ließ mir Zeit, um zu antworten, denn ich fing an, seinen wiederholten Ton der Überlegenheit zu ärgern.

„Mein Name, falls Sie das meinen, ist zufällig der unstimmige , aber höchst respektable Name von Kerfoot – Witter Kerfoot."

„Nein, nein", sagte er mit schneller Ungeduld. " *Was* bist du?"

„Ich bin nichts Besonderes, außer Mitglied eines ziemlich respektablen Clubs und ein Mann, der nicht besonders gut schläft."

Seine Augen beobachteten immer noch aufmerksam die langsam fortgehende Gestalt. Meine Leichtfertigkeit schien ihm entgangen zu sein. Seine muskulöse junge Hand umklammerte plötzlich meinen Ärmel.

„Bei Gott, mein Herr, Sie *können* mir helfen!" er weinte leise. „Das müssen Sie! Ich habe das Recht, Sie als anständigen Bürger anzurufen, als –
"

"Wer bist du?" Ich unterbrach mich, mittlerweile ganz ich selbst.

„Ich bin Lieutenant Palmer", gab er geistesabwesend zu, während er die sich bewegende Gestalt beäugte.

muss diesen Mann kriegen, sonst kostet es mich ein Kriegsgericht .

Ich sah, wie der Dieb sich auf eine leere Bank fallen ließ, auf seine Uhr blickte, sich nachlässig umsah und sich dann mit gekreuzten Beinen zurücklehnte. Es passierte nichts mehr.

„Nun", fragte ich, „was ist das Spiel?"

„Es ist kein Spiel", erwiderte er in seinem schnellen und entschlossenen Ton. „Es kommt fast einer Tragödie gleich. Aber jetzt habe ich ihn gefunden! Ich habe ihn platziert! Und *das ist* der Mann, den ich suche!"

„Das bezweifle ich nicht", gab ich träge zu. „Aber soll ich annehmen, dass diese kleine Bankszene eine Art, nun ja, eine Art sorgfältig durchdachte Falle war?"

„Nur so konnte ich das Ding gewinnen", gab er zu.

„Clinch was?" Ich war mir seines Zögerns bewusst.

„Oh, du musst es wissen", räumte er schließlich ein, „jetzt hast du so viel gesehen! Und ich weiß, dass du – du bist der richtige Typ. Ich kann dir nicht alles sagen. Aber ich bin es." vor der *Connecticut* . Sie ist das Flaggschiff der ersten Division unserer Atlantikflotte, das Flaggschiff von Konteradmiral Shrodder . Ich wurde geschickt, um mit Admiral Maddox, dem Kommandanten der Navy Yard, zu sprechen. Dann sollte ich mit Konteradmiral Kellner kommunizieren Vorgesetzter der Marinehilfskräfte. Es stand im Zusammenhang mit dem neuen Emergency Wheel-Code der Marine. Ich kann es Ihnen nicht erklären; es gibt viele Daten des Marineministeriums, auf die ich nicht eingehen kann. Aber ich war hier in New York an Land mit einer Liste der neuen Funkcodesignale.

„Und du hast sie entkommen lassen?"

„Es gab kein Geheimnis darüber. Sie wurden mir gestohlen , auf eine mysteriöse Art und Weise, die ich nicht verstehen kann. Ich habe nur einen Hinweis. Ich hatte im Plaza zu Abend gegessen. Dann war ich in den Ballsaal gegangen und hatte dort Platz genommen durch die Amateurtheater für das Französische Krankenhaus. Ich hatte die Codeformulare bei mir und sie hatten mir Sorgen gemacht. Also habe ich „das Rad geteilt", wie wir im Gottesdienst sagen. Ich meine, ich hatte sie geteilt und bin gegangen Eine Hälfte war in meinem Hotel eingesperrt, während ich die andere Hälfte noch trug. Ich wusste, dass jeder Teil ohne den anderen nutzlos wäre. Wie oder wann sie an die Hälfte kamen , die ich bei mir trug, kann ich beim besten Willen nicht sagen. Ich erinnere mich, dass ich nach der Vorstellung zwei- oder dreimal im Ballsaal getanzt habe. Aber es konnte keine dieser Frauen gewesen sein. Sie waren nicht diese Art."

„Wer war es dann?" Zum ersten Mal überkam mich ein Gefühl seiner Jungenhaftigkeit.

„Das ist es, ich weiß es nicht. Aber ich hatte immer das Gefühl, dass ich beschattet wurde Den ganzen Tag habe ich auf ein Zeichen gewartet. Das habe ich bis heute Abend durchgehalten. Als ich dann tatsächlich merkte, dass ich verfolgt wurde, habe ich bei jeder meiner Bewegungen …"

Seine Stimme verstummte und er packte mich erneut am Arm.

„Sehen Sie, er ist wieder in Bewegung! Diesmal ist er in Bewegung. Und *das ist* der Mann! Ich möchte, dass Sie mir helfen, ihn zu beobachten, jeden

Schritt und jeden Trick zu beobachten. Und wenn es einen zweiten Mann gibt, werde ich Sie dazu bringen Folge ihm, während ich dabei bleibe. Es ist nicht nur für mich selbst, denk dran; es ist mehr für den gesamten Dienst!"

Mittlerweile waren wir auf den Beinen und gingen auf den asphaltierten Wegen, die sich zwischen den Bäumen hin und her schlängelten, nordwärts.

„Sie meinen, dieser Mann ist eine Art Agent, ein ausländischer Spion, der hinter Ihren Marinegeheimnissen her ist?" Ich fragte, während wir die Gestalt in Blau beobachteten, die lässig in Richtung Fifth Avenue ging.

„Das muss ich herausfinden. Und ich werde es tun, wenn ich ihm in die Hölle und zurück folgen muss!" war die Antwort des jungen Offiziers. Dann hielt er plötzlich mit einer geflüsterten Warnung an.

„Du gehst besser nach Westen, in Richtung Broadway. Dann gehst du wieder nach Norden in die Fifth Avenue, in Richtung Brentanos Ecke. Ich biege auf der ihm gegenüberliegenden Seite die Madison Avenue hoch und gehe auf der Twenty-sixth Street nach Westen. Sag nichts zu mir, während wir vorbeigehen. Aber beobachte ihn, jeden Moment. Und wenn es einen zweiten Mann gibt, folge ihm!"

Einen Moment später schlenderte ich nach Westen zur alten Ecke des Hoffman House. Als ich mich dem Straßenrand näherte, sah ich die unbeirrte Gestalt in Blau neben dem Farragut Monument am nordwestlichen Rand des Madison Square stehen bleiben. Ich sah, wie er eine Zigarre herausholte, langsam und bedächtig ein Streichholz auf dem Mauerwerk der Exedra anzündete und dann ebenso langsam und bedächtig seine Zigarre anzündete.

Als ich es sah, hatte ich das Gefühl, dass es eine Art Signal war. Dieser Verdacht verstärkte sich, als ich einen Moment später eine Frau aus einer nahegelegenen Tür treten sah. Sie trug einen gefiederten Gainsborough-Hut und ein cremefarbenes Kleid. Über ihre schlanken jungen Schultern hing, wie ich weiter erkennen konnte, ein Opernumhang aus zarter Spitzenarbeit.

Sie blieb einen Moment auf der Kutschenschwelle stehen, als warte sie auf ein Auto oder ein Taxi. Dann überquerte sie schnell die Allee und kam, als sie nach Norden abbog, an dem wartenden Mann in Blau vorbei. Sie ging ohne ein Wort an ihm vorbei.

Aber als die cremefarbene Gestalt lässig an dem breitschultrigen Mann vorbeiging , erhaschte ich einen flüchtigen Blick auf etwas, das zwischen ihnen vorbeiging, eine Andeutung, dass eine Hand ein weißes Päckchen aus der anderen auffing. Es war ein Hinweis und nichts weiter. Aber es hat gereicht.

Als ich diese Bewegung sah, war mein erster Impuls, schnell umherzugehen und Palmer zu warnen, was passiert war. Ein kurzer Gedanke zeigte mir jedoch, wie gefährlich das war. Und der junge Leutnant hatte, wie ich sehen konnte, bereits seinen Kurs geändert, so dass sein Weg nach Süden durch die Mitte des Platzes dem des anderen Mannes entsprach, der jetzt flotter am Straßenrand entlang ging.

Er hatte klar erklärt, dass ich jeden Konföderierten überwachen sollte. Ich hatte nicht die Absicht, über Nebenthemen zu streiten. Als ich tatsächlich nach dieser mysteriösen Gestalt mit dem Gainsborough-Hut und dem cremefarbenen Kleid nach Norden aufbrach, durchlief ein äußerst angenehmes und zielgerichtetes Kribbeln der Erregung mein Rückgrat.

Ich beschattete sie so vorsichtig, wie ich konnte, und folgte ihr Block für Block, während sie die leere Durchgangsstraße hinaufeilte, die jetzt so ruhig und einsam war wie eine Gletschermoräne. Meine einzige Angst war, dass sie das Waldorf oder einen ähnlich komplexen Bienenstock menschlichen Lebens erreichen würde, bevor ich sie überholen konnte. Ich wusste, dass sie dort so völlig verloren sein würde wie eine Nadel im Heuhaufen.

Ich hatte das Gefühl, dass sie mich zu diesem Zeitpunkt bereits verdächtigt hatte, denn zweimal sah ich, wie sie über ihre Schulter zurückblickte.

Dann blieb ich plötzlich stehen und duckte mich in eine Tür. Als ich sah, wie ein Taxi von der Thirty-Third Street in die Allee kam , bemerkte ich für einen Moment, dass es auf ihre wiederholte Geste neben dem Bordstein anhielt.

Ich blieb ein gutes Stück im Schatten stehen, bis sie auf den Sitz geklettert war, die Tür zugefallen war und der Fahrer sein Fahrzeug gewendet hatte und wieder nach Norden fuhr. Dann ging ich an den Ladenfronten entlang, huschte über die Straße und ging direkt auf den Taxistand des Hotels und einen Taxifahrer zu, der schläfrig Zigarettenrauch ausatmete und in den lauen Mitternachtshimmel aufstieg. Der Geldschein, den ich ihm in die Hand drückte, raubte ihm den ganzen Schlaf und beendete den Weihrauch zu den Morgensternen.

„Die Allee hinauf", sagte ich, als ich einstieg. „Und folgen Sie dem Taxi zwei Blocks hinter Ihnen, bis es abbiegt, und fahren Sie dann hinauf und warten Sie."

Sie bog in die Forty-Second Street ein und führte ostwärts zur Lexington Avenue. Dann schwenkte es auf seinen Schienen um und schwenkte erneut nach Süden. Wir ließen es weit vor uns klappern. Doch als er an der Ecke der Twenty-Third Street plötzlich nach Westen abbog, brachen wir die Geschwindigkeitsgesetze und fuhren noch einmal auf ihn zu. Als wir dann die Twenty-Third Street überquerten, sagte ich dem Fahrer, er solle weiter nach Süden in Richtung Gramercy Square fahren. Denn ich hatte das andere Taxi erblickt, das bereits auf halber Strecke zwischen Lexington und Fourth Avenue am Straßenrand stand.

Einen Moment nachdem wir über die Autogleise gerast waren, entkam ich meinem Taxi und rannte zu Fuß zurück zur Querstraße. Als ich die Ecke erreichte , erblickte ich eine Gestalt in einem cremefarbenen Kleid, die den Bürgersteig überquerte und schnell in die Tür eines schäbigen vierstöckigen Gebäudes trat.

Ich hatte keine Zeit, dieses Gebäude zu studieren. Es könnte ein veraltetes Wohnhaus gewesen sein, das in eine Ansammlung von Künstlerateliers umgewandelt wurde, oder ein drittklassiges Domizil drittklassiger Firmen. Meine einzige wichtige Entdeckung war, dass sich die Tür öffnete, als ich den Knauf drehte, und dass ich leise und schnell in den dunklen Flur treten konnte.

Ich stand da in der Dunkelheit und lauschte aufmerksam. Ich konnte das leichte und hastige Klicken der Schuhabsätze auf den kahlen Trittbrettern der Treppe hören. Ich wartete und hörte zu und zählte sorgfältig diese Klicks. Dabei wusste ich, dass die Frau in die oberste Etage geklettert war.

Dann hörte ich das Klirren von Metall, das Geräusch eines Schlüssels, der in ein Schloss gesteckt wurde, und dann das vorsichtige Schließen einer Tür. Dann war ich wieder von nichts als Dunkelheit und Stille umgeben.

Ich stand ein oder zwei Minuten lang in tiefen Gedanken da. Dann tastete ich mich vorsichtig zum Fuß der Treppe, fand die schwere, altmodische Balustrade und stieg langsam und lautlos die Treppe hinauf.

Ich hörte nicht auf, bis ich mich im obersten Stockwerk dieses ruhigen und duftenden Gebäudes befand . Ich blieb stehen und spähte durch die Dunkelheit, die mich umgab.

Meine Suche wurde durch die Entdeckung eines dünnen gelben Lichtstreifens belohnt, der sich entlang der Unterseite einer geschlossenen Tür befand. Gleich hinter dieser Tür hatte ich das Gefühl, dass meine Suche ein Ende finden würde.

Ich tastete mich zur Wand und schlich leise auf Zehenspitzen vorwärts. Als ich an der Tür ankam, ließ ich meine Hand geräuschlos um den Türknauf schließen. Dann polsterte ich es mit festem Griff und drehte es langsam, Zoll für Zoll.

Ich stellte fest, dass die Tür verschlossen war. Aber im Zimmer konnte ich immer noch das gelegentliche Klicken von Schuhabsätzen und die unbestimmten Geräusche eines Bewohners hören, der sich leise, aber eilig bewegte.

Ich stand da, verwirrt und deprimiert von meinem ersten Gefühl der Frustration. Dann erkannte ich das undeutliche Rechteck von etwas, das ein Fenster im hinteren Teil einer engen Halle gewesen sein musste. Ich schlich auf Zehenspitzen zu diesem Fenster zurück, in der Hoffnung, dass es zu etwas führen könnte. Zu meiner Enttäuschung stellte ich fest, dass es mit Eisenstangen von einem halben Zoll Durchmesser verriegelt war. Und das bedeutete eine zweite Niederlage.

Als ich diese Ruten testete , stieß ich auf eine, die nicht so sicher war wie die anderen. Mit einem ruhigen und gleichmäßigen Schraubenschlüssel löste sich eine Endschraube vollständig aus dem halb verrotteten Holz. Ein oder zwei weitere geduldige Drehungen befreiten das andere Ende vollständig.

Ich befand mich mit einer vier Fuß langen Stange bewaffnet, die an beiden Enden keilförmig für den Schraubenkopf geschärft war. Also machte ich mich schweigend auf den Weg zurück zu dem gelben Lichtbündel und der verschlossenen Tür darüber. Ich stand ein oder zwei Minuten da und hörte zu. Alles, was ich hören konnte, war das Fließen von Leitungswasser und das gelegentliche Rascheln einer Zeitung. Also drückte ich leise die Kante meiner Stange zwischen die Tür und ihren Pfosten und hebelte das Ende ebenso leise nach außen.

Unter dieser Belastung musste etwas nachgeben. Ich hatte schreckliche Angst, dass es die Sperrstange selbst sein könnte. Ich wusste, dass dies mit einem Klick passieren und meine Bewegung sofort verraten würde. Aber als ich den Druck erhöhte , konnte ich sehen, dass es die Innensechskantschrauben waren, die im Kiefernholzpfosten langsam nachgaben.

Ich blieb stehen und wartete auf ein vernichtendes Geräusch, bevor ich den letzten Stoß wagte, der den Bolzen aus der Lockerungshülse lösen würde. Es kam mit dem plötzlichen Geräusch von Schritten und dem Zudrehen des laufenden Wasserhahns. Die Tür war gewaltsam geöffnet worden und stand ein oder zwei Zentimeter vom Pfosten entfernt, bevor die Schritte erneut zu hören waren.

Ich wartete mit schlagendem Herzen und fragte mich, ob irgendetwas belauscht worden war, ob etwas entdeckt worden war. Erst dann wurde mir auch das Ausmaß meines Vergehens bewusst. Ich war ein Einbrecher. Ich spielte die Rolle eines Mitternachtseinbrechers. Ich stand vor einer Situation, an der ich kein unmittelbares Interesse hatte. Ich war mit Gefahren konfrontiert, die ich nicht begreifen konnte. Aber ich hatte vor, in diesen Raum zu gelangen, egal, was es kostete.

Als ich dort stand, hörte ich das Geräusch einer Schublade, die geöffnet und geschlossen wurde. Dann ertönte ein oder zwei Fersenklicks auf dem Holzboden und dann ein ungeduldiger und durchaus hörbarer Seufzer. Dieser Seufzer war unverkennbar. Es war so voller Weiblichkeit, als hätte ich die Stimme einer Frau gehört. Und mit Warten war nichts zu gewinnen. Also lehnte ich meine Eisenstange zunächst schweigend an die Türecke. Dann holte ich tief Luft und betrat schnell und lautlos den beleuchteten Raum.

Ich stand dort dicht neben der teilweise geöffneten Tür und blinzelte ein wenig angesichts des plötzlichen Lichtscheins. Es dauerte eine beträchtliche Zeit, bis mir die Einzelheiten der Szene in den Sinn kamen.

Was ich sah, war ein großes und schlicht eingerichtetes Zimmer. An einer Ecke stand ein Rollschreibtisch, und von dessen Oberseite aus sah ich das Funkeln eines Telefonsenders. In der Rückwand befanden sich zwei altmodische Fenster mit niedriger Fensterbank . An dieser Wand und zwischen diesen beiden Fenstern stand ein schwarzer Eisentresor.

Vor der offenen Tür dieses Safes stand mit dem Rücken zu mir die Frau im cremefarbenen Kleid. Es war ganz offensichtlich, dass sie meine Anwesenheit noch nicht bemerkte.

Sie hatte Hut und Umhang beiseite geworfen und beugte sich gerade tief über den dunklen Schlund des geöffneten Safes und griff mit einem weißen, runden Arm in seine Nischen. Ich stand da und beobachtete sie und fragte mich, welche Bewegung am effektivsten sein würde. Ich gab keinen Laut von mir; dessen war ich mir sicher. Doch irgendein sechster Sinn muss sie vor meiner Anwesenheit gewarnt haben. Denn ohne Sinn und Zweck stand sie plötzlich aufrecht da und wandte sich mir zu.

Ihr Gesicht, das vom Bücken etwas gerötet war, wurde weiß. Sie starrte mich wortlos an, ihre Augen weiteten sich vor entsetzter Verwunderung. Ich konnte sehen, wie sich ihre Lippen langsam öffneten, als der Schock über das, was sie sah, begann, die Kiefermuskeln entlang der olivweißen Wange zu entspannen.

Ich starrte sie mit einem seltsam gelösten Geist an. Tatsächlich fühlte ich mich sehr wohl, sehr wohl der Herr der Situation. Ich konnte mir vorstellen, dass sie als Gegnerin mehr als mysteriös sein würde. Sie wäre tatsächlich äußerst interessant.

Ihr nächster Schritt verlieh der Situation jedoch ein neues Gesicht. Denn unerwartet ließ sie ihre Hand neben sich an die Wand huschen, direkt hinter der Tresoroberseite. Während sie das tat, konnte ich das Klicken eines

Schalterknopfes hören; Im nächsten Moment ging das Licht aus. Es hinterließ den Raum in undurchdringlicher Dunkelheit.

Ich stand da, unvorbereitet auf eine Angriffs- oder Verteidigungsbewegung. Doch mein Feind, das wusste ich, war nicht untätig. Während ich vergeblich durch die Dunkelheit spähte, hörte ich das schnelle Knallen der Safetür, die geschlossen wurde. Dann war das deutliche Geräusch zu hören, als ein schwerer Schlüssel in ein Metallschloss gesteckt und gedreht wurde – der Safe war offensichtlich von der altmodischen Schlüsselzylinderbauart – und dann das Geräusch, als dieser Schlüssel herausgezogen wurde. Dann ertönten ein oder zwei Klickgeräusche von Schuhabsätzen, ein Rascheln von Kleidung und einen Moment später das erschreckend laute Zersplittern einer Fensterscheibe.

Die Frau hatte den Safe absichtlich verschlossen und den Schlüssel durch das Fenster geworfen! Sie war mir einen Schritt voraus gewesen. Sie hatte mich im ersten Satz unserer Begegnung besiegt. Mein Zögern war ein Fehler gewesen, ein kostspieliger Fehler.

„Sei so gut, mach das Licht an!" Ich befahl.

Aus der Dunkelheit kam kein Laut.

„Mach das Licht an", rief ich. „Mach das Licht an, sonst schieße ich! Ich werde jeden Fuß dieses Raumes durchsuchen!" Und damit machte ich einen deutlichen Doppelklick auf die Feder meines Zigarettenetuis.

Das Licht ging genauso plötzlich wieder an, wie es erloschen war. Ich steckte diskret mein Zigarettenetui ein.

Die Frau stand wie zuvor neben dem Safe und musterte mich mit ihren großen und herausfordernden Augen. Aber die ganze Zeit über war kein Wort über ihre Lippen gekommen.

"Hinsetzen!" Ich befahl, so autoritär und doch so beiläufig, wie ich konnte. Damals sprach sie zum ersten Mal.

„Danke, ich stehe lieber!" war ihre Antwort. Sie sprach ruhig und deutlich und fast ohne Akzent. Dennoch hatte ich das Gefühl, dass die Stimme irgendwie fremd war. Ein vager Hauch von Exotik in den sorgfältig ausgesprochenen Tönen ließ mich vermuten, dass sie entweder eine Österreicherin oder eine gallisierte Ungarin war, oder wenn nicht, möglicherweise eine Polin.

„Du wirst noch einige Zeit hier sein", deutete ich an.

"Und du?" Sie fragte. Ich bemerkte ein fast unmerkliches Achselzucken ihrer sanft gerundeten Schulter. Ich stellte mir vor, dass Reispulver den allgemeinen Effekt des toten Weiß etwas verstärkte.

„Ich werde hier sein, bis der Safe geöffnet wird", war meine Erwiderung.

"So lang?" sie spottete.

"So lang!" wiederholte ich, verärgert über ihr langsames Lächeln.

„Ah, dann setze ich mich", murmelte sie, während sie den Spitzenumhang aufhob und ihn um ihre Schultern legte. „Denn glauben Sie mir, das wird sehr, sehr lange dauern, Monsieur!"

Ich beobachtete sie aufmerksam, als sie den Raum durchquerte und sich auf einen Stuhl sinken ließ. Sie zog ihre cremefarbene Schleppe mit sparsamer und fleißiger Bedächtigkeit über ihre Knie.

Während ich sie beobachtete, wurde mir plötzlich klar, dass ihre List möglicherweise ein Doppelgänger war. Eine Schiefe wie ihre würde unsichtbare Windungen aufweisen. Es war nicht der Schlüssel zum Safe, den sie durch das Fenster geworfen hatte! Sie wäre nie so dumm gewesen. Es war ein Trick, eine List. Sie hatte diesen Schlüssel immer noch irgendwo bei sich.

„Und was muss ich jetzt tun?" fragte sie, während sie den Umhang enger um ihre Schultern zog.

„Du kannst mir den Schlüssel zu diesem Safe geben", war meine Antwort.

Sie konnte es sich tatsächlich leisten, ein wenig zu lachen.

„Das ist ganz unmöglich!"

„Ich will diesen Schlüssel!" Ich bestand darauf.

„ *Verzeihung* , aber ist das nicht – gefährlich?" sie fragte sanft. „Ist es nicht so, um Mitternacht in Häuser einzubrechen und Frauen auszurauben?"

Jetzt war ich an der Reihe zu lachen.

„Nicht das Geringste", versicherte ich ihr ruhig. „Und Sie können beurteilen, ob ich Angst habe oder nicht. Es gibt etwas viel Gefährlicheres als *das* !"

Sie musterte mich erneut mit ihren verwirrten und immer schmaler werdenden Augen.

"Was bedeutet?" sie forderte.

„Nun, zum Beispiel der Diebstahl staatlicher Marinecodes, unter anderem."

„Du bist sehr, sehr betrunken", erwiderte sie mit ihrem leisen, spöttischen Lächeln. „Oder du bist verrückt, ganz verrückt. Darf ich meine

Juwelen nicht in meinem eigenen Safe einschließen? Ah, ich fange an zu verstehen – das ist ein Trick, den du mir stehlen könntest!"

„Warum dann nicht die Polizei rufen lassen?" Ich forderte ihn heraus und zeigte auf das Telefon.

Ein Ausdruck von Arglist schlich sich in ihre fleißigen Augen.

„Sie werden das zulassen?" Sie fragte.

„Ich lade es ein", war meine Antwort.

„Dann werde ich um Hilfe rufen."

„Nur von der Polizei."

„Ja, ich werde um Hilfe rufen", wiederholte sie und ging zum Telefon.

Ich beugte mich vor, als sie davor stand. Ich packte ihren nackten Arm mit meiner linken Hand, direkt unterhalb des Ellbogens. Als ich es nach hinten zog, drückte es ihren Körper gegen meinen und drückte ihren anderen Arm eng an meine Seite.

Das Ding war mir zuwider, aber es war notwendig. Während ich sie dort festhielt, sich windend und keuchend, steckte ich absichtlich meine rechte Hand in den offenen Busen ihres Kleides. Ich war mir schwach einer schwachen Parfümaura bewusst, eines Gefühls der Wärme hinter der weichen, mit Spitzen gesäumten *Corsage* . Aber es war der Schlüssel selbst, der den groben Angriff wettmachte und einen erleichterten Atemzug auf meinen Lippen hervorrief – der riesige Messingschlüssel, so groß wie ein Schneebesen.

„ *Lâche !* " hörte ich in mein Ohr keuchen.

Die Frau stolperte zu einem Stuhl, ihre Lippen waren weiß; und für einen oder zwei Moment dachte ich, sie würde ohnmächtig werden.

„Oh, du *Hund* !" Sie schnappte nach Luft, als sie keuchend da saß und mich mit leuchtenden Augen anstarrte. „ *Cochon* ! Cur!"

Aber ich schenkte ihr kaum Beachtung, denn der Wein des Sieges floss und kribbelte bereits durch meine Adern.

„Weißt du, du kannst immer noch die Polizei rufen", sagte ich ihr, als ich vor der schweren schwarzen Tür des Safes stand. Eine Drehung des Handgelenks, das wusste ich, würde mich direkt vor meine Beute bringen.

Eine plötzliche Bewegung der Frau, als ich mich über die Safetür beugte, brachte mich blitzschnell zu sich. Sie war auf den Beinen und hatte den halben Raum durchquert, bevor ich sie abfangen konnte. Und ich war nicht allzu sanft, fürchte ich, denn die Aufregung über die Sache war mir zu Kopf gestiegen.

Der frühere Angriff durch mich schien sie eingeschüchtert zu haben. Ich konnte echtes Entsetzen in ihren Augen sehen, als ich sie mit dem Rücken gegen die Wand drückte. Sie muss ihre Hilflosigkeit erkannt haben. Sie starrte mir verwirrt und verzweifelt ins Gesicht. Sie hatte etwas Geschmeidiges und Pantherhaftes an sich, etwas Verlockendes und doch Verstörendes. Ich konnte sehen, was für eine wirksame Waffe ihre bloße körperliche Schönheit sein könnte, wenn ihre Tigerbedrohung erst einmal vollständig in der Scheide steckte.

"Warten!" schrie sie und packte meinen Arm. „Wenn du etwas willst, werde ich es dir geben.“

„Es gibt mehrere Dinge, die ich will“, war meine kompromisslose Antwort.

„Aber warum solltest du sie wollen?“ fragte sie und klammerte sich immer noch an meinen Arm.

„Es ist meine Pflicht, sie zu nehmen“, antwortete ich, ohne mir jeglicher Verlogenheit bewusst zu sein. „Deswegen bin ich hierher geschickt! Deshalb habe ich den Mann beobachtet, der dir das Paket gegeben hat!“

„Welches Paket?“

„Das Päckchen, das Sie vor einer Stunde am Madison Square mitgenommen haben; das Päckchen, das Sie in diesem Safe eingeschlossen haben! Und wenn Sie möchten, sage ich Ihnen genau, was das für ein Päckchen ist!“

„Das ist ein Fehler, ein sehr trauriger Fehler“, sagte sie unverschämt. Ihr Arm klammerte sich immer noch an mich. Ihr Gesicht war ganz nah an meinem, als sie weiterging. „Ich kann alles erklären, wenn Sie mir nur die Zeit geben – alles! Ich kann Ihnen zeigen, wo Sie falsch liegen und wie Sie unter einem Fehler wie diesem leiden können!“

„Wir können das alles später besprechen“, sagte ich prompt, denn ich begann zu vermuten, dass ihr Ziel jetzt nur darin bestand, die Zeit totzuschlagen und mich dort festzuhalten, in der Hoffnung auf eine zufällige Entdeckung. Ich blickte mich im Raum um und fragte mich, was der schnellste Ausweg aus meinem Dilemma wäre.

"Was werden Sie tun?" „, fragte sie, während sie zusah, wie ich einen Stuhl direkt neben dem Safe an die Wand schob.

„Ich werde dich sehr bequem auf diesem sehr bequemen Stuhl unterbringen“, informierte ich sie, „und in dieser ebenso bequemen Ecke direkt hinter der Safetür. Und beim ersten Anzeichen oder Anzeichen von Ärger fürchte ich, dass ich …" „Ich werde ein Loch durch eine deiner schönen weißen Schultern bohren!"

Sie setzte sich, ohne gezwungen zu werden, sich auf den Stuhl zu setzen. Ihre wachen und sich ständig bewegenden Augen leuchteten leuchtend aus ihrem totenweißen Gesicht. Als ich den riesigen Schlüssel in das Safeschloss steckte und ihn zurückdrehte, wusste ich, dass sie beobachtet werden musste, und zwar in jedem Moment der Zeit.

Ich hatte bereits damit gerechnet, dass die Safetür aufschwang und eine Barriere hinter der Ecke bildete, in der sie saß. Ich habe festgestellt, dass dies der Fall ist. Ich traf jedoch eine zweite Vorsichtsmaßnahme, indem ich eine gekippte Stuhllehne fest unter die Kante des Tresorschlosses schob.

Als ich mich vor dem offenen Tresor bückte, wusste ich, dass sie keine plötzliche Bewegung machen konnte, ohne dass ich es merkte. Ich wusste auch, dass Zeit kostbar war. Also griff ich in die Tiefe des fast leeren Safes und holte eine Reihe von Papieren hervor, die ordentlich mit einem Gummiband zusammengehalten wurden.

Diese habe ich oben auf den Tresor gelegt. Dann riss ich das Band ab und untersuchte das erste Dokument. Auf der Rückseite befand sich, sauber auf Französisch beschriftet, die überaus zufriedenstellende Aufschrift: „Pläne und Spezifikationen; Bs. Lake Torpedo Company, Bridgeport." Das nächste Paket war eine Blaupause von Kriegsprojektilen und auf der Rückseite stand: „Model Tracings, through Jenner, from the Bliss & Company Works – 18 – Self-Projectors."

Das dritte Paket trug keine Aufschrift. Aber als ich es öffnete , sah ich auf den ersten Blick, was es war. Ich wusste sofort, dass ich den staatlichen Radcode für drahtlose Signale im aktiven Dienst vor mir hatte. Es war der Code, der Lieutenant Palmer gestohlen worden war. Beim vierten und letzten Papier handelte es sich, wie ich herausfand, eindeutig um die Attrappe, die demselben Beamten in dieser Nacht am Madison Square abgenommen worden war. Der Fall war abgeschlossen. Die Jagd war vorbei und erledigt.

„In der Geldschublade rechts finden Sie noch mehr", bemerkte die junge Frau ruhig, die mich von der Seite des Safes aus beobachtete.

„Es ist verschlossen", sagte ich, während ich am Schubladenknauf zog. Bei ihrem plötzlichen Lachen stand ich aufrecht da.

„Warum nicht alles nehmen?" fragte sie mit ihrem spöttischen Lächeln.

Und ich sah keinen Grund, warum ich das nicht tun sollte; Allerdings kam mir der Verdacht in den Sinn, dass dies nur ein weiterer Trick sein könnte, um die Zeit totzuschlagen. Wenn es so war, sah ich mich sofort damit auseinandersetzen, denn ich stieß meinen Stiefelabsatz sofort gegen die hölzerne Geldschublade und zerschmetterte sie mit einem Schlag.

Sie hatte sich geirrt oder absichtlich gelogen, denn die Schublade war leer. Und ich sagte es ihr mit großer Hitze.

„Ah, wir machen alle Fehler, denke ich", murmelte sie mit ihrem rätselhaften Schulterzucken.

„Was ich wissen möchte", sagte ich, während ich die vier Papiere zusammenband und in meine Tasche steckte, „ist, wie Sie diesen ersten Code von meinem jungen Freund, dem Leutnant, bekommen haben?"

Sie lächelte erneut, ein wenig müde, als ich die Safetür zuzog und abschloss. Sie stand nicht vom Stuhl auf. Aber als ich ihr gegenüberstand, kam ihr offenbar etwas an meiner Haltung ausgesprochen humorvoll vor. Denn sie brach in ein plötzliches und tieferes Gelächter aus. Es war jedoch etwas Eisiges und Kühles darin. Ihre Augen schienen jetzt verschleierter zu sein. Sie hatten ihren früheren Ausdruck des Schreckens verloren. Ihr Gesicht schien sich entspannt zu haben und weichere Konturen anzunehmen.

"Würdest du gerne wissen?" sagte sie, hob ihr Gesicht und blickte mit diesem älteren, halb spöttischen Blick in mein eigenes. Sie sprach langsam und bedächtig, und ich konnte das leichte Schulterzucken sehen, das sie mit einer pantherähnlichen Schulter machte. „Wäre *ich* in einem Ballsaal so fehl am Platz? Ach, sind nicht mehr Dinge als Herzen verloren gegangen, wenn ein Mann mit einer Frau tanzt?"

„Ich verstehe – du meinst, du hast es im Plaza gestohlen?"

„Überhaupt nicht, Monsieur!" sie murmelte träge zurück. Dann holte sie tiefer Luft und saß steifer in ihrem Stuhl mit gerader Rückenlehne.

Etwas an ihrem Gesicht verwirrte mich in diesem Moment. Es schien eine latente Spur von Selbstvertrauen auszustrahlen. Der letzte Anflug von Angst war daraus verschwunden. Darin lag etwas Seltsames wie ein Triumph, ein gedämpfter Triumph.

Ein Pfeil der Besorgnis schoss durch mich, als ich mich bückte und in ihre schattigen Augen blickte. Es ging durch meinen ganzen Körper, scharf wie ein elektrischer Schlag. Es brachte mich dazu, mich plötzlich herumzudrehen, mit dem Rücken zu ihr und dem Gesicht zum offenen Raum.

Dann habe ich es verstanden. Ich habe alles in einer prickelnden Sekunde durchschaut. Denn dort, mir gegenüber, stand die Gestalt eines

Mannes in Marineblau. Es war dieselbe Figur, der ich durch den Platz gefolgt war.

Aber jetzt war an seiner Haltung nichts Geheimnisvolles oder Umständliches. Es war ganz anders; denn als er dort stand , hielt er einen Revolver mit blauem Lauf in der Hand. Und ich konnte nur zu deutlich sehen, dass es direkt auf mich gerichtet war. Der Trick der Frau hatte funktioniert. Ich hatte zu viel Zeit verschwendet. Der Konföderierte, auf den sie offensichtlich wartete, war ihr zu Hilfe gekommen.

Der Mann ging drei oder vier Schritte weiter in den Raum hinein. Sein Revolver deckte mich immer noch ab. Ich hörte ein leises Keuchen der Frau, als sie aufstand. Ich hielt es für einen erstaunten Atemzug.

„Du wirst ihn töten?" sie weinte auf Deutsch.

„Muss ich nicht?" fragte der Mann zurück. Er sprach Englisch und ohne Akzent. „Verstehen Sie nicht, *dass er ein Tresorknacker ist* ? Er ist in dieses Haus eingebrochen? Also! Er wurde auf frischer Tat ertappt – er wurde in Notwehr erschossen!"

Ich habe auf den Lauf der Waffe geachtet. Die ruhigen Worte des Mannes schienen die Frau an meiner Seite zu entsetzen. Doch als sie erneut sprach, war in ihrer Stimme keine Spur von Mitleid zu hören.

"Warten!" Sie weinte.

"Warum?" fragte der Mann mit der Waffe.

„Er hat alles – den Code, die Pläne, alles."

"Schnappt sie!" befahl der Mann.

„Aber er ist bewaffnet", erklärte sie.

Ein höhnisches Grinsen huschte über das teilnahmslose Gesicht des anderen.

„Was ist, wenn er es ist? Nimm seine Waffe; nimm alles!"

Die Frau trat näher an meine Stelle heran. Wieder kam ich in den Wirkungsbereich ihrer Düfte. Ich konnte sogar ihren Atem auf meinem Gesicht spüren. Ihre Bewegungen ähnelten mehr denn je einem Panther, als sie meine Taschen eine nach der anderen durchsuchte. Doch ihre blitzenden und geschickten Hände fanden keinen Revolver, aus dem einfachen Grund, weil es keinen zu finden gab. Das verwirrte und beunruhigte sie.

"Beeil dich!" befahl der Mann, der mich bedeckte.

Mit dem Päckchen in der Hand trat sie einen Schritt zurück und zur Seite.

„Jetzt mach die Fenster zu!" befahl der Mann.

Mir stockte das Herz, als ich das Geräusch des zweiten geschlossenen Fensters hörte. Es würde keine Zeitverschwendung geben.

Ich dachte daran, die Frau zu fangen und sie wie einen Schild vor mich zu halten. Ich dachte an das Telefon; der Lichtschalter; das Fenster. Aber sie alle schienen hoffnungslos.

Die Frau wandte sich ab und hielt sich die Ohren zu. Der unpassende Gedanke schoss mir durch den Kopf, dass ich die Stadt zwei Stunden zuvor als flach und abgestanden bezeichnet hatte; und hier, nur einen Gewehrschuss von meiner eigenen Tür entfernt, stand ich dem Tod selbst gegenüber!

„Schau her", schrie ich, so sehr ich es auch hasste, „was hast du davon?"

„ *Du!* " sagte der Mann.

„Und welchen Nutzen hat das?"

„Zum einen wird es dir wahrscheinlich den Mund halten!"

„Aber es gibt noch andere Münder", rief ich. „Und ich fürchte, sie werden viel zu sagen haben."

„Ich bin bereit für sie!" war seine Antwort.

Ich konnte sehen, wie sich sein Arm ein wenig hob und sich dabei gerade streckte. Der Gewehrlauf war nichts weiter als ein schwarzes „O" am Ende meines Blickfeldes. Ich spürte, wie mein Herz stehen blieb, denn ich ahnte, was die Bewegung bedeutete.

Dann lachte ich laut und völlig albern und hysterisch.

Die Anstrengung war zu groß für mich gewesen, und der Moment der Entspannung war zu plötzlich und zu unerwartet gekommen. Ich konnte sehen, wie der Mann mit der Waffe ein oder zwei Sekunden lang verwirrt blinzelte, und dann konnte ich sehen, wie sich sein schmallippiger Mund zusammenzog. Aber das war noch nicht alles, was ich gesehen hatte.

Denn durch die halbgeschlossene Tür hatte ich die langsam hochgehobene Eisenstange erblickt, genau die Stange, die ich aus dem äußeren Flurfenster gerissen hatte. Ich hatte seinen Abstieg in dem Moment gesehen, als mir die Endgültigkeit dieser schnell zusammengepressten Lippen klar wurde.

Beim Abwärtsschwung traf es den Arm. Aber es war nicht rechtzeitig, den Abschuss des Revolvers zu stoppen. Der Bericht donnerte durch den

Raum, während die Kugel in das Kiefernholz des Bodens einschlug und splitterte. Im selben Moment wirbelte die abgefeuerte Waffe durch den Raum, und als der Mann, der sie hielt, durch den Schlag zu Boden ging, schwang sich der junge Palmer selbst durch den treibenden Rauch auf mich zu.

Während er das tat, drehte ich mich zu der Frau um, die ihre Hände immer noch an ihre Ohren presste. Mit einem heftigen Ruck riss ich das mit einem Gummiband versehene Päckchen Papier aus ihrer Clutch.

„Aber der Code?" keuchte Palmer, als er wie verrückt an der Safetür zerrte.

Ich antwortete ihm nicht, denn eine plötzliche Bewegung der Frau erregte meine Aufmerksamkeit. Sie hatte sich gebückt und den heruntergefallenen Revolver aufgefangen. Der Mann in Blau drehte sich auf der Hüfte und zog eine zweite Waffe aus der Tasche.

"Schnell!" Ich rief Palmer zu, als ich ihn an der Achsel hochzog und ihn durch den Rauch zur offenen Tür katapultierte. „Schnell – und duck dich!"

Die Schüsse trafen sich, als wir gegen die Treppe stolperten.

"Schnell!" Ich wiederholte es, während ich ihn hinter mir herzog.

„Aber der Code?" er weinte.

"Ich habe es!" Ich rief ihm zu, während wir keuchend und stürzend durch diesen dreistufigen Brunnen der Dunkelheit auf die Straße und in die Freiheit hinabstiegen. „Ich habe es – ich habe alles!"

KAPITEL IV

DIE OFFENE TÜR

„Soll ich das Auto rufen, Sir?" fragte der besorgtäugige Benson und beobachtete mich heimlich, als ich mich auf den Weg zur Straße machte.

„Nein", war meine geflissentlich distanzierte Erwiderung, „ich habe vor, zu Fuß zu gehen."

„ Latreille hat gefragt, Sir, ob Sie den Wagen abstellen lassen möchten."

Die Bedeutung dieses langweiligen Vorschlags ist mir nicht entgangen. Und es trug nicht zu meiner inneren Gelassenheit bei.

Latreille damit zu tun ?" „Forderte ich mit einem Prickeln der Verärgerung. Mein geduldiger alter Butler wandte seinen Blick mit einem Seufzer ab, den er offenbar nicht ganz unterdrücken konnte.

„Und am Ende des Monats", fuhr ich fort, „beabsichtige ich, diesen Mann zu entlassen, ich habe seine Unverschämtheiten satt."

„Ja, Sir", stimmte Benson leise, aber inbrünstig zu.

Ich wusste, dass meine Nerven blank lagen, aber ich erwartete kein Mitgefühl von meiner angeheuerten Hilfskraft. Und als ich die Tür hinter mir zuschlug, war die Bewegung, fürchte ich, alles andere als geräuschlos.

Ich war froh, ins Freie zu kommen, froh, den mitfühlenden Blicken des alten Benson entkommen zu können und Freiraum um mich herum zu haben, kühle Luft zum Atmen und unzählige Kilometer Asphalt, auf denen ich meine Beine ermüden konnte.

Als ich in die Fifth Avenue einbog, bemerkte ich, dass der sich bewegende Lichtfinger auf dem Zifferblatt der Metropolitan-Uhr eine Stunde nach Mitternacht anzeigte. Also umkreiste ich das Delta des Müßiggangs, wo die Mittagsturbulenzen des Broadway ihr Treibholz in die Stille des Platzes entleeren, und setzte meinen Weg die Allee hinauf fort.

Niemand kann behaupten, New York zu kennen, der seine Wege in diesen mystischen frühen Morgenstunden, die zwischen dem rotierenden Straßenfeger und dem Rotkehlchenruf der ersten Morgenzeitung liegen, nicht kennt. Die Fifth Avenue und vor allem ihre Schwestern liegen dann wie vom Tod beruhigt da, so ruhig wie das Kolosseum im italienischen Mondlicht. Sie scheint unter den Sternen sowohl mittelalterlich als auch vergeistigt zu sein. Sie spricht dann in einem vertrauten Flüstern, das ihr tagsüber fremd ist, und verhüllt ihre irdische Geschwätzigkeit in einem träumenden Wunder, sanft und süß wie eine Frau, die auf ihren Liebhaber wartet. Die großen, von weißem Marmor umgebenen Stahlschäfte werden zu geheimnisvollen Türmen. Und der Straßenboden selbst, so sauber und poliert wie ein Ballsaal, scheint wellenförmig in die äußeren Reiche der Romantik abzudriften. Ein gelegentliches einsames Auto, das seine sanften Hänge hinaufrollt wie ein Schiff, das einen schmalen Seeweg befährt, der mit Perlen so groß wie Kürbisse gefüllt ist, verstärkt nur die mitternächtliche Einsamkeit.

So wanderte ich diese staub- und geruchlose und verwandelte Allee entlang, so passiv wie ein Polizist auf seinem Revier, und fragte die Stille, wann und wie ich die Krone der Müdigkeit, die man Schlaf nennt, einfangen könnte.

Ich schlenderte weiter, verspottet von tausend heruntergelassenen Jalousien, verhöhnt von tausend schläfrig verschlossenen Türen. In dieser Stadt der Ruhe kam ich mir heimatlos vor wie ein Präriewolf. Die Selbstgefälligkeit dieser verschleierten und selbstzufriedenen Häuserfassaden begann mir auf die Nerven zu gehen. Die Schweigsamkeit der großen, stillen Herbergen irritierte mich; Alles an ihnen schien so beredt von einem Interregnum der Ruhe, von entspannter Spannung, von unsichtbaren Lebensreservoirs, die sanft und heimlich gefüllt wurden.

Doch als ich die offene Weite des Plaza erreichte und die bewaldete Dunkelheit des Central Park vor mir sah, verspürte ich ein noch stärkeres Gefühl der Unruhe. Die herbstliche Einsamkeit schien etwas Abscheuliches zu sein. Diese vage *Agoraphobie*, die dem Neurastheniker eigen ist, weckte in mir das Verlangen nach der Nähe zu meiner Artgenossen, so unbewusst sie auch sein mochten, was mich und mein Umherschweifen anging. Fast ohne nachzudenken bog ich ostwärts in eine der Seitenstraßen der Stadt ab.

Doch durch dieses Seitental der Stille wanderte ich genauso trostlos wie zuvor. Was mich jetzt beeindruckte, war die Monotonie der Häuserfronten, die Block für Block aneinander grenzten. Jede Front schien aus dem gleichen Indiana-Kalkstein zu bestehen, aus dem gleichen matten Grau, als wäre der gesamte Bezirk tatsächlich ein schachbrettartiger Steinbruch, der von erodierenden Querströmungen aus demselben Felsen durchzogen war . Jede Fensterreihe schien durch die gleichen Jalousien gesichert zu sein, jede Straßenstufe war durch die gleiche Tür verbarrikadiert. Ich blieb stehen, schaute nach oben und fragte mich, ob sich hinter diesen neutral getönten Wänden und Jalousien ein Leben befand, das genauso kahl und eintönig war wie die Materialien, die es abschirmten. Ich fragte mich, ob eine so unterschiedslose Umgebung nicht tatsächlich einen Typus entwickeln würde, dem es ebenso an Individualität mangelt.

Ich drehte mich um, wo ich stand, und wollte gerade schüchtern weitergehen, als mir eines der unerwartetsten Dinge passierte, die einem Mann um Mitternacht widerfahren können.

Aus heiterem Himmel fiel mir ohne Vorwarnung oder Vorwarnung plötzlich ein schweres Bündel zu Füßen.

Woher es kam, konnte ich nicht sagen. Das Haus über mir war so still und dunkel wie ein Grab. Die Straße war so leer wie eine Kirche. Wäre das Ding ein Meteor vom Sternenhimmel oder eine Wildkatze gewesen, die von einem Ast sprang, hätte es mich nicht mehr erschrecken können.

Ich stand da und betrachtete es verwundert, als es neben dem Geländer lag, auf dem meine Hand geruht hatte. Dann trat ich zurück und beugte mich über dieses Geländer, um das Geheimnis besser untersuchen zu können. Was auch immer es war, es war erstaunlich geräuschlos gefallen. Es gab kein offenes Fenster, um die Quelle zu erklären. Es hatte keinen Wind gegeben, der es vom Fensterbrett im Obergeschoss hätte blasen lassen. Es gab keine Anzeichen dafür, dass der Verlust von erheblicher Bedeutung gewesen wäre. Doch da lag es, ein Geheimnis, das nur in den tiefen Stunden der Nacht, wenn die feierlichere Vorstellungskraft zum Einsatz kam, verhindern konnte, dass es lächerlich wurde.

Ich stand mehrere Minuten da und blinzelte auf ihn herab, als wäre er ein pelziges Tier, das in einer Ecke herumschleicht. Dann schrieb ich einen Aufsatz über eine Bewegung, die zwar nicht über dem Alltäglichen stand, aber ebenso mit dem gesunden Menschenverstand zu tun hatte. Ich stieg durch das Geländer ein und holte das Paket ab. Ich habe es mehrmals umgedreht. Dann setzte ich mich auf die Steinstufen und löste bewusst die schwere Schnur, mit der es zusammengehalten wurde.

Jetzt verstand ich, warum ich dieses fallende Bündel für den Sprung eines Tieres gehalten hatte. Es war vollständig in etwas gehüllt, das ich für einen russischen Eichhörnchen-Motormantel hielt. Der fest zusammengebundene Pelz hatte den Fall des Pakets abgefedert.

In diesem mit Seide gefütterten Kleidungsstück fand ich ein kleineres Bündel, das mit mehreren Längen scheinbar irischer Spitzenspitze umwickelt war. Darin befanden sich wiederum weitere Spitzenfragmente. Durch diese stecke ich meine forschenden Finger mit der wachen Neugier eines Kindes, das ein Weihnachtsbaum-Füllhorn untersucht.

Dort, im Herzen des Pakets, fand ich eine Sammlung, die mich ziemlich erschreckte. Das erste, was ich untersuchte, war eine Sämischledertasche voller Damenringe, ein Dutzend oder mehr, aller Art. Als nächstes holte ich eine florentinische *Repoussé*-Handtasche mit Türkisen und Saatperlen hervor und dann eine Mondsteinkette, offensichtlich aus antiker römischer Arbeit. Als nächstes kam ein schwarz-weißer ägyptischer Skarabäus und dann ausgerechnet eine Schnupftabakdose. Es war oval und aus Gold, *en plein emailliert* mit einer pastoralen Szene, in der es von prallen rosafarbenen Amoretten wimmelte. Selbst in diesem unsicheren Licht brauchte ich keinen zweiten Blick, um mir zu vergewissern, dass ich auf ein seltenes und wunderschönes Exemplar der Juwelierkunst Ludwigs XV. herabblickte. Dann kam ein kleines Foto in einem ovalen Goldrahmen. Der Rest der seltsamen Sammlung bestand aus Schmuckstücken und einer lederbezogenen Reiseuhr mit vergoldeten Initialen.

Ich nahm mir nicht die Zeit, diese seltsame Sammlung von Wertgegenständen genauer unter die Lupe zu nehmen, denn nun schien mir klar, dass ich auf etwas ebenso Beunruhigendes wie Unerwartetes gestoßen war. Die einzige Erklärung für eine ansonsten unerklärliche Situation war, dass irgendwo hinter der grauen Steinmauer, vor der ich stand, ein Einbrecher eifrig am Werk war.

Das Haus hinter dieser Mauer schien bei dieser Entdeckung keine neue Farbe anzunehmen. Seine ihm innewohnende Nüchternheit und die Rechteckigkeit seiner Umrisse schienen im Widerspruch zu jeder Behauptung zu stehen, dass er eine malerische oder pikareske Figur beherbergen könnte. Es war kein altes Herrenhaus, befleckt von der Zeit, dunkel vor Erinnerungen und Tränen. Es enthielt keine romantische Atmosphäre, keine Andeutung alter und großer Abenteuer, stattlicher Sitten und edler Müßiggänger, von Intrigen und unerinnerter Liebe und Hass, von Stille und Düsternis, angereichert mit der tieferen Beredsamkeit der nicht aufgezeichneten Geschichte. Es war nichts weiter als ein neues, schmales und äußerst modernes Haus mitten im Herzen des modernen New York, schlicht in der Linienführung und so offensichtlich in der Architektur wie die Lagerhäuser entlang einer alten Uferpromenade, so schlicht wie dieses war kahl im Gesicht, ein Symbol schriller Materialitäten , des Tages der Nützlichkeit. Es hätte genauso wenig ein Hafen für Romantik sein können, sagte ich mir, wie der steinerne Randstein davor in einen von Räuberpfaden durchzogenen Bergabgrund verwandelt werden konnte.

Dennoch stieg ich mit dem Bündel unter dem Arm langsam die unwillkommenen Steinstufen hinauf. Ich vermutete, dass der Dieb, der im Haus am Werk war, einfach den schwereren Teil seiner Beute zusammengebunden hatte und ihn aus einem leise geöffneten Fenster fallen ließ, um ihn so schnell einzusammeln, sobald er auf die Straße geflüchtet war . Der plötzliche nachträgliche Gedanke, dass es möglicherweise wegen eines Konföderierten fallengelassen worden war, veranlasste mich, sorgfältig nach Osten und dann ebenso sorgfältig nach Westen zu blicken. Doch kein Lebenszeichen begegnete meinem Blick. Meine Gestalt, die verwirrt vor dieser unbekannten Tür stand, war die einzige Gestalt auf der Straße.

Der Himmel weiß nur, was mich dazu bewogen hat, die Hand auszustrecken und diese Tür auszuprobieren. Ich nehme an, es war kaum mehr als eine Lebensgewohnheit, die fast unbewusste Angewohnheit, einen Knopf zu betätigen, wenn man vor einer verschlossenen Tür steht. Das, was einen kleinen Schauer der Aufregung in meinem Körper auslöste, war, dass sich der Knauf in meiner Hand drehte und die Tür selbst unverschlossen stand.

Ich bückte mich und untersuchte dieses Schloss, so gut ich in dem unsicheren Licht konnte. Ich fuhr sogar streichelnd mit dem Finger über die Türkante. Es gab keine Hinweise darauf, dass es aufgebrochen worden war, und es gab auch keine Anhaltspunkte dafür, dass das Schloss selbst nicht intakt und unbeschädigt gewesen wäre. Ein zweiter Test des Knaufs zeigte mir jedoch, dass die Tür eindeutig offen war.

Zu diesem Zeitpunkt wäre es für mich naheliegend gewesen, auf einen Streifenpolizisten zu warten oder mich still und leise davonzuschleichen und dem Polizeipräsidium Bescheid zu geben. Aber wie ich bereits sagte, ist nach Mitternacht kein Mensch mehr ganz bei Verstand. Unterschwellige Fähigkeiten, Perversionen der Vorfahren, schlummernde und eigensinnige Tendenzen kommen alle an die Oberfläche und tauchen auf wie Ratten in einer schlafenden Villa. Und die Krönung war wiederum mein eigenes neurasthenisches Verlangen nach Aktivität, mein Hunger nach dem narkotisierenden Einfluss der Erregung.

Und es hat seinen Reiz an Neuheit, wenn man um drei Uhr morgens ein unbekanntes und unbeleuchtetes Haus betritt. Diese Neuheit nimmt eine messerscharfe Schärfe an, wenn Sie ziemlich gute Beweise dafür haben, dass jemand , der dort nichts zu suchen hat, Ihnen bereits in dieses Haus vorausgegangen ist.

also eintrat und leise die Tür hinter mir schloss, ging ich mit größter Vorsicht weiter. Ein vorsorglicher sechster Sinn sagte mir, dass der Ort nicht unbewohnt war. Doch die Dunkelheit, die mich umgab, war absolut. Kein Ton und keine Bewegung drang an meine Ohren, während ich Minute für Minute dastand und zuhörte. Also kroch ich tiefer in die Dunkelheit.

Meine Kenntnis dieser stereotypen Wohnklasse verschaffte mir eine sehr gute Vorstellung davon, wo die Treppe stehen sollte. Doch es bedurfte eines langen Stupsens, Tastens und Scharrens, bis ich dazu kam. Ich wusste, dass mir ein einziges Streichholz die ganze Sache verraten hätte. Aber unter diesen Umständen ein Licht anzuzünden wäre sowohl dumm als auch gefährlich. Ich hatte das Gefühl, dass kein Haushund meinen Fortschritt stören würde; Die bloße Erinnerung an den Eindringling über mir beruhigte mich in diesem Punkt.

Ich blieb am Kopf der ersten Treppe stehen und war verwirrt über die Fülle der Stille, die mich umgab. Ich richtete meine Aufmerksamkeit Punkt für Punkt auf jedes Viertel des Kompasses.

Aber ich hätte in einer Zisterne eingesperrt und versiegelt sein können, so völlig war die Stille, so undurchsichtig war die Schwärze. Dennoch hatte ich das Gefühl, dass es nichts bringen würde, dort zu bleiben, wo ich war.

Also tastete und schlurfte ich weiter, umrundete das Geländer und ging Schritt für Schritt die zweite Treppe hinauf. Mir fiel auf, dass dieser sowohl schmaler als auch steiler war als der erste. Ich war mir auch nicht darüber im Klaren, dass es mich in eine Zone größerer Gefahr führte, denn ich wusste, dass der Boden, dem ich mich näherte, der Schlafboden sein würde.

Ich war schon auf halber Höhe der Treppe, als mich etwas Undefiniertes plötzlich zum Stehen brachte. Eine nächtliche Instinktfähigkeit warnte mich vor einer unmittelbar bevorstehenden Bedrohung, vor einer Bedrohung, die sich noch nicht offenbart hatte.

Wieder blieb ich stehen und bemühte mich, durch die Dunkelheit zu blicken. Es war überhaupt nichts zu sehen. Am Boden des Flurs direkt über meinem Kopf erklang jedoch ein leises, aber unverkennbares Geräusch. Es war das weiche *Frou-Frou* eines Rocks, eines Rocks aus Seide oder Satin, der leicht raschelte, wenn eine Frau durch den gesamten Saal schritt. Ich hatte gerade gedanklich die Schlussfolgerung registriert, dass diese Frau Straßenkleidung trug und dementsprechend eher ein Eindringling von draußen als eine Schläferin war, die plötzlich erwacht war, als ein vager Lichtstrahl den Raum über mir erfüllte und verschwand so schnell wieder abgeschreckt.

In dem Moment, als ich das sanfte Knallen von Holz hörte, das sich gegen Holz schloss, wusste ich, dass eine Tür leise geöffnet und ebenso leise wieder geschlossen worden war. Der Raum, in den diese Tür führte, musste schwach erleuchtet gewesen sein, denn es war das Aufblühen dieses gebrochenen Lichts, das meine Aufmerksamkeit erregt hatte.

Ich ging schweigend die Treppe hinauf, Schritt für Schritt, und lauschte hin und wieder, während ich vorankam. Sobald ich den Boden erreicht hatte , blieb ich nah an der Wand und tastete mich weiter, bis ich zu der Tür kam, die ich wollte.

Es war überhaupt nicht möglich herauszufinden, was sich auf der anderen Seite dieser Tür befand, ohne sie zu öffnen. Ich wusste, welche Risiken ich einging, wenn ich eine solche Bewegung versuchte. Aber ich entschied, dass es das Risiko wert war.

Wenn nun eine Tür langsam geöffnet wird, wenn jeder Zentimeter der Bewegung gemessen und überwacht wird, kann dies in der Regel geräuschlos erfolgen. Ich war mir ziemlich sicher, dass es kein einziges wahrnehmbares Geräusch gab, als ich vorsichtig den Bronzeknauf drehte und noch vorsichtiger die Tür Zentimeter für Zentimeter zurückschob.

Ich blieb stehen, als es etwas mehr als einen Fuß vom Pfosten entfernt war. Ich habe zunächst nicht versucht, durch die Öffnung einzudringen; das wäre unnötig leichtsinnig gewesen. Ich stand da und wartete und erwartete, welche Wirkung die Türbewegung auf jeden Bewohner des Raumes gehabt hätte, wenn sie gesehen worden wäre.

Während ich wartete, untersuchte ich auch den Teil der Kammer, der in meiner Sichtlinie lag. Ich sah genug, um mich davon zu überzeugen, dass es sich bei dem Zimmer um ein Schlafzimmer handelte. Ich konnte auch erkennen, dass es groß war, und vom Rosa seiner Wände bis zum Elfenbeinweiß seiner Einrichtung wirkte es in seiner Note ausgesprochen feminin.

Ich hatte das Gefühl, dass dieser Zeitraum experimenteller Untätigkeit eine natürliche Grenze hatte. Die Stille wurde länger. Die Krise der Langeweile nahte, kam und ging vorüber. Die Kühnheit eroberte mich zurück und ich rückte tatsächlich ein wenig in den Raum vor. Ich stützte mich mit einer Hand am Türrahmen ab und schob meinen Körper durch die schmale Öffnung, bis die gesamten vier Wände in meinem Blickfeld lagen.

Das erste, was mir auffiel, war eine elektrische Lampe mit grünem Schirm, die auf einem scheinbar Boudoir-Schreibtisch brannte. Der Rest des Raumes lag kaum mehr als im Zwielicht. Aber nach der völligen Dunkelheit, durch die ich getappt war, war diese schwache Beleuchtung für meine Zwecke völlig ausreichend.

Ich ließ meinen Blick Punkt für Punkt durch den Raum schweifen. Dann, wenn ich nicht nach Luft schnappte, hörte ich zumindest plötzlich und unwillkürlich auf zu atmen, denn neben einer zweiten Tür am anderen Ende des Raumes stand eine schwarz gekleidete Frau. Auf ihrem Kopf trug sie einen schwarzen Hut, um den fest ein Schleier geschlungen war, dessen Vorderseite offenbar eilig von ihrem Gesicht abstreifte. Aber was mich verblüffte, war die Tatsache, dass sowohl ihre Haltung als auch ihre Position eine exakte Kopie meiner eigenen zu sein schienen.

Mit einer Hand, das bemerkte ich, klammerte sie sich am Türrahmen fest. Mit der anderen Hand hielt sie eine schwere Portière zurück , die quer über diesem Rahmen hing. Ich konnte das weiße Halboval ihres aufmerksamen Gesichts sehen, als sie dort stand. Etwas an ihr ließ nicht so sehr auf den spionierenden Eindringling schließen, sondern eher auf den

heimlichen Zuhörer. Ihre Aufmerksamkeit schien auf einen Gegenstand
gerichtet zu sein, den ihre Augen nicht sahen. Es schien, als ob sie nur darauf
wartete, ein Geräusch zu hören, das ihr viel bedeutete.

Licht an ihr vorbeispähte, konnte ich einen schwachen Schimmer von
grünem und weißem Marmor erkennen, in dem sich hier und da Glanzlichter
von poliertem Nickel spiegelten. Da wusste ich, dass der Raum, in den sie
spähte, ein Badezimmer war, und dieses Badezimmer, so kam ich zu dem
Schluss, öffnete sich zu einem zweiten Schlafgemach, das den *Grund* für ihre
bewegungslose Besorgnis darstellte. Ich richtete meinen Blick noch einmal
auf die Frau. Etwas fast Bußfertiges in ihrer Haltung brachte mich plötzlich
zu dem Gedanken, dass sie ein Verbrechen begangen hatte, bei der bloßen
Erinnerung daran war sie bereits moralisch am Boden zerstört. Ich begann
zu vermuten, dass die unerwartete Entdeckung sie in ein Extrem getrieben
hatte, das sie bereits zu bereuen begann. In ihrer unveränderlichen Haltung
lag tatsächlich etwas so Bedeutsames und Unheilvolles, dass ich das Gefühl
hatte, es wäre eine gemeine Kapitulation meinerseits, der Angelegenheit
auszuweichen, bei der ich bereits so viel riskiert hatte. Also ging ich lautlos
in den Raum, durchquerte ihn lautlos, bis ich mich auf ein hochlehniges *Sofa
fallen ließ*, das mit geprägtem und hellgrünem Leder gepolstert war.

Ich saß da und betrachtete sie, unbeschreiblich entspannt, gestärkt
durch das Wissen, dass ich Beobachter eines illegalen Eindringens war und
dass meine eigene Anwesenheit, wenn auch unverschämt, zumindest leicht
zu erklären wäre. Ich sah, wie sie tief und hörbar seufzte, dann sanft die Tür
schloss und den Vorhang fallen ließ, während sie sich langsam abwandte.

Ich sah ihr zu, wie sie zur Kommode ging, die Toilettenartikel darauf
betrachtete und sich dann abwandte. Als nächstes ging sie um einen
schweren Cheval-Spiegel herum, ging mit ihren schnellen, aber ruhig
unruhigen Bewegungen zum Schreibtisch und holte von diesem Tisch etwas
auf, das wie ein metallenes Papiermesser aussah. Sie ging weiter zu einem
Schreibtisch aus Elfenbein und Perlmutt, von dem sie offenbar bereits
wusste, dass er verschlossen war. Denn nach einem kurzen Blick auf die mit
einem Vorhang versehene Tür steckte sie die Messerkante in einen Spalt
dieses Schreibtisches und löste langsam den Riegel, der ihn verschlossen
hielt.

Ich sah ihren zweiten besorgten Blick zur mit einem Vorhang
versehenen Tür, als das Schloss mit einem Knacken aufsprang. Sie ließ sich
davor auf einen Stuhl sinken, atmete schnell und wartete offensichtlich ein
oder zwei Minuten, um sicherzustellen, dass sie nicht belauscht worden war.
Dann durchsuchte sie mit flinken und geschickten Fingern den Schreibtisch.
Was sie genau aus einer der Schubladen in ihre offene Handtasche steckte,
konnte ich nicht erkennen. Aber ich sah deutlich das Briefpaket, das sie in

die Hand nahm, immer wieder umdrehte und es dann vorsichtig und leise im Busen ihres Kleides versteckte. Sie schaute tiefer in den Schreibtisch, untersuchte ein oder zwei zusätzliche Papiere, die sie anscheinend nicht interessierten, und klappte langsam den Deckel zurück.

Dann stand sie langsam auf und stellte sich neben den Schreibtisch. Während sie dort stand, ließ sie ihren Blick durch den Raum wandern. Ich konnte deutlich den Ausdruck auf ihrem Gesicht sehen, den hungrigen und unglücklichen Ausdruck unbefriedigter Gier. Ich saß regungslos da und wartete darauf, dass sich dieser Gesichtsausdruck änderte. Ich wusste, dass sich das ändern musste, denn es würde nur ein oder zwei Momente dauern, bis sie mich erblickte. Aber ich hatte genug gesehen. Ich war mir meiner Position sicher – tatsächlich verspürte ich eine eigensinnige Freude daran, eine fast freudige Vorfreude auf den Schock, den die Entdeckung meiner Anwesenheit dort für sie auslösen würde, wie ich wusste. Ich freute mich sogar ein wenig über die drohende dramatische Krise und freute mich über die Langsamkeit, mit der sich der unvermeidliche, aber epochale Moment näherte.

Ihr Blick muss einige Sekunden lang auf meiner Figur gestanden haben, bevor sie sich von meiner tatsächlichen Anwesenheit dort überzeugte. Sie schrie nicht, wie ich dachte, sie würde es tun, als ich sah, wie eine verängstigte Hand ihre teilweise geöffneten Lippen berührte. Abgesehen von dieser einzigen Handbewegung gab es keinerlei Bewegung von ihr. Sie stand einfach da, bleich und sprachlos, und starrte mich aus großen, leeren Augen an.

„Guten Abend – oder besser gesagt guten Morgen!" Sagte ich mit aller Ruhe, die mir zur Verfügung stand.

Für eine kurze Sekunde warf sie einen Blick zurück zur mit einem Vorhang versehenen Tür, als läge dahinter ein Schläfer, den meine Worte vielleicht erwecken würden. Dann starrte sie mich wieder an.

Sie sprach nicht. Sie bewegte sich nicht einmal. Das aufmerksame und starrende Gesicht, weiß wie ein Halbmond am nebligen Himmel, schien im Raum zu schweben. Das schwache Licht des Raumes verschluckte die Linien ihrer schwarz gekleideten Figur und hüllte das Gesicht in die ununterbrochene Düsternis eines Rembrandt-ähnlichen Hintergrunds, sodass es so hervorstach, als wäre es leuchtend.

Es war ein Gesicht, das es wert war, studiert zu werden. Was mir zuerst auffiel, war seine Blässe. Darüber verliehen die hochgezogenen, leicht fragenden Augenbrauen dem Ganzen eine falsche Anmutung von Zartheit. Die Augen selbst hatten eine weiträumige Klarheit, die mich warnte, dass meine Feindin nicht ohne einen ausreichend fähigen Verstand sein würde, sobald sie ihren Verstand wiedererlangte. Ihr Mund, der nicht mehr vor

Angst verzerrt war, war der nervöse, volllippige Mund eines einst leidenschaftlichen Geistes, der von Rebellion berührt war.

Sie war, wie ich sehen konnte, keine alltägliche Straßendiebin, keine gewöhnliche Straftäterin, die sich mit gemeinen und geringfügigen Straftaten zufriedengab. Es würde, sagte ich mir, immer eine große Offenheit über ihr Fehlverhalten geben, eine finstere Brillanz in ihren illegalen Aktivitäten. Und selbst als ich das beschloss, musste ich zugeben, dass es nicht gerade die Angst war, die ich in ihrem Gesicht sah. Es schien sich eher in ein Gefühl der Scham zu verwandeln, das gleiche sprachlose Entsetzen, das ich vielleicht erlebt hätte, wenn ich in ihre körperliche Nacktheit eingedrungen wäre. Ich konnte sehen, dass sie sogar anfing, sich über meinen neugierigen Blick zu ärgern. Dann sprach sie zum ersten Mal.

"Wer bist du?" Sie fragte. Ihre Stimme war leise; darin war das Zittern der verängstigten Frau, die sich entschlossen Mut machte.

„Das ist eine Frage, die Sie mir zuerst beantworten werden", war meine ruhige, überlegte Erwiderung.

"Was machst du hier?" forderte sie und konfrontierte mich immer noch von derselben Stelle aus. Ich erinnerte mich an das Bündel Beute, das ich direkt vor der Tür fallen gelassen hatte.

„Das kann ich leichter beantworten als Sie", antwortete ich mit einer leichten Kopfbewegung in Richtung der kaputten Schreibtischplatte.

Noch einmal wanderte ihr Blick zurück zur mit einem Vorhang versehenen Tür. Dann musterte sie mich von Kopf bis Fuß, jedes Detail der Kleidung und jedes Accessoire an Kleidung, Hut, Handschuhen und Schuhen, als müsse jedes einzelne in die Entscheidung eines endgültigen Urteils einfließen.

"Was willst du?" sie verlangte.

Ich habe es vorgezogen, diese Frage unbeantwortet zu lassen.

"Was hast du vor zu machen?" sie forderte und suchte noch einmal mein Gesicht.

Ich ärgerte mich über die Art und Weise, wie sie meine eigenen Fragen vorwegnahm. Ich konnte von Anfang an erkennen, dass sie eine außerordentlich geschickte und umständliche Person sein würde. Ich warnte mich selbst, dass ich auf jeden Trick und jede Wendung vorbereitet sein müsste.

„Was werde ich wohl tun?" Ich war zweideutig und suchte nach einem verräterischen Wort, um mich auf festen Boden zu bringen. Ich konnte sehen, dass sie langsam ihre Selbstbeherrschung wiedererlangte.

„Du hast kein Recht in diesem Haus“, sagte sie mir dreist.

"Hast *du* ?" Ich erwiderte schnell. Sie schwieg für ein oder zwei Sekunden.

„Nein“, gab sie zu, obwohl sie am liebsten das Gegenteil behauptet hätte.

„Natürlich nicht! Und ich kann mir vorstellen, dass Ihnen klar ist, was Ihre Anwesenheit hier bedeutet, genauso wie Ihre Entdeckung hier mit sich bringt?“

„Ja“, gab sie zu.

„Und ich denke, Sie haben die Intelligenz zu verstehen, dass ich aus etwas desinteressierteren Motiven hier bin als Ihren eigenen?“

"Was sind Sie?" forderte sie und ließ ihre kämpferischen Augen auf meine treffen.

„Das“, antwortete ich ruhig, „kann warten, bis du es erklärt hast.“

„Ich habe nichts zu erklären.“

In ihrer Stimme lag wieder ein neuerer Ton – Sturheit. Ich konnte sehen, dass die Ruhe, mit der ich vorgab, die ganze Angelegenheit zu betrachten, sie verwirrte.

„Du musst es erklären“, war meine ebenso sture Erwiderung.

Ihre nächste Pose war eine der Frigidität.

„Sie irren sich völlig. Wir haben überhaupt nichts miteinander zu tun.“

„Oh ja, das haben wir. Und ich werde es beweisen.“

"Wie?"

„Indem wir diesem Schauspiel ein Ende setzen.“

„Das klingt nach einer Drohung.“

„Es war für einen bestimmt.“

„Welches Recht hast du, mir zu drohen?“

Während sie sprach, sah sie sich fast müde um. Dann ließ sie sich auf den Stuhl sinken, der neben dem zerstörten Schreibtisch stand. Es war alles ablenkend genug, aber ich begann, die Geduld mit ihr zu verlieren.

„Ich habe dieses ganze Ausweichen satt“, sagte ich ihr. Ein wütender Ausdruck blitzte in ihren Augen auf.

„Ich habe Einwände gegen Ihre Anwesenheit hier", rief sie unverschämt aus.

„Sie meinen wohl, dass ich mich eher in Ihre nächtlichen Operationen einmische?"

„Diese Operationen", antwortete sie mit flatternder Würde, „sind meine eigenen Angelegenheiten."

" Natürlich sind sie!" Ich habe gespottet. „Das müssen sie *sein* ! Aber du hättest sie in deinen eigenen Angelegenheiten behalten sollen. Wenn du ein Bündel Beute aus einem Fenster fallen lässt, solltest du nicht so gefährlich nahe daran sein, einem Mann den Hut abzuschlagen."

„Ein Bündel Beute?" wiederholte sie mit einer so präzisen Nachahmung des Staunens, dass ich deutlich erkennen konnte, dass sie die klügste Lügnerin sein würde .

„Die Beute, die du mitnehmen wolltest", erklärte ich ruhig. „Die Sachen, die du neben der Haustreppe abgelegt hast, um dich für deine Flucht bereitzuhalten."

"Mein was?"

„Deine Flucht. Und sie war ziemlich clever."

„Ich habe nichts fallen lassen", protestierte sie mit einem schönen Ausdruck der Verwirrung im Gesicht.

„Und es auch nicht leise von der Fensterbank rollen lassen?" Ich empfahl.

„Ich hatte kein Fenster – es wäre mir unmöglich gewesen, ein Fenster zu öffnen", protestierte sie. Ihre Worte an sich waren ein Geständnis.

„Sie scheinen dieses Haus ziemlich gut zu kennen", bemerkte ich.

„ *Das sollte ich tun – es ist mein eigenes* ", erwiderte sie schnell.

„Es ist dein eigenes?" Ich war erstaunt über die Verlogenheit der Frau.

„Es *war* mein eigenes", korrigierte sie.

Ich blickte mich schnell im Raum um. Es hatte drei Türen, eine hinter der Frau, die ins Badezimmer führte, eine zweite, die in den Flur führte, und eine dritte auf der Rückseite, die offensichtlich in einen Kleiderschrank führte. Es gab zu viel von diesem nutzlosen und dummen Streit.

„Da Ihr Eigentumsanspruch so stark ist", sagte ich, als ich zur Flurtür ging, sie abschloss und den Schlüssel einsteckte, „möchte ich, dass Sie mir bestimmte Merkmale erklären."

"Wie meinst du das?" fragte sie, noch einmal auf den Beinen.

„Ich möchte wissen", sagte ich und ging auf die mit einem Vorhang versehene Tür neben ihr zu, „wer oder was sich in diesem Vorderzimmer befindet?"

Der Ausdruck des Entsetzens kehrte in ihr weißes Gesicht zurück. Sie stand sogar mit dem Rücken zur Tür, als wollte sie mich davon abhalten, sie zu öffnen, und machte eine instinktive Geste zum Schweigen, als ich ihr gegenüberstand.

„Ich werde herausfinden, was sich in diesem Raum befindet", verkündete ich, ungerührt von der Qual, die ich in ihrem schuldbewussten Gesicht sah.

„Oh, glauben Sie mir", sagte sie in flehender Stimme, etwas mehr als ein Flüstern, „es wird nichts nützen. Es wird Ihnen nur leidtun, dass Sie sich da eingemischt haben."

„Aber Sie haben es mir zur Pflicht gemacht, einzugreifen."

„Nein, nein, Sie tappen nur in etwas hinein, wo Sie nichts Gutes tun können, wo Sie kein Recht haben."

„Dann habe ich vor, in dieses Zimmer zu stolpern!" Und ich riss ihr die Portière aus der Hand und warf sie zur Seite.

„Warte", flüsterte sie, bleich im Gesicht und keuchend dicht neben mir. „Ich werde dir alles erzählen. Ich werde es erklären – alles."

Die tragische Feierlichkeit dieses leisen Verzichts brachte mich zum Staunen. Nun war ich an der Reihe, von einem Gegner verwirrt zu sein, den ich nicht verstehen konnte.

„Setzen Sie sich", sagte sie mit einer müden und fast gebieterischen Handbewegung, während sie ins Zimmer ging und sich wieder auf den Stuhl neben dem Schreibtisch sinken ließ.

„Was willst du jetzt wissen?" sie fragte mit nur allzu offensichtlicher Zweideutigkeit. Ihr Trick, Zeit zu gewinnen, brachte mich zur Verzweiflung.

„Lass uns nicht auf diese Weise herumstreiten und auf Zeit ein," schrie ich. „Sagen Sie, was Sie zu sagen haben, und sagen Sie es schnell."

Sie warf mir einen Blick zu, den ich verärgerte, einen Blick der Verachtung, der Überlegenheit, der Resignation angesichts der Brutalitäten, denen ich sie niemals hätte aussetzen dürfen. Doch als sie wieder sprach, war ihre Stimme so ruhig, dass sie fast farblos schien.

„Ich sagte, das sei mein Zuhause – und das stimmt. Das war einst mein Zimmer. Vor einigen Wochen habe ich es verlassen."

"Warum?" Ich erkundigte mich und ärgerte mich über die Pause, die ihr offensichtlich die Möglichkeit gab, vor ihren Worten etwas zu formulieren.

„Ich habe mich mit meinem Mann gestritten. Ich bin weggegangen. Ich war wütend. Ich – ich – Es hat keinen Sinn zu erklären, worum es ging."

„Sie müssen erklären, worum es ging", beharrte ich.

„Das kannst du unmöglich verstehen. Es ist unmöglich zu erklären", fuhr sie leise fort. „Ich habe einen Diener entlassen, der nicht ehrlich war. Dann hat er versucht, mich zu erpressen. Er hat über mich gelogen. Ich war dumm, indiskret, wie auch immer Sie es nennen wollen. Aber die Lüge, die er erzählte, war schrecklich, unglaublich. Das sollte mein Mann tun." Mich zu bitten, es zu widerlegen, war mehr, als ich ertragen konnte. Wir stritten uns kläglich und aussichtslos. Ich ging weg. Ich empfand es als demütigend, mit ihm unter einem Dach zu bleiben."

„Warte", warf ich ein, da ich wusste, dass das schwache Glied sicher noch rechtzeitig zum Vorschein kommen würde. "Wo ist Dein Ehemann jetzt?"

Sie warf einen Blick zur mit einem Vorhang versehenen Tür.

„Er ist in diesem Zimmer und schläft", antwortete sie leise.

„Und da du wusstest, dass er schläft, bist du gekommen, um das Haus aufzuräumen?" Ich habe befördert.

„Nein", antwortete sie ohne Ärger. „Aber als der Dienst wegen einer einstweiligen Verfügung angetreten wurde, wusste ich, dass ich niemals öffentlich zurückkommen würde. Es gab bestimmte Dinge von mir, die ich sehr wollte."

„Und wie bist du eigentlich ins Haus gekommen?"

„Der einzige Diener, dem ich vertrauen konnte, stimmte zu, nach Mitternacht den Riegel zu öffnen und die Tür für mich unverschlossen zu lassen, obwohl ich wusste, dass man mich nie sehen würde."

„Warum konnte dieser vertrauenswürdige Diener dann nicht die Dinge sicherstellen, die Sie gesucht haben? Ohne das törichte Risiko, dass Sie um Mitternacht in ein Haus eindringen?"

Ihr Kopf senkte sich ein wenig.

„Ich wollte meinen Mann sehen“, war die ruhige Antwort. Wie genau, erklärte sie nicht. Ich musste mir eingestehen, dass es eine sehr gute Schauspielerei war. Aber es war nicht ganz überzeugend; und der Fall gegen sie war zu offensichtlich.

„Das ist eine schöne Lügengeschichte“, erklärte ich ruhig. „Aber wie willst du mich nur dazu bringen, es zu glauben?“

„Du musst es nicht glauben“, war ihre teilnahmslose Antwort. „Ich sage dir nur, was du wissen wolltest.“

„Um es zu wissen, ja – aber woher soll ich das wissen?“

Sie hob die Hand mit einer Bewegung lustloser Resignation.

„Wenn Sie in die oberste Schublade dieser Kommode gehen , sehen Sie mein Foto in einem silbernen Rahmen neben einem von meinem Mann. Das wird es Ihnen auf den ersten Blick zeigen.“

Als ich den Raum durchquerte, schoss mir für einen Moment durch den Kopf, dass dies vielleicht ein Schachzug war, um ihr Zeit für einen Fluchtversuch zu verschaffen. Doch bei näherem Nachdenken hatte ich das Gefühl, dass ich die Situation so gut beherrschte, dass ich das Risiko eingehen konnte. Und hier gab es zumindest einen Punkt, an dem sie sich eindeutig festmachen ließ.

„Die andere Schublade“, murmelte sie, als meine Hand sich um den zerbrechlichen, elfenbeinfarbenen Knopf schloss. Ich ging zur zweiten Schublade und öffnete sie. Ich hatte einen fragenden Finger in das chaotische Durcheinander von Nippes gesteckt, das offenbar von einer hastigen und nachlässigen Hand zusammengewürfelt worden war, als vom anderen Ende des Raumes eine schnelle Bewegung kam, die das Blut in meinen Adern gefrieren ließ. Es brachte mich dazu, mich herumzudrehen, mit einem Sprung, der sowohl grotesk als auch galvanisch war.

Ich konnte gerade noch die Gestalt sehen, die durch die plötzlich geöffnete Tür des Kleiderschranks herausschoss.

Ich sah mich mit einem Mann konfrontiert, einem etwa fünfunddreißig Jahre alten Mann mit schmalen Lippen, kräftigem Kinn und spitzen schwarzen Pupillen in den Augen. Er trug einen Derby-Hut mit schmalem Rand und einen zweireihigen blauen Cheviot-Mantel. Aber es war nicht seine Kleidung, die mich besonders interessierte. Was meine Aufmerksamkeit erregte und fesselte, war der hässliche Revolver mit dem kurzen Lauf, den er in den Fingern seiner rechten Hand hielt. Ich bemerkte, dass dieser Revolver eindeutig auf mich gerichtet war, als er den Raum betrat. Ich konnte mich nicht entscheiden, was hässlicher war: die Waffe mit dem blauen Metall oder das Gesicht des Mannes dahinter.

„Geh zurück an die Wand", befahl er. „Dann werfen Sie Ihre Hände hoch. Heben Sie sie schnell auf!"

Ich hatte doch zugelassen, dass sie mich in eine Falle lockte! Ich hatte mir sogar erlaubt, den angenehmen Mythos vom schlafenden Ehemann im Nebenzimmer halb zu glauben. Und die ganze Zeit über bewachte sie diesen unappetitlich aussehenden Konföderierten, der zehnmal zu eins herumschlich und sich seinen Weg in einen Wandsafe erkämpfte, während ich Zeit mit kurzweiligen, aber kostspieligen Gesprächen verschwendete.

Und während dieser Gewehrlauf mich anblinzelte, hatte ich in dieser Angelegenheit keine andere Wahl – ich war gezwungen, die ohnmächtige und unwürdige Haltung eines Mannes einzunehmen, der den Himmel anfleht, der keine Antwort gibt . Die Frau drehte sich um und betrachtete den Neuankömmling, musterte ihn mit einer schönen vorgetäuschten Überraschung.

„ *Hobbs* ", rief sie, „ *wie bist du hierher gekommen?* "

"Du hältst deinen Mund!" erwiderte er über seine Schulter.

„Was machst du in diesem Haus?" wiederholte sie mit anhaltendem Erstaunen.

Ihnen melden , schon gut, schon gut", war seine zweite Erwiderung.

Hobbs' linke Hand hatte inzwischen meine Uhr aus der Tasche gehoben und riss mit einem schnellen Ruck Uhr und Kette aus der Befestigung an der Weste.

„Ihr seid ein süßes Paar, ihr zwei!" „Ejakulierte ich, denn diese Uhr war ziemlich anständig und ich hasste es, sie schlecht behandelt zu sehen."

"Den Mund halten!" sagte Hobbs, als seine Hand auf der Suche nach einer Brieftasche in meine Brusttasche griff. Mit dem Gewehrlauf, der dicht an meinen Körper gedrückt war, wusste ich, dass es geradezu selbstmörderisch wäre, es auf der Stelle mit ihm auszutragen. Ich musste mich diesem abscheulichen Scharren und Stupsen an meinem Körper unterwerfen. Aber wenn ich jemals an die Reihe käme, sagte ich mir, würde es ein trauriger Tag für Hobbs sein – und ein ebenso trauriger Tag für seinen sanftmütigen Verbündeten.

„Ihr seid ein süßes Paar!" Ich wiederholte es bis auf die Knochen, als diese unverschämte Hand noch einmal in eine andere Tasche fuhr.

Doch dabei blieb es nicht. Ich sah eine plötzliche Veränderung im Gesicht des Mannes. Er blickte mit einer schnellen, vogelähnlichen Seitwärtsbewegung des Kopfes auf. Erst als er sich umdrehte, wurde mir der Grund für die Bewegung klar.

Das eigentliche Motiv dahinter konnte ich nicht ergründen. Die wahre Bedeutung des Tableaus lag außerhalb meiner Reichweite. Aber als ich aufsah, sah ich, dass die Frau lautlos zur Flurtür geschlichen war, mit einer plötzlichen Bewegung ihre Hand ausgestreckt hatte und versuchte, diese Tür zu öffnen. Aber da ich es bereits abgeschlossen hatte und den Schlüssel immer noch in meiner Tasche trug, war ihre Mühe vergeblich. Warum es ihren Verbündeten so wütend machen sollte, konnte ich nicht verstehen. Er ignorierte mich vorerst, durchquerte im Laufschritt den Raum und schleuderte die Frau in Schwarz von der Türklinke weg. Sie wiederum gab vor, sich über diesen Angriff zu ärgern. Warum sie das tun sollte, wartete ich nicht mit der Frage. Ich sah meine Chance und nutzte sie.

Ein halbes Dutzend schneller Schritte brachten mich zur Badezimmertür, eine Drehung des Knaufs öffnete sie, und mit einem weiteren Schritt schob ich mich hindurch und ließ die Tür hinter mir schließen. Ich fand, dass ein Schlüssel im Schloss steckte. Eine weitere Sekunde später sah ich, wie der Schlüssel umgedreht wurde. Ein oder zwei schnelle Schritte über die kühle Marmorwand brachten meine Hand in Kontakt mit dem Lichtschalter.

Als das Licht anging, rannte ich zur Innentür und probierte es. Aber zu meinem Entsetzen war dieser verschlossen, obwohl ich keinen Schlüssel darin entdecken konnte. Ich rannte zurück, um den Schlüssel für die erste Tür zu holen, probierte es aus und stellte fest, dass es nutzlos war. Ich wusste, jeden Moment könnte ein Schuss durch diese dünnen Platten splittern. Und sollten sie sich jeden Moment zu diesem Schritt entschließen, könnte ihnen beiden die Tür zum Flur aufgebrochen werden und sie rennen auf die Straße.

Ich streckte die Hand aus und riss einen vernickelten Handtuchhalter von der Wand gegenüber. Ein Ende davon habe ich absichtlich in das bleiweiße Holz zwischen dem Rahmen und dem Türpfosten der zweiten Tür gestochen. Ich wollte gerade mit aller Kraft herumschnüffeln, als der Klang einer weiteren Stimme aus dem Raum vor mir ertönte. Es war eine verstörte, aber schläfrige Stimme, die offenbar von einem zweiten Portière gedämpft wurde, der an der Außenseite der zweiten Tür hing.

„Bist du das, Simmonds?" forderte diese Stimme.

Ich schnüffelte weiter, denn ich fühlte mich wie eine Ratte in einer Ecke, in diesem kahlen kleinen Badezimmer, und ich wollte Platz um mich herum haben, auch wenn das eine neue Gefahr bedeutete. Die Geheimnisse waren jetzt größer, als ich entschlüsseln konnte. Ich dachte nicht mehr darüber nach. Das erste, was ich wollte, war Befreiung, Flucht. Aber mein Stangenende verbogen sich unter dem Druck, dem ich es aussetzte, und ich musste es umdrehen und versuchen, einen neuen Halt zu finden.

Während ich das tat, hörte ich das plötzliche Geräusch von Schritten, die über den Boden gingen, das Klicken eines Lichtschalters und dann das Rasseln der Portière -Ringe an der Stange über der Tür, an der ich stand.

„Wer hat diese Tür verschlossen?" forderte die erschrockene Stimme auf der anderen Seite. Als Antwort warf ich mein Gewicht auf die Stange und öffnete das Schloss. Ich hielt die Metallstange immer noch in der Hand, als mögliche Waffe, als ich halb stolperte in den größeren Raum.

Vor mir sah ich einen Mann im Pyjama. Er war blond und groß und sein Haar war zerzaust – das war alles, was ich über ihn wusste, abgesehen von der Tatsache, dass sein Pyjama einen ziemlich albernen Babyblauton hatte. Wir standen ein oder zwei Sekunden lang da und starrten uns an. Wir hatten eindeutig Angst vor dem anderen, genauso wie wir, wie ich mir vorstellen kann, ein wenig beruhigt waren, als wir den anderen sahen.

„Bei Gott", keuchte er mit großen Augen, „wer bist du?"

„Schnell", rief ich, „ist das dein Haus?"

„ Natürlich ist es mein Haus", rief er zurück und zog sich zurück, als ich näher kam. Plötzlich machte er einen Schritt zur Seite und legte seinen Daumen auf eine Klingel.

"Gut!" Ich sagte . „Bringt schnell eure Diener hierher. Wir werden sie brauchen!"

„Wer wird sie brauchen? Was ist los? Was ist los?"

„Ich habe zwei Einbrecher in diesem Zimmer eingesperrt."

„Einbrecher?"

„Ja, und sie werden eine schöne Beute haben, wenn sie entkommen. Hast du einen Revolver?"

„Ja", antwortete er und öffnete ruckartig eine Schublade. Ich sah, dass seine Waffe eine Automatik war.

„Wo ist das Telefon?" „Forderte ich und durchquerte den Raum zur Tür, die in den Flur führte.

„Auf der Etage darunter", antwortete er. Er zog einen braunen Morgenmantel an und zog den Gürtel in der Taille fest.

„Du kommst schneller dran als ich", sagte ich ihm. „Geben Sie mir die Waffe und machen Sie beim Abstieg das Licht an. Dann holen Sie so schnell wie möglich die Polizei her."

„Was wirst du tun?" er forderte an.

„Ich werde die Tür bewachen", antwortete ich, als ich ihn fast in den Flur schubste. Dann schwang ich hinter mir her zur Tür und schloss sie von außen ab. „Schnell, die Waffe", sagte ich. Auf seinem Gesicht war jetzt keine Angst mehr zu erkennen, dennoch war es ganz natürlich, dass er zögerte.

„Was sind Sie? Ein Offizier?"

Für eine Erklärung blieb keine Zeit.

„Mann in Zivil", war meine leichtfertige Antwort, als ich ihm die Pistole aus der Hand nahm. Er schaltete die Flurbeleuchtung ein.

Er war schon auf halbem Weg zum oberen Ende der Treppe, als der schrille und schreckliche Schrei einer Frau aus dem Raum hallte, in dem ich die beiden Konföderierten gefangen hatte. Es wiederholte sich schrill und scharf. Das Gesicht des großen blonden Mannes wurde kreidebleich.

„ *Wer ist das!* ", forderte er mit starren Augen und blickte auf die verschlossene Tür des zweiten Zimmers. Dann wich er von der Tür zurück.

Ich rief ihm einen warnenden Schrei zu, doch das hielt seinen Angriff nicht auf. Seine große Schulter stieß gegen das getäfelte Holz wie ein Rammbock. Unter dem Gewicht dieses riesigen Körpers gab die gesamte Rahmenverkleidung nach; Er machte einen Satz und taumelte außer Sichtweite in den schwach beleuchteten Innenraum.

Ich wartete dort, die Waffe halb im Anschlag, und hatte das Gefühl, dass der Raum plötzlich aus seinen beiden Gefangenen hervorbrechen würde. Dann, auf einen Schrei des Mannes hin, trat ich schnell hinter ihm her.

Ich hatte mich auf das Unerwartete vorbereitet, aber die Fremdartigkeit der Szene verschlug mir den Atem. Denn dort sah ich den Mann namens Hobbs, der die absurde, außergewöhnliche und insgesamt brutale Beschäftigung ausübte, indem er versuchte, den Kopf seines Verbündeten mit dem Griff seines schweren Revolvers einzuschlagen. Er muss sie mehr als einmal geschlagen haben, noch bevor der Mann im haarigen braunen Morgenmantel und im blauen Pyjama zu ihm springen und den erhobenen Arm auffangen konnte, als er erneut zuschlagen wollte.

Die Frau, geschützt durch Hut und Schleier und eine große dichte Frisur, zeigte noch immer keine Anzeichen eines Zusammenbruchs. Aber sobald sie frei war, lehnte sie sich bleich und keuchend auf demselben *Sessel mit hohen Armlehnen zurück* , auf dem ich selbst eine halbe Stunde zuvor gesessen hatte. Ich sprang auf den heruntergefallenen Revolver ihrer Begleiterin zu, bevor sie ihn bekommen konnte, obwohl ich bemerkte, dass ihr der Verlust des Revolvers und der Ausgang des Kampfes, der in der Mitte dieser rosa-weißen Behausung stattfand, nun gleichgültig zu sein schien Weiblichkeit.

Und während ich ein Auge auf die Frau und das andere auf die Waffe in meiner Hand richtete, erhaschte auch ich flüchtige Einblicke in diesen seltsamen Kampf. Es schien eher ein Kampf zwischen Wildkatzen als ein Kampf zwischen zwei Menschen zu sein. Es geschah auf dem Boden, denn keiner der Männer war mehr auf den Beinen, und es schwankte von einer Seite des Raumes zur anderen und hinterließ dort, wo es hinging, eine Schneise der Zerstörung. Ein Tisch stürzte um, ein Stuhl mit zerbrechlichen Gliedern wurde zerbrochen, das große Cheval-Glas zerschmettert, der Schreibtisch stürzte mit abgebrochenem Bein zusammen, ein Regen von Toilettenartikeln übersäte die Teppiche, eine Leselampe wurde umgeworfen und ging kaputt Weg der anderen Dinge. Aber der Kampf ging trotzdem weiter.

Ich dachte nicht mehr an die Frau. Meine ganze Aufmerksamkeit galt den beiden Männern, die sich keuchend und keuchend auf dem Boden bewegten. Die Wut des Mannes im zotteligen, bärenähnlichen Morgenmantel war mehr, als ich verstehen konnte. Der Wahnsinn seines Angriffs schien unverständlich. Ich hatte das Gefühl, dass dies die Art und Weise war, wie eine Tigerin um ihre Brut kämpfen könnte, wie ein Höhlenmensch um seinen bedrohten Partner kämpfen könnte. Dieser Kampf endete auch nicht, bis die große blonde Gestalt triumphierend über der dunkler gekleideten Gestalt aufragte.

Dann schaute ich zurück zu der Frau, erschrocken über ihre Stille während all dieser Zeit. Sie beugte sich vor, bleich, aufmerksam, mit geöffneten Lippen. In ihren Augen schien ich Unbehagen, Besorgnis und Verzweiflung zu sehen, aber über all dem erblühte langsam ein neuerer Ausdruck, ein Ausdruck vager Freude, während sie von dem besiegten Mann, der nach Luft schnappte und nach Luft schnappte, auf den breiten Rücken des struppigen Kleides blickte -Kleid.

Ich hatte keine Gelegenheit, mich mit dem Rätsel zu befassen, denn der Mann, der in das struppige Gewand gehüllt war, rief mir etwas zu.

„Fesseln Sie ihn", rief er. „Nimm die Vorhangschnüre – aber binde ihn fest!"

"Kennst du diesen Mann?" Etwas in seinem Ton veranlasste mich zu fragen, während ich mit den schweren Seidenvorhangschnüren kämpfte.

„Es ist Hobbs."

„Das weiß ich, aber wer ist Hobbs?"

„Ein Diener wurde vor einem Monat entlassen", war die Antwort des anderen.

„Dann kennen Sie vielleicht die Frau?" fragte ich und sah auf.

„Ja, möglicherweise kenne ich die Frau", wiederholte er, stand vor ihr und starrte in ihr weißes und trostloses Gesicht. Es dauerte ein oder zwei Momente, bis ich meine Aufgabe, die Handgelenke des mürrischen und durchnässten Hobbs zu fesseln, erledigt hatte. Als ich aufsah, war die Frau schon auf den Beinen, einige Schritte näher an der Tür.

„Pass auf diese Frau auf!" Ich weinte. „Sie hat eine Ladung deiner Beute bei sich!"

Meine Worte schienen ihn lediglich zu verwirren. Auf seinem Gesicht war kein alarmierender Alarm zu erkennen.

"Wie meinst du das?" er erkundigte sich. Es schien ihm fast zu übel zu nehmen, dass ich mich für ihn einsetzte. Auch der Blick der Frau schien in der Lage zu sein, ihn in einen fast komatösen Zustand zu versetzen und ihn blass und hilflos zurückzulassen, als ob ihr Auge die Gabe einer hypnotischen Kraft hätte. Der Gedanke, dass ein bloß zufälliger äußerer Anflug von Seriosität es ihr so einfach machen könnte, machte mich wütend. Ich hatte das Gefühl, dass gerade ihre Miene falscher Vornehmheit ihre Bösartigkeit in ihrer Gefahr immer zweischneidig machen würde.

„Durchsucht sie!" Ich weinte. „Sehen Sie, was sie dort unter ihrer Taille hat!"

Er drehte mir absichtlich den Rücken zu, als würde er sich über meine Entschlossenheit ärgern, ihn zu einer Tat zu zwingen, die ihm zuwider war.

„Was hast du da?" fragte er sie, ohne näher zu kommen.

Für einen oder zwei Moment herrschte völlige Stille.

„Ihre Briefe", antwortete sie schließlich kaum mehr als ein Flüstern.

"Was machen die da?" er hat gefragt.

„Ich wollte sie", war alles, was sie sagte.

„Warum solltest du meine Briefe wollen?" war seine nächste Frage.

Sie antwortete nicht. Der Mann im Schlafrock drehte sich um und zeigte auf die reglose Gestalt von Hobbs.

„Was ist mit ihm? Wie ist *er* hierher gekommen?"

„Er muss mir von der Straße aus gefolgt sein, als die Tür aufgeschlossen wurde. Vielleicht ist er aber auch vor mir hereingekommen und hat sich irgendwo versteckt."

„Wer hat die Tür unverschlossen gelassen?"

„Simmonds."

"Warum?"

„Weil er mir vertrauen konnte!"

Es gab einen gedämpften Widerhaken in dieser Erwiderung, einen Widerhaken, den ich nicht verstehen konnte. Ich konnte jedoch sehen, dass es eine Wirkung auf den anderen Mann hatte. Er starrte die Frau mit plötzlich veränderter Miene an, mit einem törichten Kinn, das sein Gesicht verlängerte und gleichzeitig seine Augen weitete. Dann drehte er sich zu dem mürrischen Hobbs um.

„ *Hobbs, du hast über sie gelogen!* " schrie er wie ein Blinder, der endlich dem Licht gegenübersteht.

Er hatte seine Hand auf die Kehle des gefesselten und hilflosen Einbrechers gelegt.

„ Sag mir die Wahrheit, oder beim lebendigen Gott, ich werde dich töten! Du hast über sie gelogen?"

"Worüber?" Hobbs auf Zeit.

"Weißt du was!"

Ich bemerkte, dass Hobbs sein Bestes tat, um vor den würgenden Fingern zurückzuschrecken.

„Es war nicht meine Schuld!" er war zweideutig.

„Aber du hast gelogen?"

Hobbs antwortete nicht mit Worten. Aber der Mann im Schlafrock wusste offenbar die Antwort, bevor er die träge Gestalt aus seinem Griff fallen ließ. Benommen drehte er sich wieder zu der wartenden und beobachtenden Frau um, der weißgesichtigen Frau mit der Seele in den Augen. Sein Gesicht wirkte demütig, plötzlich gealtert mit einem ergrauenden Anflug vergeblicher Reue.

Die beiden starrenden Gestalten schienen aufeinander zu schwanken und zu schwanken. Bevor ich ganz verstehen konnte, was das alles bedeutete, hatte der Mann seine Arme gehoben und die Frau hatte sich hineingeschlichen.

„Oh, Jim, ich war so ein Idiot!" Ich hörte sie jammern. Und ich konnte sehen, dass sie weinen würde.

Ich wusste auch, dass ich nach dieser Mitternacht voller Patzer nichts hatte, worauf ich stolz sein konnte, dass ich von Anfang an ein Idiot gewesen war – und was diese Idiotie noch schlimmer machte, war ich jetzt ein Eindringling.

„Ich schlüpfe hinein und kümmere mich um das Telefonieren", murmelte ich so beschämt und gedemütigt, dass ich, als ich müde durch die Tür tastete, über das russische Eichhörnchenbündel stolperte, das ich mit meinen eigenen Händen dort hingelegt hatte. Erst als ich die Straße erreichte, wurde mir mit einem Schluck Erleichterung klar, wie eine weitere Nacht bedrohlichen Elends verstellt und in Aktion verloren gegangen war, so wie die Pillen der Kindheit in einem Löffel Gelee verheimlicht werden.

KAPITEL V

DER MANN VOM MEDIZINHUT

Ich saß in meinem nächtlichen Sonnensalon, der in der Welt als Madison Square bekannt ist, fragte die ruhige Nacht, warum mir der Schlaf verwehrt werden sollte, und tat mein Bestes, um nicht an Mary Lockwood zu denken. Ich saß da und blickte träge auf ein Mädchen in Schwarz, das wiederum träge zu *Schütze hochstarrte* .

Dann verlor ich das Interesse an dem schwarz gekleideten und scheinbar kataleptischen Sterngucker. Denn bald war ich damit beschäftigt, einen Mann mit einem ziemlich seltsam aussehenden Velourshut zu beobachten. Meine Augen folgten ihm von dem Moment an, als er zum ersten Mal von der Fifth Avenue nach Osten abbog. Sie waren immer noch auf ihn gerichtet, als er unentschlossen wieder nach Süden auf den Platz abbog, auf dem ich saß.

Die pure Ziellosigkeit seiner Bewegungen fesselte meine Aufmerksamkeit. Die Gestalt, die lustlos an der Farragut-Statue vorbeischlenderte und unter den Parkbäumen weiterwanderte, erinnerte mich irgendwie an meine eigene. Auch ich wusste nur zu gut, was es bedeutete, hartnäckig und mürrisch umherzukreisen wie ein Pagen, der durch die Korridore der Nacht nach dem Flüchtling namens „Schlaf" ruft.

Also beobachtete ich ihn weiterhin ruhig und genau. Ich hatte mein Interesse an dem weißgesichtigen Mädchen verloren, das zwanzig Schritte von mir entfernt saß und schweigend und still zu den Herbststernen blickte.

Danach war es die Gestalt des Mannes, die meine Aufmerksamkeit herausforderte, denn dieser Mann markierte den einzigen Bewegungspunkt in einer Stadt, die wie eine Stadt der Toten wirkte. Ich erinnerte mich, dass es wieder einmal weit nach Mitternacht war, die Stunde des schwebenden Lebens in den leeren Schluchten der mit Laternen behängten Straßen, als das letzte Taxi den letzten Nachtschwärmer nach Hause gebracht hatte und die ersten Milchwagen noch nicht heruntergerasselt waren die East River-Fähren.

So saß ich lustlos da und beobachtete die sich lustlos bewegende Gestalt mit der breiten, ins Gesicht gezogenen Hutkrempe. Der Mann hatte etwas noch Jugendliches an sich, trotz der verzweifelt hängenden Schultern. Ich fragte mich beiläufig, wer oder was er sein könnte. Ich fragte mich, ob er, genau wie ich, lediglich vom Fluch der Wachheit heimgesucht wurde, ob ihn dieselben Bluthunde der Unruhe auch in den dunklen Stunden der Nacht verfolgten. Ich fragte mich, ob auch er versuchte, der zermürbenden Maschinerie des Denkens in eine äußere Passivität zu entkommen.

Ich sah, wie er sich seinen unbestimmten Weg durch die gewundenen Parkwege bahnte. Ich sah, wie er müde zur gewaltigen Strenge des Metropolitan Tower hinaufblickte und sich dann umdrehte und die verblasste Diana betrachtete, die so unbekümmert über ihren gestohlenen sevillanischen Türmen thronte. Ich sah, wie er sich trostlos auf dem Platz umsah, auf dessen Bankreihen sich zusammengedrängte und regungslose Schläfer aufhielten. Diese Schläfer mit ihren gesenkten Köpfen und verdrehten Gliedmaßen, mit ihren verdrehten und bewegungslosen Körpern machten den halberleuchteten Platz so schrecklich wie ein Schlachtfeld. Im dichten Schatten der Parkbäume wirkten sie wie die Körper toter Männer, wie zerbrochene und durchnässte Dinge, über denen die Räder des Blutvergießens gemahlen waren. Das einzige Murmeln oder Geräusch des Lebens war der Brunnen mit seiner Säule aus langsam steigendem und langsam fallendem Wasser, wie der müde Pulsschlag der müden Stadt.

Der Mann mit der Veloursmütze schien in dieser Bewegung etwas Geselliges zu finden, denn er kam langsam näher. Er kam bis auf drei Bänke an meinen Platz heran. Dann warf er sich auf einen leeren Sitz. Ich konnte sein weißes und hageres Gesicht sehen, als er den plätschernden Brunnen beobachtete. Ich konnte seine schattigen und unglücklichen Augen sehen, als er seinen Hut zurückschob und sich die feuchte Stirn wischte. Dann sah ich, wie er plötzlich seinen Kopf in seinen Händen vergrub und Minute für Minute regungslos dasaß.

Als er seine nächste Bewegung machte, war es überraschend. Es löste ein nervöses Kribbeln in meinem Rückgrat aus. Denn ich sah, wie seine rechte Hand in seine Tasche sank, dort einen Moment innehielt und sich dann plötzlich wieder hob. Dabei fiel mir der weiße Schimmer von Metall ins Auge. Ich konnte das Aufblitzen eines Revolvers sehen, als er ihn unter die Hutkrempe schob und den vernickelten Lauf dicht an seine Schläfe hielt, direkt über dem mageren Kieferknochen.

Es kam so plötzlich, so unerwartet, dass ich wohl in einer Art unwillkürlichem Zusammenzucken die Augen geschlossen habe. Der erste zusammenhängende Gedanke, der mir kam, war, dass ich ihn nie rechtzeitig erreichen könnte. Ein nüchternerer zweiter Gedanke war der, dass selbst meine Einmischung nutzlos war, dass er und sein Leben sein eigenes waren und dass ein Mann, der einmal auf Selbstzerstörung aus war, durch keinen äußeren Einfluss davon abgehalten werden kann.

Doch selbst als ich noch einmal auf seine zusammengekauerte Gestalt blickte, hörte ich sein leises Keuchen, das zwischen Angst und Niederlage liegen musste. Ich sah, wie der Arm langsam zu seiner Seite sank. Er blickte direkt vor sich hin, seine Augen, die nichts sahen, weiteten sich vor Angst und waren verschwommen vor Unentschlossenheit.

Da beschloss ich, mich einzumischen. Dies zu tun schien nur meine schlichte und anständige Pflicht zu sein. Dennoch zögerte ich einen Moment und überlegte, wie ich meine Eröffnungsrede an ihn formulieren sollte.

Gerade als ich einen plötzlichen, tieferen Atemzug der Entschlossenheit nahm und im Begriff war, auf seine Seite zu treten, sah ich, wie er den Revolver vehement von sich warf. Es glitzerte und taumelte über das kupfergrüne Gras. Es lag da, ein heller Punkt vor der Dunkelheit des Rasens.

Dann blickte ich zurück zu dem Fremden und sah, wie seine leeren Hände sein Gesicht berührten. Es war eine stille und doch tragische Geste völligen Elends. Jede Handfläche wurde auf die kantigen Wangenknochen gedrückt, wobei die Fingerenden hart gegen die Augäpfel drückten, als ob dieser vergebliche Druck jegliche innere und äußere Sicht zerstören könnte.

Dann wandte ich mich wieder dem gefallenen Revolver zu. Dabei bemerkte ich, wie eine Gestalt in Schwarz leise hervortrat und die Waffe aufhob. Es war das weißgesichtige Mädchen, das dagesessen und zu den Sternen hinaufgeschaut hatte. Bevor mir die Bedeutung ihrer Bewegung ganz klar wurde, ließ sie die Waffe außer Sichtweite und ging schweigend den gewundenen Asphaltweg entlang, zwischen den Reihen der Schwellen hindurch, in Richtung Osten. Es lag etwas Faszinierendes in der dünnen jungen Gestalt, etwas vage Zielstrebiges und Anziehendes in der Haltung des halbverschleierten Kopfes.

Ich schwankte einen Moment und wusste nicht, an wen ich mich wenden sollte. Aber ein zweiter Blick auf den Mann mit dem Velourshut, der dort in seinem völligen und teilnahmslosen Elend kauerte, veranlasste mich, zu ihm hinüberzugehen.

Ich legte eine Hand auf seine schlaffe Schulter und schüttelte sie. Er bewegte sich zunächst nicht, also schüttelte ich ihn erneut. Dann warf er mir einen langsamen und verärgerten Blick zu.

„Ich möchte mit dir reden", begann ich und wusste nicht, wie ich vorgehen sollte. Er antwortete mir nicht.

„Ich möchte dir helfen, wenn ich kann", erklärte ich, während ich meine Hand immer noch auf seiner Schulter ruhen ließ.

„Oh, geh weg!" „Ejakulierte er völlig lustlos und schüttelte meine Hand von seiner Schulter."

„Nein, das werde ich nicht!" Ich habe ihn ganz bestimmt informiert. Er wich zurück und entfernte sich. Dann wandte er sich mit vulkanischem Groll gegen mich.

„Um Gottes willen, lass mich in Ruhe!" er weinte.

Ein oder zwei Schläfer auf Bänken in der Nähe setzten sich auf und starrten uns mit ihren schläfrigen, gleichgültigen Augen an.

„Warum machst du dich dann so lächerlich?" Ich forderte.

„Das ist meine eigene Sache", erwiderte er.

„Dann haben Sie vor, so weiterzumachen?" Ich habe nachgefragt.

„Nein, das tue ich nicht", warf er zurück. „ *Ich kann nicht.* "

„Wären Sie dann so gut, mit mir zu reden?" Sein mürrischer Zorn schien seltsamerweise von der Begeisterung entfernt zu sein, die die Tradition den letzten Augenblicken zuschreibt. Es kostete ihn sogar Mühe, Geduld mit ihm zu haben.

„Nein, das werde ich nicht", war seine prompte Antwort. Es dämpfte alle weltfremden Feuer in meinem Körper. Dann stand er auf und konfrontierte mich. „Und wenn du hier nicht rauskommst, bringe ich dich um!"

Seine Drohung kam mir irgendwie komisch vor. Ich habe laut gelacht.

Aber ich habe keine weitere Zeit mit ihm verschwendet.

Ich dachte bereits an die andere Figur, die ebenso geheimnisvolle und ansprechendere Figur in Schwarz.

Ich drehte mich um und schritt gerade noch rechtzeitig durch die Bäume, um zu sehen, wie die düstere, weißgesichtige junge Frau die Madison Avenue überquerte und zwischen einer Kirche mit Granitsäulen und dem hoch aufragenden Obelisken eines moderneren Handelsgottes nach Westen ging. Ich behielt dieses Straßenende im Auge, als es sie verschlang. Dann ging ich ohnmächtig über den Platz und unter dem Zifferblatt hindurch in die Twenty-fourth Street.

Als ich die Fourth Avenue erreichte, erblickte ich erneut die schwarz gekleidete Gestalt. Es bewegte sich auf der Südseite der Straße nach Osten, so gemächlich und teilnahmslos wie ein Schlafwandler.

Auf halbem Weg zur Lexington Avenue sah ich, wie die Frau anhielt, sich langsam umsah und dann langsam die Stufen eines roten Backsteinhauses hinaufstieg. Wie ich sehen konnte, klingelte sie nicht, sondern öffnete sich mit einem Hauptschlüssel. Nachdem sich die Tür hinter ihr geschlossen hatte, schlenderte ich auf dieses Haus zu. Zu dieser Stunde weiter zu gehen, kam nicht in Frage. Aber ich notierte mir sorgfältig die Hausnummer und auch die Tatsache, dass ein Zettel, der an den Türpfosten aus Sandstein geklebt war, die Tatsache verkündete, dass es sich um „Möblierte Zimmer" handelte.

Ich sah, dass dort nicht nur wenig zu gewinnen war, sondern auch, dass ich bereits die zweite Enttäuschung erlebt hatte. Also ging ich sofort zurück zum Madison Square und zum Brunnen, wo ich den Mann mit dem Velourshut zurückgelassen hatte. Ich ließ meinen Blick von Bank zu Bank mit Schläfern schweifen, aber er war nicht unter ihnen. Ich ging Schritt für Schritt durch den Park, aber meine Suche blieb erfolglos. Dann umrundete ich den Broadway und erweiterte so meinen Beobachtungsradius. Ich pendelte durch die Seitenstraßen hin und her. Ich schlenderte durch die benachbarten Alleen. Aber es war nutzlos. Der Mann mit der Veloursmütze war verschwunden.

Als ich dann durch die mitternächtlichen Straßen auf und ab ging, überkam mich zu meiner Überraschung ein Gefühl körperlicher Müdigkeit. Mir wurde klar, dass ich kilometerweit gelaufen war. Ich hatte meine eigenen Sorgen vergessen, und das freundlichste aller Betäubungsmittel, völlige Müdigkeit, schlich sich wie eine Droge durch mich hindurch.

Also ging ich nach Hause und legte mich ins Bett. Und zum ersten Mal in dieser Woche spürte ich, wie sich der Engel des Schlafes aus freien Stücken über mich beugte. Zum ersten Mal in dieser Woche war keine bittere Chloralhydratpeitsche nötig, um die Bluthunde des Wachwerdens zurückzuschlagen. Ich fiel in einen tiefen und ununterbrochenen Schlaf, und als ich aufwachte, wartete Benson darauf, mir mitzuteilen, dass mein Bad fertig sei.

Zwei Stunden später klingelte ich in einem altmodischen Apartmenthaus aus roten Backsteinen in der East Twenty-fourth Street. Ich wusste wenig genug über solche Orte, aber dieser war offensichtlich nicht einladend, vom rostigen Handlauf bis zu den ungewaschenen Fenstervorhängen. Ebenso unscheinbar war die korpulente Vermieterin mit den toten Augen in ihrem verblichenen blauen Einband; und ebenso deprimierend empfand ich den schlampigen und entblößten Diener, der mich durch die muffig riechenden Flure führen sollte. Mir wurde mitgeteilt, dass der vordere dritte Stock der einzige Raum im Haus leer war, obwohl der hintere Nachbarraum, der für zweieinhalb Dollar pro Woche ein Schnäppchen war, bald geräumt werden sollte.

Ich nahm die Vorderseite im dritten Stock, ohne einen einzigen Blick auf die verborgenen Schönheiten zu werfen. Die Dame mit dem verblichenen blauen Einband strahlte ihren ersten Lebensfunken aus, als ich meine vier Dollar überreichte. Ich konnte sehen, dass die lustlosen Augen von Bedauern über den Gedanken berührt waren, dass sie nicht mehr verlangt hatte. Während sie eine Kaution für meinen Hauptschlüssel verlangte, versuchte ich ihr zu erklären, dass ich wahrscheinlich unregelmäßige Arbeitszeiten hatte und meine Gewohnheiten vielleicht etwas eigenartig waren.

Diese Andeutungen hatten jedoch keine nennenswerte Wirkung auf sie. Sie brachte mich zunächst in Verlegenheit, indem sie das Geld in den Tiefen ihrer offenen Korsage verstaute, und verblüffte mich dann, indem sie erklärte, dass alles, was sie tun wollte, seit ihre Beine wieder auf ihr waren, darin bestand, ihre ersten beiden Stockwerke in Ordnung zu halten. Darüber hinaus konnte sich das Benehmen offenbar von selbst regeln, die oberen Regionen außerhalb ihres Einflussbereichs könnten in ihrer moralischen Laxheit olympisch sein.

Als ich dort stand und über diese Entdeckung lächelte, raschelte eine Gestalt in Schwarz die schmale Treppe hinunter und schlich an uns vorbei in den halberleuchteten Flur.

Das Licht fiel direkt auf ihr Gesicht, als sie die Tür zur Straße öffnete. Es zeigte ihre Figur, so dünn wie die einer mittelalterlichen Heiligen aus einem Messbuch . Es war die junge Frau, der ich vom Madison Square aus gefolgt war.

Dessen war ich mir sicher — von dem Moment an, als das Licht auf ihr schmalwangiges Gesicht fiel, wo die Angst das weiche Oval des Kinns in seiner Schärfe in etwas Maskenhaftes verwandelt zu haben schien. Um sie herum, ganz abgesehen davon, dass ihre Augen die unglücklichsten Augen waren, die ich je gesehen hatte, hing eine gedämpfte Aura der Tragödie, die Aura eines Geistes, der sowohl verwirrt als auch verblüfft war. Aber ich konnte erkennen, dass sie eine ziemlich schöne junge Frau war oder gewesen war, obwohl mich die Schlankheit ihrer Figur wiederum an eine Heilige aus einem Messbuch denken ließ .

Ich dachte immer noch an sie, als ich dem mürrischen und schlampigen Diener die dunkle Treppe hinauf folgte. Als ich in meinem neuen Quartier ankam, warf ich einen geistesabwesenden Blick auf die schwefelgelbe Tapete und die melancholischen Antiquitäten, die als Möbel getarnt waren. Dann kam ich auf das eigentliche Problem zurück.

„Wer ist diese junge Frau in Schwarz, die zufällig im Flur an uns vorbeikam?" Ich erkundigte mich beiläufig.

„ *Kann* das!" war die apathische und ziemlich rätselhafte Erwiderung des nacktarmigen Mädchens. Ich drehte mich um, um nach der Bedeutung dieser offensichtlichen Umgangssprache zu fragen.

„Ach, sperr den Zooin' -Bug ein!" sagte mein neu gefundener und zynischer junger Freund. „Sie ist nicht so nett."

"Was ist sie?" fragte ich, während ich einen Geldschein in die erschrockene und etwas ungläubige Hand der Mühsal steckte. Die Transformation erfolgte unmittelbar.

„Das ist sie nicht Nichts !" war die Antwort. „Sie ist nur ein Four-Flush, ein Mitläufer! Und wenn sie sich nicht bis Samstag mit der Madam verständigt, wird sie ihre Wäsche in der Badewanne eines anderen waschen!"

Durch diesen schmutzigen Quarz der Gefühllosigkeit verlief eine silberne Glückssträhne. Es war klar, dass ich mit dem Mädchen in Schwarz auf derselben Etage sein sollte. Und diese Entdeckung schien völlig ausreichend zu sein.

Ich wartete, bis das Dienstmädchen in der Dunkelheit unter der Treppe verschwunden war und im Haus wieder Stille herrschte. Dann trat ich ruhig und leise in den kleinen Flur hinaus, stieß die Tür des Hinterzimmers auf und schlüpfte hinein. Dabei verspürte ich eine deutliche und durchaus angenehme Beschleunigung des Pulses.

Ich befand mich in einer bloßen Zimmerzelle mit zwei Dachfenstern, die einen ungeordneten Ausblick auf Schornsteine und Backsteinmauern boten. Auf dem Fensterbrett eines Fensters stand eine fast leere Milchflasche. Neben dem anderen Fenster befand sich eine Truhe mit der Aufschrift „HW" und den fast ausgelöschten Worten „Medicine Hat".

In dem kleinen Raum herrschte eine fast verlassene Atmosphäre der Ordentlichkeit. An einer Wand hing eine Ansichtskarte mit der Aufschrift „In the Devil's Pool at Banff". Auf einem anderen war eine Ranchszene zu sehen, ein unmontiertes Foto, das ein lachendes Mädchen mit klaren Augenbrauen auf einem weiß gesprenkelten Pinto zeigte. Auf der mit Chintz überzogenen Kommode stand ein halbvoller Karton mit Limonadenkeksen. Daneben lag wiederum eine leere Bonbonschachtel. Aus dem Spiegel dieser Kommode lächelte ein mir bekanntes Gesicht herab. Es handelte sich um eine Zeitschriftenkopie von Harriet Walter, dem jungen Broadway-Star, der mit der Inszenierung von *Broken Ties Erfolg hatte* , derselben Harriet Walter, deren Heirat mit Percy Adams, dem Sohn des Traktionsmagnaten, ordnungsgemäß angekündigt worden war. Ich erinnerte mich, dass in meiner eigenen Höhle eine handsignierte Kopie desselben Bildes stand.

Darüber hinaus bot der Raum jedoch wenig Interessantes und Überraschendes. Einem plötzlichen und möglicherweise törichten Impuls folgend, nahm ich nach einem letzten Blick auf den Raum und seine Aufzeichnungen mutiger Kämpfe einen Geldschein aus meiner Westentasche, faltete ihn zusammen, öffnete die oberste Schublade der

Kommode und warf den Schein hinein Es. Dann stand ich da und starrte in die noch offene Schublade, denn vor mir lag der Revolver, den das Mädchen am Abend zuvor vom Madison Square mitgenommen hatte.

Wenige Augenblicke später ging ich zurück in mein Zimmer, setzte mich in den Schaukelstuhl mit den kaputten Armlehnen und versuchte verzweifelt, den Schlüssel zu dem Geheimnis zu finden. Aber es kam kein Licht zu mir.

Ich war immer noch verwirrt, als ich das Geräusch von Schritten auf der nicht mit Teppich ausgelegten Treppe hörte. Es waren sehr langsame und stockende Schritte. Als ich an der halb geöffneten Tür stand und zuhörte, war ich mir sicher, dass ich etwas hörte, das irgendwo zwischen einem Schluchzen und einem Keuchen lag. Dann kamen wieder Schritte und dann das Geräusch schweren Atmens. Ich hörte das Rascheln von Papier, als die Tür zum Hinterzimmer aufgestoßen wurde, und dann das schnelle Zuschlagen der Tür.

Darauf folgte ein leiser und fast unartikulierter Schrei. Es war kein Anruf und es war kein Stöhnen. Aber was mich plötzlich zum Handeln veranlasste, war der Lärm, der darauf folgte. Es war eine Art sanfter Aufprall, als wäre ein Körper zu Boden gefallen.

Ich habe nicht länger gezögert. Es war klar, dass etwas nicht stimmte. Ich rannte zur geschlossenen Tür, klopfte daran und öffnete sie einen Moment später.

Zimmer betrat, konnte ich das Mädchen dort liegen sehen, ihr nach oben gerichtetes Gesicht so weiß wie Kreide, mit bläulich-grauen Schatten um die geschlossenen Augen. Neben ihr auf dem Boden lag eine Zeitung, eine Nachmittagsausgabe mit Schlagzeilen.

Ich stand einen Moment lang da und starrte dumm auf das weiße Gesicht, bevor mir klar wurde, dass das Mädchen lediglich in Ohnmacht gefallen war. Dann, als ich den langsamen Pulsschlag in der dünnen Kehle sah, ließ ich mich auf ein Knie fallen und riss den Ausschnitt ihrer Bluse auf. Dann holte ich Wasser aus dem Steingutkrug auf dem Waschtisch und besprühte die ruhige, farblose Stirn damit. Als ich sie auf das schmale weiße Bett hochhob, konnte ich sehen, wie blutleer und ungepflegt ihr Körper war. Das Mädchen war halb verhungert; Daran gab es keinen Zweifel.

Sie kam sehr langsam zu sich. Während ich mich über sie beugte und darauf wartete, dass sich ihre schweren Lider öffneten, ließ ich meinen Blick zurück zu der Zeitung auf dem Boden wandern. Dort habe ich gelesen, dass Harriet Walter, der junge Star der *Broken Ties* Company, einen schweren Unfall hatte. Es geschah, als er in einem Tourenwagen, der von Percy Alward Adams, dem Sohn des bekannten Traktionsmagnaten, gefahren wurde, die

Morningside Avenue entlangfuhr. Auf dem Cathedral Hill hatte die Bremse offenbar nicht funktioniert, und das Auto war an der Ecke One-hundred-ninth Street mit einem Pfeiler der Hochbahn kollidiert. Adams selbst war mit einem leicht verletzten Arm davongekommen, aber Miss Walters Verletzungen waren schwerwiegender. Sie war sofort ins St. Luke's Hospital gebracht worden, allerdings ein paar Blocks entfernt. Sie hatte jedoch das Bewusstsein nicht wiedererlangt und die Ärzte hatten praktisch jede Hoffnung auf Genesung aufgegeben.

Ich fragte mich verzweifelt, welches Band diese beiden seltsam unterschiedlichen jungen Frauen wohl zusammenhalten könnte, als das Mädchen neben mir Zeichen der Rückkehr des Lebens zeigte. Ich träufelte immer noch eine lächerliche Menge Wasser auf ihr Gesicht und ihren Hals, als sich plötzlich ihre Augen öffneten. Sie sahen zu mir auf, benommen und voller Staunen.

"Was ist es?" fragte sie und blickte sich im Raum um. Dann sah sie mich wieder an.

„Ich glaube, du musst gefallen sein", versuchte ich zu erklären. „Aber es ist in Ordnung; du brauchst dir keine Sorgen zu machen."

Mein schwacher Versuch, sie zu beruhigen, war erfolglos. Ich konnte die verwirrte Bewegung ihrer Hände sehen, die unausgesprochene Frage immer noch in ihren Augen. Sie lag da und starrte mich lange an.

„Sehen Sie, ich bin Ihre neue Nachbarin", sagte ich ihr, „und ich habe Sie von meinem Zimmer aus gehört."

Sie sprach nicht. Aber ich sah, wie sich ihre Lippen zu einem kleinen Schluchzen verzogen, das ihren ganzen Körper erschütterte. Es schien etwas unbeschreiblich Kindliches in der Bewegung zu sein. Es kostete mich Mühe, meinen faden Optimismus aufrechtzuerhalten.

„Und jetzt", erklärte ich, „werde ich kurz rausgehen und dir ein wenig Wein holen."

Sie machte eine kleine protestierende Handbewegung, aber ich ignorierte sie. Ich holte meinen Hut, stieg die Treppe zur Straße hinunter und schaltete Benson ein. und wies ihn an, mir sofort den Reisekorb und zwei Flaschen Burgunder zu schicken. Dann rief ich das St. Luke's Hospital an. Dort wurden mir seltsamerweise sämtliche Informationen über den Zustand von Harriet Walter verweigert. Tatsächlich wurde nicht einmal zugegeben, dass sie derzeit Patientin in dieser Einrichtung war.

Als ich zurückkam, saß das Mädchen in einem Schaukelstuhl am Fenster. Sie schien durch meine Rückkehr weder erleichtert noch beunruhigt zu sein. Ihr Blick war auf die leere Wand gegenüber gerichtet. Ihr farbloses

Gesicht zeigte nur allzu deutlich, dass dieser Schock, den sie erlitten hatte, sie gegenüber allen anderen Strömungen des Lebens gleichgültig gemacht hatte, als ob jeder weitere Schicksalsschlag bedeutungslos geworden wäre. Sie drehte nicht einmal die Augen, als ich den Korb ins Zimmer trug und ihn öffnete. Sie blickte nicht auf, als ich ihr den Wein einschenkte und ihr ein Glas zum Trinken hinhielt.

Sie nippte geistesabwesend und gebrochen daran, was mich an einen Vogel erinnerte, der vom Rand einer Untertasse trank. Aber ich ließ sie mehr davon nehmen. Ich beharrte darauf, bis ich sah, wie sich ein schwacher, muschelartiger Farbtupfer in ihre Wangen schlich.

Dann sah sie mich zum ersten Mal mit verständnisvollen und seltsam dankbaren Augen an. Sie machte eine Bewegung, als wollte sie sprechen. Aber während sie das tat, konnte ich sehen, wie ihr schnell Tränen in die Augen schossen und wie sie mit einer Geste der Hoffnungslosigkeit auf die Zeitung auf dem Boden blickte.

„Oh, ich möchte sterben!" sie weinte gebrochen und schwach. "Ich will sterben!"

Ihre Worte erschreckten und verwirrten mich zugleich. Hier traf ich innerhalb weniger Stunden auf den zweiten jungen Menschen, der scheinbar lebensmüde war und bereit und entschlossen war , ihm ein Ende zu setzen.

"Was ist passiert?" fragte ich, während ich ihr noch mehr Burgunder zum Trinken hinhielt. Dann nahm ich die Nachmittagszeitung mit den Schlagzeilen zur Hand.

Sie zeigte mit unsicherem Finger auf das Papier in meinen Händen.

"Kennst du sie?" Sie fragte.

„Ja, ich kenne sie zufällig", gab ich zu.

„Kennen Sie sie schon lange?" fragte das Mädchen.

„Nur ein paar Jahre", antwortete ich. „Seit sie zum ersten Mal mit Frohman zusammen war."

Die mögliche Wahrheit blitzte in mir auf. Sie waren Schwestern. Das war das seltsame Band, das sie miteinander verband; das eine ist offen, leuchtend und opulent, das andere kaputt, verborgen und hoffnungslos.

„Kennen Sie Harriet Walter?" Ich fragte.

Sie lachte ein wenig, verloren, bitter. Ich stellte mir vor, dass der Wein ihr eher zu Kopf gestiegen war.

„Ich *bin* Harriet Walter!" war ihre etwas verblüffende Aussage.

Sie war immer noch erschüttert und krank, das konnte ich sehen. Ich nahm ihr das Burgunderglas aus der Hand. Ich wollte, dass ihr Geist klar blieb. Es gab für mich noch viel zu begreifen.

„Und sie sagen, dass sie sterben wird?" erklärte sie halb, halb fragte sie, während ihre Augen mein Gesicht suchten.

„Aber was wird es für dich bedeuten?" Ich forderte.

Sie schien es nicht gehört zu haben; also wiederholte ich die Frage.

„Es bedeutet das Ende", schluchzte sie, „das Ende von allem!"

"Aber warum?" Ich bestand darauf.

Sie bedeckte ihr Gesicht mit ihren Händen.

„Oh, das kann ich dir nicht sagen!" sie stöhnte. „Ich kann es nicht erklären."

„Aber es muss einen guten und eindeutigen Grund geben, warum der Tod dieser jungen Frau alles für Sie beenden sollte."

Das Mädchen sah sich um wie eine lebenslange Gefangene, die vor den vier leeren Wänden einer Zelle steht. Ihr Gesicht war ohne Hoffnung. Nichts als völliges Elend, völlige Verzweiflung stand darauf geschrieben.

Dann sprach sie nicht direkt zu mir, sondern eher so, als würde sie mit sich selbst sprechen.

„ *Wenn sie stirbt, sterbe ich auch!* "

Ich wollte wissen, was das bedeutete. Ich habe versucht, dem Geheimnis auf den Grund zu gehen. Aber meine Bemühungen waren nutzlos. Ich konnte dem unglücklichen Mädchen mit dem tragischen Blick nichts mehr entlocken. Und das Einzige, was ihr in diesem Moment am liebsten war, wurde mir klar, war die Einsamkeit. Also habe ich mich zurückgezogen.

Die gesamte Situation erwies sich jedoch als etwas zu viel für mich. Je länger ich darüber nachdachte, desto mehr ging es mir auf die Nerven. Also entschied ich mich für eine sofortige Kehrtwende. Ich beschloss, am anderen Ende der Leitung zu beginnen.

Mein erster Schritt war, nach dem Auto zu rufen. Latreille kam prompt, aber mit einem kultivierten Ausdruck auf seinem zynischen Mund, den ich einfach übel nehmen musste.

„St. Luke's Hospital", sagte ich ihm, als ich ins Auto stieg.

In dieser Anstalt wurden mir jedoch erneut sämtliche Informationen über den Zustand von Harriet Walter verweigert. Als ich nachdrücklicher wurde, wurde nicht einmal zugegeben, dass sich eine solche Person im Krankenhaus befände.

„Aber ich bin eine Freundin dieser jungen Dame", versuchte ich zu erklären. „Und ich habe ein Recht darauf, über ihren Zustand Bescheid zu wissen."

Der Beamte mit ruhigem Blick sah mich völlig ungerührt an.

„Diese junge Dame scheint sehr viele Freunde zu haben. Und einige von ihnen scheinen sehr eigenartig zu sein."

"Was meinst du damit?" Ich forderte. Zur Antwort deutete er auf eine Gestalt, die auf offener Straße auf und ab ging.

„Da ist noch einer dieser Freunde, der darauf bestanden hat, sie zu sehen", erklärte er mit einem besänftigenden Achselzucken.

Der uniformierte Wärter dieses karbolisierten und weißwandigen Tempels des Schmerzes muss gesehen haben, wie ich zusammenzuckte, als ich auf die langsam auf und ab gehende Gestalt blickte. Denn es war das eines jungen Mannes, der einen Velourshut trug. Es war der Jugendliche, den ich am Abend zuvor am Madison Square getroffen hatte.

„Kennen Sie zufällig den Namen dieses Mannes?" Ich fragte.

„Er gab es als Mallory – James Mallory", war die Antwort.

Ich habe keine Zeit mehr in diesen deprimierenden Mauern verschwendet. Ich war froh, auf die Straße zu gehen, an die frische Luft und in die klare Nachmittagssonne. Ich hatte mich bereits für meinen nächsten Schritt entschieden.

Ob der Mann mit dem Velourshut mich erkannte oder nicht, konnte ich nicht sagen. Wenn er es tat, ließ er sich davon nichts anmerken. Dennoch konnte ich sehen, dass es ihm übel war, dass ich ihn ansprach, auch wenn es ihn nicht überraschte, dass ich dies mit Namen tat. Erst als ich unverblümt fragte, ob er sich nach Harriet Walter erkundigt habe, zeigte sich in seinem Gesicht ein Anflug von Interesse.

Er antwortete mit ziemlicher Heftigkeit, dass er es getan habe. Ein Blick auf die unsicheren Finger und zuckenden Augenlider zeigte mir die Anspannung, unter der er kämpfte. Er tat mir wirklich leid.

„Zufällig kenne ich Miss Walter", sagte ich zu ihm, „und wenn Sie die Güte haben, in mein Auto zu steigen, kann ich Ihnen alles sagen, was Sie wissen möchten."

„Ist Ihr Name Adams?“ fragte der weißgesichtige Junge plötzlich.

„Das ist es nicht“, antwortete ich mit großer Begeisterung, denn sein Gesicht war nicht angenehm anzusehen.

„Warum kannst du mir dann sagen, was ich wissen möchte?“ fragte er und musterte mich immer noch mit offener Feindseligkeit. Ich hatte Mühe, meine Beherrschung zu bewahren. Es war ein Fall, in dem man es sich leisten konnte, nachsichtig zu sein.

„Wenn jeder von uns eine Freundin in dieser Dame hat, ist es nicht unvernünftig, dass wir selbst Freunde sein können“, sagte ich ihm. „ Also lasst uns die Spinnweben durch eine Spritztour durch die Stadt beseitigen.“

„Benzin wird meine speziellen Spinnweben nicht wegwaschen“, erwiderte er. Sein kühnes junges Gesicht hatte etwas Sympathisches, selbst unter der Wolke der Bitterkeit.

„Warum konntest du dann nicht mit mir in einem meiner sehr ruhigen Clubs essen?“ Ich empfahl. „Oder, noch besser, auf der Veranda des Clairemont, wo wir uns miteinander unterhalten können.“

Zuerst zögerte er, aber unter meinem Druck gab er nach, und wir stiegen beide ins Auto und fuhren nach Westen und dann Riverside hinauf zum Clairemont. Dort sicherte ich mir einen Ecktisch auf der Piazza mit Blick auf den Fluss. Und dort zeigte ich eine Fähigkeit, auf die ich einst stolz gewesen war, indem ich ein Abendessen bestellte, von dem ich dachte, dass es dem zutiefst unglücklichen jungen Mann, der mir gegenüber am Tisch saß, gefallen könnte. Ich konnte sehen, dass er mich immer noch hin und wieder ansah , und auf seinem schmalen jungen Gesicht waren sowohl Abscheu als auch mürrische Verwirrung zu lesen. Ich wusste, dass es keine leichte Aufgabe sein würde, sein Vertrauen zu gewinnen.

„Ich nehme an, du hältst mich für verrückt, wie die anderen?“ fragte er plötzlich. Mir fiel auf, dass er bereits seinen dritten Schluck Wein getrunken hatte.

„Warum sollte ich das denken?“

„Ich hatte genug, um verrückt zu werden!“ rief er mit diesem erbärmlichen Selbstmitleid, das den letzten Meilenstein auf dem Weg der Hoffnung markiert.

„Vielleicht könnte ich dir helfen“, schlug ich vor. „Oder vielleicht könnte ich Ihnen einen Rat geben.“

„Was nützt Ihnen ein Rat, wenn Sie gegen das antreten, gegen das ich antrete?“ war seine erbitterte Erwiderung.

Er fand offenbar Erleichterung in der Pommery . Ich empfand eine ausgleichende Erleichterung, als ich nur den Ausdruck gequälten und erbärmlichen Elends aus seinen jungen Augen sehen sah.

„Dann sagen Sie mir, wo das Problem liegt", sagte ich.

Er schüttelte immer noch den Kopf. Dann blickte er plötzlich auf.

„Wie lange kennen Sie Harriet Walter schon?" er hat gefragt.

„Aus der Zeit", erzählte ich ihm nach kurzem Nachdenken, „als sie zum ersten Mal für den Fresh Air Fund im Plaza auftrat. Das war vor etwa zwei Jahren – als sie zum ersten Mal mit Frohman zusammen war."

„Ich kenne sie seit zwanzig Jahren!" war der unerwartete Ausruf des Jugendlichen. „Wir sind zusammen im Westen aufgewachsen."

„Wo im Westen?" Ich fragte.

„In Medicine Hat – das ist eine kanadische Präriestadt."

„Aber sie ist jünger als du?"

„Nur zwei Jahre. Sie ist zweiundzwanzig; ich bin vierundzwanzig. Als sie auf die Bühne ging, änderte sie ihren Namen von Wilson in Walter."

„Dann seid ihr enge Freunde?" Ich fragte, denn ich konnte sehen, dass der Wein seine verschlossene junge Zunge gelockert hatte.

"Freunde!" er spottete. „Ich bin der Mann, den sie zu heiraten versprochen hat!"

Hier, sagte ich mir, war ein hübscher Kessel voller Fische. Ich wusste, dass der Mann vor mir nicht Adams war. Doch es waren schon mehrere Wochen vergangen, seit Harriet Walters Verlobung mit dem jungen Adams offiziell bekannt gegeben worden war. Und an der Harriet Walter, die ich gekannt hatte, war nichts Instabiles oder Räuberisches.

„Würde es Ihnen etwas ausmachen, mir zu sagen, wann sie Ihnen versprochen hat, Sie zu heiraten?" Ich fragte. „Denken Sie daran, das ist nicht neugierig. Ich versuche nur, hinter dieses Spinnennetz zu gelangen."

„Sie hat es mir vor über zwei Jahren versprochen", antwortete er mir ganz offen.

"Definitiv?" Ich bestand darauf.

„So eindeutig, wie Feder und Tinte es nur machen können. Noch bevor sie nachgab, bevor sie das Versprechen gab, hatten wir eine Art Einverständnis gehabt. Das war, bevor ich meine British Columbia dazu veranlasste, nach Westen aufzubrechen. Sie war nach Osten gekommen für die Bühne studieren. Sie hatte immer das Gefühl, dass sie eine großartige Schauspielerin sein würde. Wir alle versuchten, sie davon abzuhalten, aber sie sagte, es sei ihre Karriere. Damals, in den ersten sechs Monaten, hatte sie es schwer gehabt. Also Ich bin nach New York gekommen und wollte sie zurücknehmen, um sie aus all dem herauszuholen. Aber sie hat mich abgeschreckt. Sie wollte sich nicht geschlagen geben, wenn es um ihre Arbeit ging. Sie gab mir ihr Versprechen, aber bat um ein Jahr Zeit. Als das abgelaufen war, hatte sie ihren Hit gemacht. Dann bat sie natürlich um ein weiteres Jahr. Und in der Zwischenzeit habe ich meinen eigenen Hit gemacht – in Holzgrenzen.‘‘

„Aber hat sie die Zeit, die du ihr gegeben hast, nicht gerechtfertigt?‘‘ Ich erkundigte mich und erinnerte mich an den plötzlichen Ruhm, der sie erlangt hatte, an den Namen in der Elektrik des Broadway-Theaters, an die Lithographien in den Schaufenstern, an die Interviews in den Sonntagszeitungen.

"Gerechtfertigt!" rief der junge Mann mir gegenüber am Tisch. „Nachdem ich zwei Jahre gewartet hatte, nachdem sie mir ihr Versprechen gegeben hatte, hat sie sich umgedreht und versprochen, diesen Mann, Adams, zu heiraten!‘‘

„Und hat sie es nie erklärt?‘‘

„Erklärt? Sie wird mich nicht sehen. Sie hat mich aus ihrem Hotel verweisen lassen. Sie ist nach Narragansett gefahren. Sie hat so getan, als würde sie mich nicht einmal kennen.‘‘

Das klang ganz anders als die Harriet Walter, die ich kannte. Es schien wenig, was in der Art dieser jungen Dame mit den einfachen Augen absichtlich käuflich oder heimtückisch gewesen wäre.

"Und was hast du gemacht?" Ich fragte.

„Was könnte ich tun? Ich wartete und versuchte es noch einmal. Ich hatte das Gefühl, dass sie es erklären könnte, wenn ich sie nur von Angesicht zu Angesicht sehen könnte, damit die ganze Sache weniger wie Wahnsinn wirkt.‘‘

„Und sie würde dich nicht einmal sehen, kennst du dich?‘‘

„Nicht ein einziges Mal. Irgendetwas hat sie gegen mich aufgebracht, etwas hat sie verändert. Sie war noch nie so jemand – nie!‘‘

„Und Sie bestehen darauf, dass das alles ohne Sinn und Zweck ist?‘‘

„Ohne ein Jota eines Grundes. Das machte es so hoffnungslos. Und als ich gestern Abend von diesem Unfall hörte , steckte ich meinen Stolz in die Tasche und versuchte es noch einmal. Es war noch einmal dasselbe. Sie schien mich für zu halten Ich hatte dort oben im Krankenhaus eine Verrücktheit oder eine Art Paranoia . Und dann gab ich auf. Ich hatte das Gefühl, dass ich fast am Ende meiner Kräfte angelangt war. Ich dachte ganz ruhig darüber nach und beschloss, alles zu beenden. I Ich bin die halbe Nacht durch die Straßen gelaufen, dann habe ich mich hingesetzt und beschlossen, mir das Gehirn rauszublasen. Aber ich konnte es nicht. Ich war zu feige. Ich hatte nicht den Mut."

„Das wäre sehr dumm gewesen", war meine unangemessene Antwort, denn plötzlich kehrten meine Gedanken zurück zur Nacht zuvor und zu der Szene auf dem Platz.

„Nun, was hättest du getan?" war die prompte und bittere Herausforderung der unglücklichen Jugend, vor der ich stand.

Ich dachte einen Moment nach, bevor ich versuchte, ihm zu antworten.

„Nun", zögerte ich, „ich hätte versucht, dem Geheimnis auf den Grund zu gehen. Ich hätte mir Mühe gegeben, den Grund dafür herauszufinden; denn alles scheint einen Grund zu haben, wissen Sie."

Wieder hörte ich, wie er seinen lustlosen, kleinen Spott über sein Elend ausstieß.

„Es gibt keinen Grund", erklärte er.

„Das muss es geben", beharrte ich.

„Dann zeig mir, wo oder was es ist", forderte er.

„Das werde ich", sagte ich mit plötzlicher Überzeugung. „Für all das gibt es einen Grund, und ich werde ihn herausfinden!"

Er musterte mein Gesicht mit seinen müden und unglücklichen jungen Augen, während ich dort saß und versuchte, die Ränder der beiden zerbrochenen Geschichten zusammenzufügen. Es war nicht einfach: Es war, als würde man versuchen, eine zerbrochene Vase mit Cloisonné-Arbeit wieder zusammenzusetzen.

„Und wie wirst du es herausfinden?" er erkundigte sich lustlos.

Anstatt ihm zu antworten, blickte ich auf, richtete meinen Blick auf ihn und stellte eine weitere Frage.

„Sag mir Folgendes: Wenn es einen Grund gibt, liegt sie dir immer noch am Herzen?"

Er ärgerte sich über die Frage, da ich befürchtet hatte , dass er es tun würde.

„Welche Bedenken haben Sie?"

„Wenn das alles ein Fehler ist, wird es dich beunruhigen", sagte ich ihm.

Er saß ein oder zwei Minuten lang in toten Schweigen da.

„Ich habe mich immer um sie gekümmert", sagte er und ich wusste, was seine Antwort sein würde, bevor er sprach. „Aber es nützt nichts. Es ist alles vorbei. Es ist vorbei und erledigt. Da ist nicht einmal ein Fehler dabei."

„Das muss es geben. Und ich werde herausfinden, wo und was es ist."

„Und wie willst du das herausfinden?" wiederholte er.

„Kommen Sie mit", rief ich ein wenig anmaßend, ein wenig aufgeregt, „und heute Abend um zehn Uhr werde ich Ihren Grund für Sie haben!"

Meine spontane Begeisterung war von kürzerer Dauer, als ich erwartet hatte. Das Kribbeln und die weinartige Wärme verschwanden bald. Als wir draußen in der kühlen Nachtluft waren, setzte eine Reaktion ein. Und in dieser Reaktion begann ich Schwierigkeiten zu erkennen und Zweifel und Bedenken zu äußern.

Der Verdacht beschlich mich, dass ich vielleicht doch mit einem Mann gesprochen hatte, der einen leicht unausgeglichenen Geist hatte. Ich wusste, dass Wahnvorstellungen wie er keine Seltenheit waren. Es gab viele liebenswürdige Spinner, die von ihrer einstigen engen Verbindung mit den Großen fest überzeugt waren und fest davon überzeugt waren, dass sie die unterdrückten und unerkannten Freunde der Auserwählten der Erde seien.

Doch damit war die Rechnung nicht ganz erfüllt; es konnte nicht alles wegerklären. Es blieb immer noch das Rätsel um das Mädchen im Wohnhaus in der 24. Straße. Es blieb immer noch das Rätsel, dass zwei Personen behaupteten, Harriet Walter zu sein.

Auf dem Weg dorthin kam mir eine Idee. Das veranlasste mich, für ein oder zwei Minuten in meinem Club einzuspringen und Mallory im Auto zu lassen. Dann huschte ich zurück in den Lesesaal, nahm ein „ *Who is Who on the Stage* " *aus dem Regal* und schlug den Namen Harriet Walter auf.

Dort las ich zu meinem Unbehagen, dass Harriet Walters Familienname als „Kellock" eingetragen war und dass statt ihrer Herkunft als Kanadierin, die in der westlichen Stadt Medicine Hat geboren und aufgewachsen war, wie die junge Mallory behauptet hatte, ihr Geburtsort eingetragen war als Lansing, Michigan. Sie war am Gilder Seminary in Boston ausgebildet worden und hatte später ein Jahr an der Wheatley Dramatic School in New York studiert. Von da an war sie auf die Bühne gegangen, hatte kleine Rollen übernommen, konnte ihr Management aber schon bald davon überzeugen, dass sie zu Besserem fähig war. In etwas mehr als einem Jahr wurde sie zum Star der *Broken Ties*- Produktion.

Die Beamten von St. Luke hatten sich schließlich nicht so sehr geirrt. Der junge Mann mit der Veloursmütze war offensichtlich nicht auf seinem Einkaufswagen.

Für eine Umkehr war es jedoch zu spät. Und es gab noch das andere Ende des Geheimnisses zu lüften. Also führte ich den jungen Mallory die muffige Treppe hinauf zu meinem Zimmer im dritten Stock und setzte ihn mit einer Zigarre und einer Zeitschrift zwischen die vier kahlen und deprimierenden Wände mit ihrem schwefelfarbenen Papier. Dann trat ich nach draußen und schloss vorsichtig die Tür hinter mir. Dann durchquerte ich den Flur zum Mädchenzimmer und klopfte.

Da keine Antwort kam, öffnete ich die Tür und schaute hinein. Der Raum war leer. Ein Gefühl der Frustration, der Niederlage, der Hilflosigkeit erfasste mich. Darauf folgte ein Gefühl der Besorgnis, der Eindruck, dass ich vielleicht doch zu spät komme.

Ich durchquerte den Raum mit einer plötzlichen Vorahnung des Bösen. Dann machte ich das Licht an und zog die oberste Schublade der mit Chintz bezogenen Kommode auf. Da lag mein Geldschein. Und daneben bemerkte ich erleichtert, dass immer noch der Revolver lag.

Ich nahm die Waffe, betrachtete sie und überlegte, ob ich sie entladen sollte oder nicht. Ich hielt es immer noch in meiner Hand und starrte darauf, als ich das Knarren der Tür hinter mir hörte. Es folgte ein plötzliches und deutlich hörbares Aufkeuchen der Angst.

Es war die Besitzerin des Zimmers selbst, wie ich sofort sah, als ich mich umdrehte. Zu diesem Zeitpunkt war in ihren Augen nicht mehr so viel Schrecken, sondern pure Überraschung zu erkennen.

"Was machst du hier?" fragte sie mit einem Zittern der Verwirrung.

„Das werde ich beantworten, wenn du eine meiner Fragen beantwortest", zögerte ich, während ich den Revolver vor ihr hielt. "Woher hast du das?"

Sie sprach ein oder zwei Sekunden lang nicht.

„Warum spionierst du mir so hinterher?" sie forderte plötzlich. Sie ließ sich auf einen Stuhl sinken und zog nervös an ihren abgenutzten Handschuhen.

„Du bestehst darauf, es zu wissen?" Ich fragte.

„Ich habe ein Recht darauf, es zu wissen."

„Weil du nicht Harriet Walter bist", war die Antwort, die ich ihr wie eine Kugel schickte.

Sie blickte mich an. Auf ihrem Gesicht war weder Wut noch Groll zu erkennen. Alles, was ich sehen konnte, war völlige Müdigkeit, völlige Tragödie.

„Ich weiß", sagte sie. Sie sprach sehr leise. Etwas in ihrer Stimme löste in mir einen Stich des Mitleids aus.

„Ich versuche nur, dir zu helfen", sagte ich ihr. „Ich möchte nur dieses wahnsinnige Durcheinander aufklären."

„Das geht nicht", sagte sie ganz schlicht. "Es ist zu spät."

"Es ist nicht zu spät!" Ich habe blind darauf bestanden.

"Was weißt du darüber?" war ihre lustlose und müde Erwiderung.

„Ich weiß mehr darüber, als Sie sich vorstellen", war meine Antwort. „Ich weiß, woher dieser Revolver kam, wann und wo Sie ihn aufgehoben haben und wie nah Sie daran gekommen sind, ihn zu benutzen."

Sie bedeckte ihr Gesicht mit ihren Händen. Dann ließ sie sie mit einer Geste der Hoffnungslosigkeit auf ihre Seite fallen.

„Oh, jetzt werden sie es alle wissen!" sie stöhnte. „Ich wusste, dass es eines Tages kommen würde. Und ich habe nicht die Kraft, mich dem zu stellen – ich habe nicht die Kraft!"

In gewisser Weise hatte ich das Gefühl, dass dieser Moment ein Höhepunkt war.

„Aber wie hat es angefangen?" fragte ich sanfter, während ich auf den zerbrechlichen und mädchenhaften Körper hinabblickte, der zusammengekauert auf dem Stuhl saß.

„Es begann vor zwei Jahren", fuhr sie in ihrem müden und kehlig monotonen Ton fort. „Es begann, als ich sah, dass ich ein Versager war, als mir klar wurde, dass alles nutzlos war, dass ich einen Fehler gemacht hatte."

"Welcher Fehler?" fragte ich, immer noch im Dunkeln.

„Der Fehler, dem ich mich nicht stellen konnte. Ich dachte, es wäre das Leben, für das ich geschaffen war, das sie zu Hause nie verstanden hätten. Selbst *er* konnte es nicht verstehen, dachte ich. Dann ließen sie mich kommen. Ich arbeitete." , oh, so schwer! Und als ich die Schule verließ, konnte ich nur einen Platz im Refrain bekommen. Ich schämte mich, es ihnen zu sagen. Ich tat so, als hätte ich eine Rolle, eine echte Rolle. Er argumentierte immer wieder, dass ich sie geben sollte Er forderte mich immer wieder auf, zurückzukommen. Ich war nicht mutig genug, meine Niederlage einzugestehen. Ich glaubte immer noch, dass meine Chance kommen würde; ich bat immer wieder um mehr Zeit."

"Und dann?" Ich habe dazu aufgefordert.

„Dann konnte ich nicht einmal bei der Arbeit bleiben, die ich hatte. Es wurde unmöglich; ich kann Ihnen nicht sagen, warum. Dann habe ich alles getan, von zusätzlicher Arbeit mit bewegten Bildern bis hin zum Vorlesen in den Kursen der Stadtbibliothek. Aber ich habe trotzdem weitergemacht." zu den Agenturen, zu den Broadway-Büros, um eine Rolle zu bekommen. Und die Dinge zogen sich immer weiter hin. Und dann tat ich das, diese schreckliche Sache."

„Was für eine schreckliche Sache?" fragte ich und versuchte, die immer wiederkehrenden Brüche in ihren Gedanken zu überbrücken. Aber sie ignorierte die Unterbrechung.

„Wir hatten zusammen in den gleichen Klassen an der Wheatley School studiert. Und die Leute hatten gesagt, wir sahen uns ähnlich. Aber sie wurde für dieses Leben geboren, für den Erfolg. Während ich Schritt für Schritt nach unten ging, ging sie nach oben schrieb mir, dass ich wohl berühmt werde, denn er hatte mein Bild auf einem Magazincover gesehen. Es gehörte ihr. Ich tat so, als wäre es meins. Ich tat so, als würde ich die Dinge tun, die sie tat. Ich ließ sie glauben, ich würde es tun nahm einen neuen Namen an, einen Künstlernamen. Ich schickte ihnen Papiere, die von ihrem Erfolg berichteten. Ich wurde ein Betrüger, ein Betrüger, eine lebende Lüge – ich *wurde Harriet Walter!"*

Endlich war das Licht gekommen. Ich habe alles blitzschnell gesehen. Plötzlich wurde mir die Verwirrung und Tiefe des menschlichen Lebens bewusst. Ich fühlte mich von einem plötzlichen Mitleid mit diesen beiden gefesselten und unglücklichen Geistern erschüttert, die in diesem Moment so nah beieinander waren und doch so töricht und pervers auf ihren maulwurfsähnlichen Spuren tappen.

Ich dachte immer noch an die Ironie des Ganzen, an die beiden zerbrochenen und einsamen jungen Leben, selbst in diesem Moment unter demselben Dach, erdrückt unter der Last ihres ungesehenen und verständnislosen Elends, als das Mädchen auf dem Stuhl wieder zu sprechen begann.

„Es war schrecklich", fuhr sie fort, in ihrem leidenschaftlichen Entschluss, ihre Seele von der ganzen zersetzenden Seuche zu reinigen. „Ich habe nicht geträumt, wohin es führen würde, was es bewirken würde. Ich fürchtete mich vor jedem Annäherungsversuch, den sie machte. Es war keine Eifersucht, es war mehr als das; es war Angst, Schrecken. Sie schien sich von mir zu ernähren, Tag für Tag, Monat für Monat. Ich wusste die ganze Zeit, je höher sie kam, desto tiefer musste ich sinken. Und jetzt hat sie mir auf andere Weise alles genommen. Alles genommen, ohne es zu wissen!"

„Nein, da liegst du falsch", sagte ich. „Sie hat nicht alles genommen."

„Was bleibt übrig?" war ihre verzweifelte Frage.

„Das Leben – dein ganzes wirkliches Leben. Das war eine Art Albtraum, aber jetzt ist es vorbei. Jetzt kannst du zurückgehen und noch einmal von vorne beginnen."

"Es ist zu spät!" Sie verschränkte hoffnungslos ihre dünnen Hände. „Und es gibt niemanden, zu dem man gehen kann."

„ *Da ist Mallory* ", sagte ich und wartete darauf, dass sie zusammenzuckte, als ihr der Name zu Ohren drang. Aber ich habe keine gesehen.

„Nein", rief sie, „er würde mich hassen und verachten."

„Aber er liegt dir immer noch am Herzen?" Ich forderte.

„Ich brauche ihn", gab sie schluchzend zu. „Ja – ja, ich habe mich immer um ihn gekümmert. Aber er würde es nie verstehen. Er würde mir nie vergeben. Er hat sich von mir entfernt."

„Er wartet auf dich", sagte ich.

Ich stand einen Moment da und betrachtete die gebeugte Gestalt. Dann schlüpfte ich aus dem Zimmer.

Ich trat durch meine eigene Tür ein und schloss sie hinter mir. Der junge Mallory drehte sich mit seiner Uhr in der Hand vom Fenster um und sah mich an.

„Nun, es ist zehn Uhr – und noch ist nichts geklärt!"

„Es ist geklärt", war meine Antwort.

Ich führte ihn durch den ruhigen Flur in das halberleuchtete Hinterzimmer.

Ich sah seine erschrockene und tastende Bewegung. Dann hörte ich seinen Schrei „ Harrie !" und ihr Antwortschrei „Jamie", als das weiße Gesicht mit seinem Hunger und seiner Freude zu ihm aufblickte.

Dann trat ich leise nach draußen, schloss die Tür und ließ sie in Ruhe. Von diesem Moment an war ich ein Außenseiter, ein Eindringling. Mein Teil war vorbei und erledigt. Aber der Anblick dieser beiden jungen Menschen, die einander in den Armen lagen, ließ meine Gedanken wieder zu Mary

Lockwood und dem Glück zurückkehren, das ich in meinem eigenen Leben verloren hatte. Und ich habe in dieser Nacht nicht so gut geschlafen, wie ich gehofft hatte.

KAPITEL VI

Der untadelige Butler

„Warten Sie auf jemanden , Sir?"

Diese Frage war trotz ihres respektvollen Anscheins nur allzu offensichtlich eine abweisende Botschaft. Und ich ärgerte mich darüber, nicht nur, weil es eine Unverschämtheit war, sondern vor allem, weil es aus meinem schläfrigen Gehirn ein sehr schönes Bild von Mary Lockwood verdrängt hatte, wie sie sich über eine alte italienische Tischdecke beugte, die mit Goldgallonen bestickt war.

"Wartest du auf jemanden ?" wiederholte der neu angekommene Kellner, der die ganze Nacht über gearbeitet hatte, und war von meinem Schweigen überhaupt nicht beeindruckt.

„Das bin ich", verkündete ich, als ich ihn mit offener Missbilligung musterte. Ich habe mich verträumt gefragt, warum, im Namen des gesunden Menschenverstandes, Kellner immer so lächerliche und undekorative Krawatten tragen.

Dieser spezielle Kellner betrachtete mich jedoch weiterhin mit einem fischigen und zynischen Blick. Dann schaute er auf die Uhr. Dann blickte er auf meinen leeren Weinkühler, offensichtlich ein Zeichen dafür, dass die Zirkulation der einzigen Flüssigkeit, die ihm lebenswichtig erschien, unterbrochen war.

„War es eine Dame?" er hatte die Unverschämtheit, nachzufragen.

Ich konnte sehen, wie seine Augen durch den fast leeren Raum wanderten. Es war die schwache Stunde, in der ein Straßenbahnwagen ein Ereignis entlang der leeren Straße ist, die Stunde, in der Stühle auf Cafétischen gestapelt sind, die weißen Blutkörperchen der Milchwagen beginnen, sich durch die verschlafenen Arterien der Stadt zu bewegen, und diese bekannten stählernen Nerven während Telegraphendrähte mit dem zuckersüßen Nervenkitzel ihrer Nachtbriefe träge wach bleiben.

„Ja, es war eine Dame", antwortete ich. Dieser Eindringling mit den wandäugigen Augen wusste nichts von dem himmlischen Abendessen, über das ich in diesem bösen französischen Restaurant gestolpert war, oder von dem feinen und festen *Clos Vougeot* , der aus seinem schäbigen Keller ausgegraben worden war, oder von meinem eigenen Seelenfrieden, als ich dort saß und lernte den leeren Metallkühler und darüber nachgedacht, wie die schäbigen und schäbigen Wüsten der Champagne ein Sekret hervorbringen könnten, das so reich an singenden ätherischen Substanzen ist.

„Ähm – wie könnte sie aussehen, Sir?" Als nächstes fragte mein Peiniger mich und blinzelte in lockerer und weitgehend nachsichtiger Sachlichkeit umher, als sei er auf der Suche nach einer gefiederten und ungeduldigen Demirep, die auf ihre Chance wartete, auf der sorglosen Flut der Trunkenheit die Grenze der Bekanntschaft zu überschreiten .

„Sie bewegt sich sehr, sehr leise und hat einen Stern im Haar", antwortete ich dem Kellner mit den Fischaugen. „Ihr Atem ist sanft und feucht, und ihre Stirn ist gerunzelt. Und in ihren Händen trägt sie einen Strauß Mohnblumen."

Der Kellner blickte auf mich herab mit jenem unpersönlichen, milden Mitleid, mit dem es für Männer üblich ist , harmlose Verrückte zu betrachten.

„Sicherlich", sagte ich mit einem unterdrückten Gähnen, „sicherlich hast du sie getroffen? Sicherlich warst du dir dieser sanften und schattigen Augen bewusst, die in deine blickten, als du in ihren Armen verschmolz?"

„Ganz recht, Sir", gab mein wandäugiger Freund unbehaglich zu. Dann wurde mir klar, dass er mich aufweckte. Ich fürchtete, seine verheerende Invasion könnte den ängstlichen Geist verscheuchen, um den ich so eifrig geworben hatte wie ein Angler, der seine erste Forelle sucht. Eine lange Stunde lang hatte ich mit vollem Körper und leerem Kopf dagesessen und den Schlaf so kunstvoll und mühsam verfolgt, wie ein Jäger jemals ein Reh verfolgte. Und ich wusste, dass die Jagd zu Ende sein würde, wenn ich diesen Ort verließe, zumindest für diese Nacht.

„Aber das Seltsame an ihr", erklärte ich träge, „ist, dass sie nur denen aus dem Weg geht, die sie suchen In diesem Moment ist sie dabei, sich mit diesen unbeschreiblichen Augen über mich zu beugen, wenn ich nur auf den goldenen Moment warte. Und so, mein lieber Herr, wenn Sie dies als eine kleine Belohnung für Ihre Mühe betrachten und diesen äußerst schmutzigen Blick verbergen würden Wenn Sie den Diwan in dieser überaus anrüchig aussehenden Nische mit einer sauberen Tischdecke ausstatten und dann den Vorhang zuziehen, der ihn offenbar in eine *Chambre Particuliere* verwandeln soll , geben Sie mir die Chance, mit einem Engel der Güte umzugehen, der schöner ist als jeder bösartige Kopf Das hat jemals seinen verblassten Plüsch beschmutzt. Und wenn ich ununterbrochen gelassen werde, bis du morgens gehst, wird deine Belohnung verdoppelt.

Als er auf den Schein in seiner Hand blickte, verriet sein verwirrtes Gesicht, dass, wenn es sich tatsächlich um Wahnsinn handelte, darin eine nicht abstoßende Methode steckte.

Also machte er sich halb benommen daran, den nicht allzu sauberen Diwan mit einer Tischdecke zu bedecken, sodass er tatsächlich unangenehm wie eine Bahre aussah. Dann trug er meinen Hut, meine Handschuhe und meinen Mantel zu einem Stuhl am Fußende des Diwans. Dann nahm er mich fest und fürsorglich am Arm.

Sein Gesicht, als ich ohne zu taumeln oder zu taumeln in diese schäbige kleine Stille, abgeschirmt vom Rest der Welt, ging, war eine Studie des Erstaunens. Es war offensichtlich, dass ich ihn verwirrte. Während er die Portièren zog, warf er sogar einen zweiten, verwunderten Blick zurück auf den Diwan . Dann brachte er, wenn ich mich nicht irre, das einzige erklärende und eigenständige Wort von sich: „Nadelpumper".

Ein paar Minuten später hörte ich, wie er auf Zehenspitzen hereinkam und meine Beine anständig mit dem Mantel vom Stuhl bedeckte. Ich sagte nichts, denn über mir zu beugen war eine seltenere und süßere Präsenz, und ich wollte kein Geräusch oder keine Bewegung, die sie abschrecken könnte. Wann ihre Hand meine berührte, kann ich nicht sagen. Aber ich fiel in einen tiefen und natürlichen Schlaf und träumte, ich würde von einem Kellner mit schillernden Augen und Flügeln wie ein Schmetterling durch sizilianische Orangenhaine getragen.

Dann veränderte sich die Szene, wie es bei Szenen in Träumen üblich ist. Ich schien der Mittelpunkt einer unterirdischen Straßenräuberkonferenz zu sein, deren Vorsitz Latreille selbst innehatte. Dann wechselten und veränderten sich die Stimmen, sie traten zurück und rückten vor. Es schien mir, als würde ich diesen Pufferzustand durchfädeln, der zwischen den beiden Reichen Schlaf und Wachheit liegt, den Pufferzustand, der keine klaren Umrisse hat und sich wie ein Rüsselkäfer zwischen sich ständig verändernden Grenzen windet.

„Wo ist Sir Enery ", sagte eine Stimme von einem Berggipfel. Dann umschwirrte mich als Antwort ein Stimmengemurmel wie Bienen, nur ein oder zwei verständliche Worte schienen das Gefüge meiner Vorstellungen zu verstärken, so wie Eisenstangen Betonwände verstärken. Und ich lag weiterhin in dieser angenehmen Grenzlandstarre da, die weder Wachheit noch Schlaf ist. Ich schien weiterzudösen, in keiner Weise beunruhigt von dem unterbrochenen Summen der Gespräche, das durch mein Gehirn flackerte und schwankte.

„Warum kann Sir Henry dann nicht an dem Auftrag in Belmont arbeiten?" fragte eine der Stimmen.

„Ich habe es Ihnen bereits gesagt, Sir Henry ist gefesselt", antwortete eine andere Stimme.

"Was machen?" fragte die erste Stimme.

„Er bereitet sein Werk auf den Putsch von Van Tuyl vor ", lautete die Antwort.

„Welcher Van Tuyl ?"

„Oben in der Seventy-Third Street. Er hat sie fest im Griff."

„Und außerdem", unterbrach ihn eine dritte Stimme, „wird er keinen Suppenkarton mehr anfassen, seit er diesen Safe-Keil im Handgelenk hat. Das hat ihm irgendwie die Nerven für die Nitro-Arbeit geraubt."

„Ach, du konntest diesem Kerl nicht die Nerven brechen!"

„Nun, er weiß sowieso, dass er markiert ist."

Dann kam eine Pause, gefolgt vom Kratzen eines Streichholzes und erneutem Stimmengemurmel.

„Wie ist er da oben durch die Seile gekommen ?" fragte eine dieser Stimmen.

„Derselbe alte Weg. Butlering . Turk McMeekin hat ihm ein halbes Dutzend Londoner Empfehlungen gegeben. Dadurch hat er in Morristown angefangen, beim Whippeny Club. Dann hat er den Job in Herresford übernommen . Aber er hat einen Pfirsich mit dieser Van- Tuyl- Gang. Sie ließen ihn jede Nacht einsperren – Silber und alles – und die Schlüssel mit ins Bett nehmen!"

„Es liegt an Sir ' Enery , sie zum Träumen zu bringen , dass er der Echte ist", murmelte eine andere Stimme.

"Sicher!" antwortete noch eine andere Stimme, die weit entfernt schien.

Dann wurde das Murmeln zu einem Murmeln und das Murmeln zu einem Dröhnen. Und das Dröhnen wurde zu einem Seufzen von Birkenwipfeln, und ich schlich Big-Horn über Berggipfel voller *Café Parfait* , wo ein pompöser englischer Butler am Rande jedes zweiten Abgrunds *Pêches Melba servierte.*

Als ich aufwachte, war es heller Tag und mein Kellner mit den wandäugigen Augen wartete auf seine zweite Rechnung. Und mir fiel ein, dass ich Benson anrufen sollte, damit er den Kaffee fertig hatte, wenn ich durch die milde Novemberluft nach Hause ging.

Zwei Stunden später kam mir die erste Erinnerung an diese murmelnden Mitternachtsstimmen zurück. Die Worte, die ich gehört hatte, schienen in meinem Kopf vergraben zu sein wie Samen im Boden. Dann tauchte hier und da ein grüner Trieb des Misstrauens auf. Je mehr ich darüber nachdachte, desto verstörter wurde ich. Dennoch warnte ich mich selbst, dass ich mir bei nichts sicher sein konnte. Die einzige Greifbarkeit war das wiederholte Wort „Van Tuyl ". Und es gab zumindest etwas, auf das ich meine Aufmerksamkeit richten konnte.

Ich ging zum Telefon und rief Beatrice Van Tuyl an . Jahre zuvor hatten wir gemeinsam Wasserball gespielt und Catboat auf dem Sound gefahren. Als ich die fröhliche Stimme dieser jungen Oberin über das Telefonkabel hörte, wurde mir klar, dass ich meine Schritte mit Bedacht wählen musste.

„Ich sage, Beatrice, brauchen Sie möglicherweise einen Butler?" Ich begann so spontan, wie ich konnte.

„Nicht am richtigen Ort, Witter, mein Lieber?" war die lachende Frage, die mir einfiel.

„Nein, das bin ich nicht, aber ich kenne einen guten Mann", war meine verlogene Antwort. „Und ich dachte eher –"

„Mein lieber Witter", sagte die Stimme über das Kabel, „wir haben hier oben ein *Juwel* von einem Mann. Er ist Engländer, wissen Sie seine Beine, um zu sehen, ob er wirklich nicht versteinert ist.

"Wie heißt er?"

„Genau das, was es sein sollte – der passendste Name von Wilkins."

„Wie lange hast du ihn schon?"

„Oh, Wochen und Wochen!" Nur ein New Yorker Hausbesitzer konnte den triumphalen Ton dieser Erwiderung verstehen.

„Und du bist dir in jeder Hinsicht sicher?"

„ Selbstverständlich sind wir von ihm überzeugt. Er war ein Gibraltar der Zuverlässigkeit."

„Woher hast du ihn?"

„Aus Morristown. Er war dort draußen im Whippeny Club, bevor er zu uns kam."

„Der Whippeny Club!" Ich weinte, denn der Name traf wie eine Kugel das Metall der Erinnerung.

„Glauben Sie nicht", sagte die Stimme über das Kabel, „dass Sie heute Abend besser zum Abendessen kommen und das Paragon aus nächster Nähe inspizieren sollten? Und zwischendurch könnten Sie ein wenig mit uns reden."

„Das würde ich gerne tun", war meine sehr prompte Antwort.

„Dann tun Sie es", sagte Beatrice Van Tuyl . „Kurz nach sieben."

Und kurz nach sieben klingelte ich ordnungsgemäß an der Tür der Van Tuyls und wurde ordnungsgemäß in dieses ordentliche und gut ausgestattete Haus in der 73. Straße eingelassen, das so wie tausend andere ordentliche und gut ausgestattete New Yorker Häuser hinter ihren unveränderlichen Masken verborgen war aus Braun und Grau.

Dennoch konnte ich nicht umhin, die Verletzlichkeit dieses scheinbar gut bewachten Zuhauses zu spüren. Trotz all seiner Mauern aus Stein und Ziegeln, trotz all der Stahlgitter, die seine Fenster bedeckten, und trotz des schweren Rollwerks, das seine Glastür schützte, blieb es ein Ort, der reichlich zur Plünderung bereit war. Seine Solidität war meiner Meinung nach nur ein Hohn. Es ließ mich an eine Festung denken, die heimlich vermint worden war. Die Bewohner schienen in falscher Sicherheit zu aalen. Die Instrumente, die zur Gewährleistung der Sicherheit dienten, waren tatsächlich eine Bedrohung. Die Dienstmaschinerie, die ihre klösterliche Ruhe ermöglichte , war der Faktor für ihre Störung.

Als ich Hut und Mantel ablegte und in den zweiten Stock hinaufstieg, wo ich so viele beschaulich-glückliche Stunden erlebt hatte, fühlte ich mich ausnahmsweise von der blumenreichen Atmosphäre beunruhigt. Ich wurde von einem neuen und beunruhigenden Verantwortungsgefühl bedrückt. Es würde keine leichte Sache sein, begann ich zu erkennen, in diesem Fürstentum der fast arroganten Zurückhaltung eine Bombe der Meinungsverschiedenheit platzen zu lassen. Es wäre kein Scherz, die reibungslose Routine zu verfälschen, mit der sich der städtische Reichtum so eifersüchtig umgibt.

Plötzlich fiel mir ein, dass es nichts gab, worüber ich positiv sein konnte, nichts, auf das ich mich mit Sicherheit verlassen konnte. Und meine innere Unruhe wurde noch verstärkt durch den ruhigen und fröhlich zufriedenen Blick, den Beatrice Van Tuyl auf mich richtete.

„Und was ist das für ein Geheimnis um unseren Mann Wilkins?“ sie fragte mich mit der Unmittelbarkeit ihres Geschlechts.

„Darf ich diese Frage nicht etwas später am Abend beantworten?“

„Aber, mein lieber Witter, das ist kaum fair!“ sie protestierte, während sie ihrem Mann ein brennendes Streichholz für die Zigarette hielt. „Wissen Sie, ich glaube tatsächlich, dass Sie jemanden entdeckt haben , durch den Sie Wilkins ersetzen möchten.“

"Bitte-"

„Oder hat er irgendwann einmal Suppe über dich verschüttet, als wir es nicht gesehen haben?“

„Ich kann mir vorstellen, dass er seinerzeit ein bisschen Suppe verschüttet hat", antwortete ich und erinnerte mich daran, was ich über den sicheren Keil gehört hatte. Und während ich sprach, wurde mir klar, dass meine einzige Hoffnung in der Möglichkeit lag, einen Blick auf die Spuren zu erhaschen, die dieser Keil hinterlassen hatte – wenn sich meine ganze Sandkette aus Zufällen tatsächlich nicht wieder in die Belanglosigkeiten des Traumlandes aufspaltete.

„Sie können mein Vertrauen in Wilkins nicht erschüttern", sagte die blauäugige Frau im blauen Seidenabendkleid, als sie sich in einem weich gepolsterten Bibliotheksstuhl mit schützenden Armlehnen zurücklehnte, der plötzlich zum Symbol für ihre ganze Geborgenheit und Polsterung wurde Leben. „Jim, sag Witter, was für ein Juwel Wilkins wirklich ist."

Jim, dessen Gedanken neben der humorvollen Kolonne seiner Frau ein schweres Gefecht waren, ließ die Angelegenheit feierlich in Gedanken durchgehen.

„Er ist ein bemerkenswert guter Mann", gab der beharrliche und levitische Jim zu, „bemerkenswert gut."

„Und Sie haben ihn selbst immer wieder gesehen", stimmte seine Frau zu.

„Aber ich habe mich nie besonders für Dienstboten interessiert, wissen Sie", war meine selbstverteidigende Erwiderung.

„Warum stellen Sie dann angesichts der unsterblichen Ironien meinen Butler unter die Lupe?" war der Gegenschuss, der von der fliegenden Kolonne kam. Die säuerliche Süße dieses Angriffs versetzte mich sogar in eine Kehrtwende.

„Schau her", forderte ich plötzlich, „hat einer von euch in letzter Zeit hier etwas Wertvolles verpasst?"

Die beiden starrten einander einen Moment lang verblüfft an.

„Natürlich nicht", erwiderte die Frau im Abendkleid. "Kein Ding!"

„Und du weißt, dass alles intakt ist, all dein Schmuck, dein Teller, deine Taschenbücher, die Kleinigkeiten, die ein Hinterhältiger vielleicht als lohnenswert ansehen würde, sie aufzusammeln?"

„ Natürlich haben wir das. Und ich kann es Ihnen nicht einmal übel nehmen, dass Sie meine Handtasche mit den Schmuckstücken darin verstauen."

„Aber sind Sie sich dessen sicher? Könnten Sie es sofort überprüfen?"

„Mein lieber Witter, das wäre nicht nötig. Ich meine, wir tun es jeden Tag unseres Lebens. Es ist instinktiv; es ist genauso eine Gewohnheit, wie Motten aus den Schränken und Spinnweben aus den Ecken fernzuhalten."

„Warum fragst du das alles?" forderte die schwere Artillerie.

„Ja, was macht dich plötzlich zum Wächter von Holmes?" wiederholte die fliegende Brigade.

Wieder einmal wurde mir klar, dass es nicht einfach sein würde, Menschen, die einem am Herzen liegen, davon zu überzeugen, dass sie auf einem Vulkan schlafen könnten. Eine solche Andeutung birgt sowohl Gefahren als auch Verantwortung. Mein früheres Gefühl der Freude an einem Wissen, an dem andere nicht beteiligt waren , verschmolz allmählich mit dem Bewusstsein einer unangenehmen Aufgabe, die sich sowohl in ihren Merkmalen als auch in ihrem *Ende als unangenehm erweisen würde* .

„Ich frage das alles", antwortete ich, „weil ich guten Grund zu der Annahme habe, dass dieser Paragon, den Sie Wilkins nennen, nicht nur ein Krimineller ist, sondern aus kriminellen Gründen in dieses Haus gekommen ist."

„Zu welchen kriminellen Zwecken?"

„Um es auszurauben."

Beatrice Van Tuyl sah mich mit ihren weit geöffneten azurblauen Augen an. Dann brach sie plötzlich in goldenes und flüssiges Lachen über. „Oh, Witter, du bist wundervoll!"

„Welche Beweise haben Sie dafür?" forderte Jim.

„Von meiner Schönheit?" Ich erkundigte mich, denn Jim Van Tuyls Solidität war ebenso provozierend wie die des Schmiedeambosses, an dem der Müßiggänger nicht vorbeikommen kann, ohne mindestens ein oder zwei Hammerschläge zu machen. Und doch war es diese Solidität, das wusste ich, die ihn zum sichersten Finanzier und klügsten Investor machte.

„Nein", erwiderte er, „Beweise dafür, dass Wilkins aus anderen als ehrlichen Gründen hier ist."

„Ich habe keine Beweise", musste ich gestehen.

„Welche Beweise haben Sie dann?"

„Ich habe noch nicht einmal Beweise dafür. Aber ich rühre so etwas nicht ohne guten Grund."

"Hoffentlich nicht!" erwiderte Jim.

„Mein lieber Witter, im Alter wirst du tatsächlich wählerisch", sagte die lachende Frau. Es war nur die feierliche Miene ihres Mannes, die sie ernüchternd zu machen schien. „Siehst du nicht, dass das absurd ist? Wir sind alle hier, gesund und munter, und wir wurden nicht ausgeraubt."

„Aber was ich wissen möchte", fuhr die schwerere Artillerie fort, „sind Ihre Gründe. Es scheint nur richtig, dass wir nachfragen, was Sie an Beweisen haben."

„Was ich habe, würde nicht als Beweismittel zugelassen werden", gestand ich.

Er warf seine Zigarette weg. Es bedeutete so viel, als würde er die Hände hochwerfen.

„Was erwarten Sie dann von uns?"

„Ich erwarte nicht, dass Sie irgendetwas tun. Ich bitte Sie nur, dass Sie mich versuchen lassen, diesen Kurs, den ich eingeschlagen habe, zu rechtfertigen, dass wir drei in aller Ruhe zusammen speisen. Und wenn ich mich nicht sehr irre, findet das Abendessen statt." Ich glaube , ich kann Ihnen zeigen, dass dieser Mann —"

Ich sah, wie Beatrice Van Tuyl plötzlich einen Zeigefinger an ihre Lippe hob. Der Schweigeantrag brachte mich aus der Fassung. Einen Moment später hörte ich draußen im Flur das Knacken eines Lichtschalters und dann das Klicken jadegrüner Vorhangringe an ihrer Stange. Durch die Tür trat eine Gestalt in Schwarz, eine ruhige, langsame und insgesamt selbstbewusste Gestalt.

„Das Abendessen ist serviert", verkündete dieser nüchterne Mann mit einer ganz eigenen Pfarrer-Feierlichkeit.

Ich hatte nicht den Wunsch, den Mann anzustarren, aber dieser erste Blick war scharf, denn ich wusste, dass es Wilkins selbst war, dem ich gegenüberstand. Als ich ihn dort in der ganzen Pracht seiner meisterhaften Selbstsicherheit sah , verspürte ich ein unwillkürliches und lächerliches Gefühl im Zwerchfell. Ich fragte mich im Namen aller Laren und Penaten von Manhattan, warum ich plötzlich auf eine wilde Jagd nach einem harmlosen Butler gegangen war, von dem ich einen Mitternachtsalbtraum gehabt hatte?

Dann schaute ich mir den Mann genauer an. Er trug die herkömmliche Tracht aus Twill-Kammgarn mit einem extrem hohen Kragen und einer extrem kleinen Rasenkrawatte. Er schien ein bemerkenswert kräftiger Mann zu sein, und seine Größe war nicht unbedeutend. Jeder Eindruck von Zerbrechlichkeit, von sesshafter Blutlosigkeit, den sein ganz blasses Gesicht hätte vermitteln können, wurde durch die muskulöse Schwere seiner

Gliedmaßen scharf konterkariert. Sein Haar, ein Kyrle-Bellewish- Grau über den Schläfen, war kurz geschnitten. Das gut gepuderte und glattrasierte Gesicht war an den Wangen bläulich weiß, wie das eines Priesters . Die Haltung der Figur, ob natürlich oder simuliert, war von Knechtschaft geprägt.

Doch als wir hinausgingen und ins Esszimmer gingen, musste ich mir eingestehen, dass es dem Mann nicht an seinem vorgetäuschten Sinn für Würde mangelte. Er wirkte weder arrogant noch unterwürfig. Er schwebte auf halbem Weg zwischen der Scylla des Hochmuts und der Charybdis der rücksichtsvollen Geduld. Über dem unbeweglichen und maskenhaften Gesicht hing der Schleier der Unpersönlichkeit, der ihn als Butler auszeichnete – als Butler bis in die Fingerspitzen. Wenn er sich nicht wirklich bewegte, wirkte er distanziert wie ein Totempfahl. Er stand so unauffällig wie ein Pfosten, so teilnahmslos wie ein schützendes Möbelstück, neben dem die Jugend ihr gewichtigstes Geheimnis flüstern oder eine Verschwörung ihr dunkelstes Netz weben konnte.

Als ich seine geschickten Bewegungen auf dem mit Porzellan übersäten Damaststück beobachtete, das sein passendes und rechtmäßiges Reich zu sein schien, musste ich gestehen, dass es ihm in keiner Weise an dieser Rolle mangelte – das Einzige, was mich verwirrte, war die Sinnlosigkeit dieser Rolle . Auch seine bloße Fingerbewegung und sein Blickwechsel zeugten von Autorität, wenn er von Zeit zu Zeit dem Lakaien, der ihm bei seinen Pflichten half, ein Zeichen gab. Auf seinem Gesicht lag ernste Besorgnis, als er auf das winzigste signalisierende Nicken der Frau im blauen Seidenabendkleid wartete. Und das war der Mann mit seiner festen Miene und Genauigkeit, mit seinen flinken Bewegungen und seinen wachen und doch teilnahmslosen Augen, den ich in diesen ruhigen Haushalt gekommen war, um ihn als Dieb zu bezeichnen!

Ich beobachtete seine Hände bei jedem Gang, während ich dort saß und gegen die Zeit redete – und der Himmel weiß, wovon ich sprach! Aber über diese Hände gab es nichts zu entdecken. Beim ersten wichtigen Punkt hatte ich eine Enttäuschung erlebt. Denn die Manschetten, die an den Rändern der Livreenärmel hervorstanden, bedeckten jedes Handgelenk mit großen Knochen. Das tatsächliche Verhalten des Mannes ließ keinen begründeten Verdacht zu. Und in der Zwischenzeit verlief das Abendessen, wie bei allen solchen Abendessen, reibungslos und ruhig und, dem äußeren Anschein nach, harmonisch und glücklich.

Aber im Laufe der Zeit wurde ich immer ratloser. Es gab noch ein oder zwei ekelerregende Momente, in denen mir der Gedanke durch den Kopf schoss, dass die ganze Sache tatsächlich ein Fehler war, dass das, was ich in meinen unruhigen Momenten der Nacht zuvor gehört hatte, nur ein Traum war, der in eine Zeit des Wachens projiziert wurde. Mit nichts weiter als einem Echo dieses Traums ausgestattet, hatte ich mich auf die verrückte Jagd gemacht, um einen Mann zur Strecke zu bringen, der bewiesen hatte, dass er der Gipfel anständiger Seriosität sei und immer noch beweisen würde.

Aber wenn dieser Gedanke widerlich war, dann war er auch kränklich. Wie alle kränklichen Dinge neigte es auch dazu, jung zu sterben. Es ging vor den überwältigenden Realitäten anderer Umstände unter, die ich nicht übersehen konnte. Der oft genug wiederholte Zufall wurde zu mehr als nur Zufall. Die Sache war mehr als ein Albtraum. Ich hatte gehört, was ich gehört hatte. Es gab immer noch eine Methode, mit der ich meinen Verdacht bestätigen oder widerlegen konnte. Mein Problem war, einen Plan zu finden. Und die Schwere meines Dilemmas spiegelte sich wohl irgendwie in meinem Gesicht wider.

„Nun, was wirst du dagegen tun?" fragte Van Tuyl mit seiner schweren Sachlichkeit in einem Moment, als der Raum zufällig leer war.

„Sehen Sie nicht, dass es ein Fehler ist?" fügte seine Frau hinzu, mit einem selbstbewussten Blick über den rosafarbenen Tisch und dann mit einem weiteren Blick über den Raum selbst.

„Warte", sagte ich plötzlich. „Was waren seine Referenzen?"

„Er hat uns einen großartigen Brief vom Whippeny Club geschenkt. Wir haben das überprüft. Dann hatte er Briefe, sechs davon von einigen sehr anständigen Leuten in London. Einer von ihnen war ein Bischof."

„Haben Sie das überprüft?"

„Über den Atlantik, Witter? Es schien sich wirklich nicht zu lohnen !"

„Und es ist ein Glück für ihn, dass du es nicht getan hast!"

"Warum?"

„Weil es sich um Fälschungen handelt, allesamt Fälschungen!"

„Welchen Grund haben Sie, das zu denken?" fragte der feierliche Van Tuyl .

„Ich glaube es nicht – ich weiß es. Und ich kann mir vorstellen, dass ich Ihnen den Namen des Mannes nennen kann, der sie für ihn gefälscht hat."

"Also was ist es?"

„Ein würdiger Mann namens Turk McMeekin."

Van Tuyl setzte sich mit ernster Entschlossenheit auf seinem ehrlichen und einfallslosen Gesicht auf.

„Wir hatten eine ganze Menge dieses Rätsels, Witter, aber wir müssen zum Ende kommen. Erzähl mir, was du weißt, alles, und ich werde ihn hier drin haben und ihn damit konfrontieren. Jetzt.", was gibt es außer dem Artikel von Turk McMeekin?"

"Noch nicht!" murmelte Beatrice Van Tuyl warnend, als Wilkins und sein maskenhaftes Gesicht den Raum betraten.

Als er uns mit einem dieser köstlichen Eissorten servierte, die im Nachhinein sogar den Epikureismus der Kyrenaiker bändigen , hatte ich das Gefühl, dass wir uns absichtlich gegen unser eigenes Wohlergehen verschworen hatten, dass wir unseren eigenen Seelenfrieden entthront hatten. Wir saßen da und planten, die Agentur aufzulösen, deren einzige Aufgabe darin bestand, unsere Freuden zu bedienen. Und ich fragte mich unwillkürlich, warum, wenn der Mann tatsächlich das war, was ich vermutete, er sich für den prekärsten und am schlechtesten bezahlten aller Berufe entschieden hatte. Es fiel mir schwer, mich davon zu überzeugen, dass hinter dieser starren blau-weißen Gesichtsmaske ein eigensinniger Abenteuergeist aufflackern könnte – und doch ohne diesen Geist war mein ganzer Fall ein Kartenhaus voller Absurditäten.

Tuyls eigene Augen zum ersten Mal mit einem schnellen und forschenden Blick auf dem unbeweglichen Gesicht ihrer Dienerin ruhten. Dann spürte ich, wie ihr ebenso forschender Blick auf mich gerichtet war. Ich wusste, dass mein Versäumnis, es wiedergutzumachen, kaum auf Vergebung stoßen würde. Sie würde Wissen verlangen, auch wenn dies zur Entdeckung der bevorstehenden Vulkanausbrüche führte. Und nach so viel Rauch war es eindeutig meine Pflicht, zu zeigen, wo das Feuer lag.

Ich packte das Gespräch sozusagen am Schwanz und schleppte es zurück in die Bahnen der Belanglosigkeit. Wir saßen da, wir drei, und unterhielten uns tatsächlich für einen Diener mit kitschigem Gesicht. Ich bemerkte jedoch, dass er, während er um den Tisch herumging , immer wieder den schnell fragenden Blicken seines Herrn und seiner Herrin ausgesetzt war. Ich begann mich wie ein Jago zu fühlen, der vorsätzlich einen Taubenschlag bisher unerschütterlichen Vertrauens befleckt hatte. Es wurde immer schwieriger, meinen Anspruch auf schlichte gute Laune aufrechtzuerhalten. Die Zeit verging wie im Flug und es war noch nichts herausgefunden worden.

„Nun", forderte Van Tuyl , als der Raum wieder leer war , „was sind Sie sicher?"

„Ich bin mir über nichts sicher", musste ich gestehen.

„Was schlagen Sie dann vor?" war die etwas arktische Anfrage.

Ich warf einen Blick zur Wand, wo Ezekiah Van Tuyl , der würdige Gründer des amerikanischen Zweigs der Familie, über seinen schwarzen Schwanz hinweg vorwurfsvoll auf mich herabblickte.

„Ich schlage vor", war meine Antwort, „wenn Ihr Urgroßvater da oben ist, lassen Sie uns wissen, ob ich Recht habe oder ob ich Unrecht habe."

Und als Wilkins das Zimmer betrat, stand ich vom Tisch auf, ging zu dem schwer gerahmten Porträt und hob es von seinem Haken. Ich hielt es dort und tat so, als würde ich das Gesicht für einen oder zwei Momente betrachten. Dann legte ich meine Serviette auf einen Stuhl, befestigte sie und unternahm einen vergeblichen Versuch, das Porträt wieder aufzuhängen.

„Bitte, Wilkins", sagte ich und hielt das Bild immer noch flach an die Wand.

„Ein bisschen höher", sagte ich ihm, während ich mich anstrengte, die Schnur wieder über den Haken zu legen. Dies gelang mir nicht besonders, da mein Blick zu diesem Zeitpunkt auf die Hände des Mannes gerichtet war, der das Bild hochhielt.

Seine Position war so, dass die Ärmel seines schwarzen Dienstmantels von den weißen, starkknochigen Handgelenken weggezogen waren. Und dort, vor meinen Augen, quer über die Beugestränge des rechten Handgelenks, befand sich eine breite und ausgefranste Narbe von mindestens sieben Zentimetern Länge.

Ich kehrte zu meinem Platz am Esstisch zurück. Van Tuyl blickte mich inzwischen sowohl verärgert als auch verwundert an.

„Sollen wir oben Kaffee trinken?" fragte seine Frau mit ungerührter Gelassenheit. Ich konnte sehen, wie ihr Blick den ihres Mannes traf.

„Hier, bitte", warf ich ein.

„Hier wird uns Kaffee serviert", sagte Beatrice Van Tuyl zu ihrem Butler.

„Sehr gut, Madam", antwortete er.

Während ich ihm dabei zusah, wie er den Raum durchquerte, fragte ich mich, ob er irgendetwas vermutete. Ich fragte mich auch, wie verrückt der Mann und die Frau am Tisch mich hielten.

„Hör zu", sagte ich in dem Moment, als wir allein waren; „Haben Sie hier einen Diener, dem Sie vertrauen können, einen, dem Sie bedingungslos vertrauen können?"

„Natürlich", antwortete meine Gastgeberin.

"Wer ist es?"

„Wilkins", war die Antwort.

„Wilkins nicht mitgerechnet?"

„Nun, ich denke, auch meiner Zofe Felice kann ich vertrauen – es sei denn, du kennst sie besser als ich."

Ich konnte es mir leisten, den Stoß zu ignorieren.

„Dann würde ich dir raten, sie sofort hochzuschicken, um deine Sachen durchzusehen."

"Warum sagst du das?"

„Weil ich jetzt weiß, dass dieser Mann, Wilkins, ein Krimineller der schlimmsten Sorte ist!"

"Du weißt es?"

„Ja, ich weiß es so gut, wie ich weiß, dass ich an diesem Tisch sitze. Und ich kann es beweisen."

"Wie?" forderte Van Tuyl .

„Ich werde dir gleich zeigen, wie es geht. Und wenn ich es mir genauer überlege, würde ich sagen, dass die Magd Felice das, was du für wertvoll hältst, direkt in dieses Esszimmer bringt – ich meine deine Juwelen und andere Dinge."

„Aber das hört sich so albern an", widersprach meine immer noch zögerliche Gastgeberin.

„Es wird nicht halb so albern klingen wie eine Tiffany-Werbung für eine Belohnung, bei der keine Fragen gestellt werden."

Beatrice Van Tuyl fing einen Diener ab und schickte ihn zur Magd Felice. Einen Moment später war Wilkins an unserer Seite und servierte leise den *Café Noir* in winzigen, mit Gold ausgekleideten Tassen.

„Wie Sie sehen werden, ist meine Methode zur Identifizierung der echten Perle sehr einfach", fuhr ich höflich fort. „Sie nehmen einfach ein Streichholzende und tauchen es in klares Wasser. Dann lassen Sie einen Wassertropfen fallen." auf der Perle. Wenn es sich bei dem Stein um eine Imitation handelt, breitet sich der Wassertropfen aus und liegt dicht an der Oberfläche. Wenn es sich um einen echten Stein handelt, steht der Tropfen hoch und rund, wie eine Kugel aus Quecksilber, und zittert bei den winzigen Vibrationen die jeden Körper passieren, der nicht im perfekten Gleichgewicht ist.

Bevor ich diese Rede beendet hatte, betrat das Dienstmädchen Felice das Zimmer. Sie war eine Frau von etwa dreißig Jahren, weißhäutig, schlank und ausgesprochen fremdländisch aussehend. Ihr Gesichtsausdruck war klug, obwohl mir die affektierte Trägheit, mit der sie einen nur allzu deutlich wachsamen Geist zu verbergen versuchte, sofort missfiel.

„Ich möchte, dass du mein Schmuckkästchen aus dem Boudoir-Safe holst", sagte ihre Herrin zu ihr. „Bringen Sie alles in die Kiste."

Ich konnte das Gesicht des Dienstmädchens nicht sehen, denn in diesem Moment war ich damit beschäftigt, Wilkins zu beobachten. Von dieser Würdigkeit war jedoch nicht das geringste Anzeichen von Beunruhigung oder Verwunderung zu spüren.

„Hier, meine Dame?" fragte das Dienstmädchen.

„Ja, hier und sofort, bitte", antwortete Beatrice Van Tuyl . Dann drehte sie sich zu mir um. „Und da Sie so ein Juwelenexperte sind, können Sie mir sagen, was meine Türkise dunkler macht."

Ich warf ein Stück Zucker in meinen Kaffee und nippte daran. Wilkins öffnete vor mir einen Buffet-Humidor aus dunklem Holz, und ich nahm eine schmal geschnittene Havanna heraus, die mit einem goldenen Korsett verziert war. Plötzlich blickte ich zu dem Mann auf, der an meiner Seite stand und die blauflammige kleine Alkohollampe in der Hand hielt, um den Kontakt zu meinem wartenden Zigarrenende herzustellen.

„Wilkins, wie hast du diese Narbe bekommen?" Ich fragte ihn aus heiterem Himmel. Das Handgelenk selbst war von der Manschette und dem Ärmelende bedeckt, aber darunter befand sich, wie ich wusste, das verräterische Zeichen.

„Welche Narbe, Sir?" fragte er, seine Höflichkeit war von einer nachsichtigen Geduld gepaart, was darauf hindeutete, dass er es nicht ganz gewohnt war, Herren in unerklärlich guter Laune gegenüberzutreten.

"Dieses hier!" Sagte ich, ergriff seine Hand mit meiner und fuhr mit der Manschette über den weißen Unterarm. Auf diesem unleserlichen Gesichtsausdruck konnte ich nicht die geringste Spur von Besorgnis oder Groll erkennen. Ich fing fast an, den Mann zu bewundern. Auf seine Art war er großartig.

„Oh, das, Sir!" rief er mit einem fast beleidigenden Blick auf die Van Tuyls , als wollte er fragen, ob er auf eine so persönliche und zugleich so unangebrachte Frage antworten sollte oder nicht.

„Sag ihm, wo du es her hast, Wilkins", sagte Beatrice Van Tuyl so scharf, dass es praktisch einem Befehl gleichkam.

„Ich habe es geschafft, Lord Entristles Brougham vor sieben Jahren in London zu stoppen, Madam", war die ruhige und ohne zu zögern Antwort.

"Wie?" fragte die Frau scharf.

„Ich war damals Lakai seiner Lordschaft, Madam", fuhr die ruhige und geduldige Stimme fort. „Ich hatte gerade Karten genommen, als die Pferde durch ein vorbeifahrendes Tandemfahrrad Angst bekamen. Sie warfen Siddons, den Kutscher, als sie sprangen, von der Box und warfen das Fahrzeug um. Seine Lordschaft war drinnen. Ich bekam die Zügel als einer von ihnen." Die Pferde gingen zu Boden. Aber er trat mich gegen die Glasscherben, und ich streckte, glaube ich, eine Hand aus, um mich zu retten.

„Und das Kutschenglas hat dir das Handgelenk aufgeschnitten?" fragte Van Tuyl .

„Ja, Sir", antwortete der Diener und bewegte sich mit methodischer Langsamkeit um den Tisch herum. Seine Gestalt in der düsteren Livree wirkte fast erbärmlich. In seinem Gesicht war keine Angst zu erkennen, in den milden und teilnahmslosen Augen lag kein Anflug von Angst. Plötzlich war ich mir meiner ungerechtfertigten Überlegenheit gegenüber ihm bewusst – einer Überlegenheit in Bezug auf Stand, Herkunft und momentanes Wissen.

Die darauf folgende Stille war nicht angenehm. Ich war fast dankbar für das rechtzeitige Erscheinen des Dienstmädchens Felice. In ihren Händen hielt sie eine lackierte Blechdose, etwa so groß wie eine Theater-Make-up-Box. Dies legte sie neben ihrer Herrin auf den Tisch.

„Gibt es noch etwas, meine Dame?" Sie fragte.

„Das ist alles", antwortete Beatrice Van Tuyl , während sie den Deckel der lackierten Schachtel zurückschlug. Mir fiel auf, dass der Schlüssel zwar darin steckte, dieser aber unverschlossen war. Dann blickte meine Gastgeberin zum wartenden Butler auf. „Und, Wilkins, du kannst die Zigarren und den Likör auf dem Tisch lassen. Ich rufe an, wenn ich etwas brauche."

Der sorgfältig frisierte blonde Kopf war tief über die Loge gebeugt, als die Diener den Raum verließen. Die zarten Finger tasteten durch die Reihe lederbezogener Etuis. Noch bevor sie sprach, konnte ich an ihrem Gesicht erkennen, dass der Inhalt der Kiste intakt war.

„Sehen Sie", sagte sie und schöpfte eine Handvoll glitzernden Schmucks nach der anderen auf die weiße Tischdecke zwischen ihrer Kaffeetasse und meiner, „alles ist hier. Das sind meine Ringe. Da ist das Hundehalsband. Da ist Angel Jims Sunburst." Hier ist der gewöhnliche Familienmüll."

Ich saß einen Moment da und betrachtete die orientalische Anordnung weiblicher Verzierungen. Es handelte sich eindeutig um eine Reihe von Beweisen, um mich abzuwerten. Ich verspürte ein deutliches Gefühl der Erleichterung, als die Frau in Blau plötzlich ihren Blick wieder von meinem Gesicht auf ihr Schmuckkästchen richtete. Es war Van Tuyls beharrlicher Blick, der mich zu letzter Aktivität anspornte.

„Dann haben wir bisher Glück gehabt! Und da ich von jetzt an für das, was passiert, verantwortlich sein möchte", sagte ich, während ich die glitzernde Masse in eine Serviette packte, „glaube ich, dass es einfacher wird." Dinge, wenn Sie, Van Tuyl , diese in Besitz nehmen.

Ich band die Serviette fest zusammen und reichte sie meinem staunenden Gastgeber. Dann warf ich eine silberne Pralinenform und einen Bund Treibhausweintrauben in die geleerte Kiste, verschloss sie und gab Beatrice Van Tuyl den Schlüssel zurück .

Diese Dame schaute weder mich noch den Schlüssel an. Stattdessen saß sie da und starrte nachdenklich ins Leere und dachte offenbar über eine Frage nach, an der der Rest der Gruppe kein Interesse beanspruchen konnte. Erst nachdem ihr Mann scharf ihren Namen ausgesprochen hatte, kehrte sie in ihre unmittelbare Umgebung zurück.

„Und was muss ich jetzt tun?" fragte sie mit neuer Ernsthaftigkeit.

„Lassen Sie das Dienstmädchen die Kiste dorthin zurückbringen, wo sie herkam", sagte ich ihr. „Aber seien Sie so gut, den Schlüssel zu behalten."

"Und dann was?" verspottete Van Tuyl .

„Dann", unterbrach ihn seine Frau mit einem plötzlichen Anflug von Feindseligkeit, den ich mir nicht erklären konnte, *„je früher wir die Polizei rufen, desto besser ."*

Tuyls Gesicht zeichnete sich eine feindselige Antwort ab .

„Ich sage dir, Kerfoot, ich kann es nicht", wandte er ein, während seine Frau klingelte. „Du musst es mir zeigen!"

„Bitte sei still, Jim", sagte sie, als Wilkins den Raum betrat. Sie wandte dem wartenden Diener ein teilnahmsloses Gesicht zu. „Wirst du Felice bitten, hierher zu kommen?"

Keiner von uns sprach, bis Felice den Raum betrat. Wie ich bemerkte, folgte Wilkins ihr hinein, durchquerte jedoch die gesamte Länge des Zimmers und ging durch die Tür im hinteren Teil hinaus.

„Felice", sagte die Frau neben mir ganz ruhig und kühl, „Ich möchte, dass du diese Kiste zurück in den Safe bringst."

"Ja Madame."

„Dann gehen Sie zum Telefon im Arbeitszimmer und rufen Sie das Polizeipräsidium an. Sagen Sie ihnen, wer Sie sind. Erklären Sie dann, dass ich möchte, dass sie sofort einen Beamten hierher schicken.“

„Ja, gnädige Frau“, antwortete das aufmerksame Dienstmädchen.

„Felice, du solltest sie besser bitten, zwei Männer zu schicken, zwei –“

„Zwei Männer in Zivil“, forderte ich sie auf.

„Ja, zwei Männer in Zivil. Und erklären Sie ihnen, dass sie den Diener, der ihnen die Tür öffnet, sofort und ohne viel Aufhebens verhaften sollen. Ist das ganz klar?“

„Ja, meine Dame, ganz klar“, antwortete das Dienstmädchen.

„Dann beeilen Sie sich bitte.“

"Ja Madame."

Ich blickte auf, als ich Van Tuyls hörbares Aufstoßen der Empörung bemerkte.

„Entschuldigen Sie“, schrie er, „aber ist das nicht alles ein bisschen überheblich? Machen wir uns nicht ein schönes Durcheinander? Bewegen wir uns in diesem Spiel nicht ein bisschen zu schnell und rufen laut.“ die Reserven, weil Sie zufällig eine Narbe am Handgelenk meines Butlers entdeckt haben?“

„Ich sage dir, Jim“, rief ich mit aller Ernsthaftigkeit, die ich zu Gebote stand, „der Mann ist ein Dieb, ein Verbrecher mit Vorstrafen!“

"Dann beweis es!" forderte Jim.

„Rufen Sie ihn an und ich werde es tun.“

Van Tuyl bedeutete seiner Frau, die Glocke zu berühren.

ihre Pantoffelspitze immer noch auf dem mit Teppich bedeckten Knopf, dieselbe strenge und selbstbewusste Gestalt.

„Wilkins“, sagte Van Tuyl , und in seiner Stimme lag eine unverblümte und absichtliche Wildheit, selbst als seine Frau ihm in einer scheinbaren Mäßigungsbewegung eine Handbewegung zuwinkte. „Wilkins, ich halte Sie für einen besonders guten Diener. Mr. Kerfoot, auf der anderen Seite sagt er, dass er dich kennt und sagt, dass du es nicht bist.

„Ja, Sir“, sagte Wilkins mit seiner Totempfahl-Abstraktion.

Seine anhaltende Ruhe hatte etwas besonders Wahnsinniges.

„Und außerdem", rief ich plötzlich, genervt von der Rolle als Schauspieler , und erhob mich und konfrontierte ihn, als er dort stand, „Ihr Name ist nicht Wilkins, und Sie haben sich nie diese Handgelenksnarbe von einer Kutschentür zugezogen."

„Warum nicht, Herr?" erkundigte er sich sanft, aber äußerst respektvoll.

„Weil", rief ich, trat noch näher und betrachtete das unbewegliche blauweiße Gesicht, „in der Bande, mit der du arbeitest, bist du als Sir Henry bekannt, und du hast dir diese Schnittwunde am Handgelenk von einem Keil zugezogen, als du versuchtest zu blasen." Öffne eine sichere Tür, und die Empfehlungsschreiben, die du zum Whippeny Club gebracht hast, wurden von einem Experten namens Turk McMeekin gefälscht; und ich weiß, was dich in dieses Haus geführt hat und was deine Pläne sind, es auszurauben!"

Während er dort stand, bewegte sich sein Körper nicht ein einziges Mal. Sein maskenhaftes Gesicht zuckte nicht ein einziges Mal. Aber auf diesem Gesicht zeichnete sich langsam, Punkt für Punkt, eine Art Ausdruck ab. Es war keine Angst. Es Angst zu nennen, würde dem Mann Unrecht tun. Es begann mit den Augen und breitete sich von Gesichtszug zu Gesichtszug aus, ganz so, wie ich mir vorstellen kann, so wie sich empfindungsfähiges Leben über das Gesicht von Pygmalions langsam erwachender Marmorplatte ausgebreitet haben muss.

Für den Bruchteil eines Augenblicks blickten mich die fast mitleiderregenden Augen mit einem schnellen und flehenden Blick an. Dann senkte sich die Maske erneut über sie. Er war wieder er selbst. Und ich war mir fast sicher, dass die beiden anderen Gestalten am Tisch in dem milden Licht um uns herum dieses Gesicht nicht so gesehen hatten wie ich.

Tatsächlich war auf Van Tuyls schwerem Gesicht fast etwas wie Scham zu erkennen, als der Diener mit ruhiger Stimme, der mich und meine Worte völlig ignorierte, sich zu ihm umdrehte und fragte, ob er die Sachen entfernen sollte.

„Sie haben dem Herrn nicht geantwortet", sagte Beatrice Van Tuyl mit vor Aufregung etwas schriller Stimme.

„Was gibt es zu antworten, Madam?" fragte er sanft. „Es ist die ganze Dummheit des jungen Herrn, eine Dummheit, die ich nicht verstehen kann."

„Aber das Ding kann so nicht bestehen", protestierte der schwerfällige Van Tuyl .

Die methodische Gelassenheit, mit der dieser verleumdete Faktor in ihrem häuslichen Eden wieder einmal seinen unbedeutenden häuslichen Pflichten nachging, muss für beide etwas Beruhigendes gewesen sein.

„Dann leugnen Sie alles, was er sagt?" beharrte die Frau.

Der Diener blieb stehen und blickte leicht vorwurfsvoll auf.

„Natürlich, Madam", antwortete er, während er langsam die Likörgläser entfernte. Ich sah, wie meine Gastgeberin ihm mit einem ihrer langen, geistesabwesenden Blicke nachschaute. Sie blickte ihm immer noch ins Gesicht, als er zum Tisch zurücktrat. Tatsächlich starrte sie ihn immer noch an, als das gedämpfte Schrillen einer elektrischen Klingel verkündete, dass ein Anrufer an der Haustür stand.

„Wilkins", sagte sie fast nachdenklich, „ich möchte, dass Sie die Tür öffnen – die Straßentür."

„Ja, Madam", antwortete er ohne zu zögern.

Wir drei saßen schweigend da, während die langsamen und methodischen Schritte den Raum durchquerten, in die Halle hinaustraten und dem entgegengingen, von dem zumindest einer von uns wusste, dass es sein Untergang sein würde. Es war Van Tuyl selbst, der aus der Stille heraus das Wort ergriff.

"Was ist los?" er hat gefragt. „Warum ist er weg?"

„Die Polizei ist da", antwortete seine Frau.

"Guter Gott!" rief der verblüffte Ehemann aus, der jetzt auf den Beinen war. „Du meinst nicht, dass du dem armen Teufel diese Falle gestellt hast? Du –"

„Setz dich, Jim", unterbrach seine Frau mit erzwungener Ruhe. „Setz dich und warte."

„Aber ich lasse mich nicht zum Narren halten!"

„Du wirst nicht zum Narren gehalten!"

„Aber wer verhaftet diesen Mann? Wer hat die Beweise, die rechtfertigen, was hier getan wird?"

„Das habe ich", war die Antwort der Frau.

"Wie meinst du das?"

Sie war dabei sehr ruhig.

„Ich meine, dass Witter Recht hatte. *Meine Baroda-Perlen und der Smaragdanhänger waren nicht im Safe. Sie sind weg.* "

"Sie sind gegangen?" wiederholte der ungläubige Ehemann.

„Hören Sie", rief ich plötzlich, während Van Tuyl dasaß und seine Entdeckung verdaut hatte. Wir hörten das Geräusch von Schritten, das Zuschlagen einer Tür und das abfahrende Brummen eines Autos. Bevor mir klar wurde, was sie tat, war Beatrice Van Tuyls Fuß erneut auf dem Klingelzeichen. Ein Lakai antwortete auf die Vorladung.

„Gehen Sie zur Straßentür", befahl sie, „und sehen Sie, wer da ist."

Wir warteten und lauschten. Die Stille wurde länger. Etwas an dieser Stille kam mir bedrohlich vor. Wir hörten immer noch aufmerksam zu, als der Diener ins Zimmer zurücktrat.

„Es ist der Chauffeur, Sir", erklärte er.

„Und was will er?"

„Er sagte, Felice habe vor einer Viertelstunde angerufen, um den Wagen zu holen."

„Schick Felice zu mir", befahl meine Gastgeberin.

„Ich glaube nicht, dass ich das kann, Ma'am. *Sie ist mit Wilkins im Auto gefahren .*"

„Mit Wilkins?"

„Ja, Ma'am. Markson sagt, er schafft es nicht raus, Ma'am, Wilkins fährt ohne Erlaubnis in diese Richtung, Ma'am."

Wir drei standen gleichzeitig vom Tisch auf. Für ein oder zwei Sekunden standen wir da und starrten einander an.

Dann sprang Van Tuyl plötzlich mit der Serviette voller Schmuck in der Hand auf die Treppe zu. Ich wiederum hechtete zur Straßentür. Aber bevor ich es öffnete , wusste ich, dass es zu spät war.

Plötzlich trat ich zurück in den Flur, um Beatrice Van Tuyl gegenüberzutreten .

„Wie lange hast du Felice schon?" „, fragte ich und suchte kraftlos im Flurschrank nach meinem Hut und meinem Mantel.

„Sie kam zwei Wochen vor Wilkins", lautete die Antwort.

„Dann sehen Sie, was das bedeutet?" fragte ich und tastete immer noch nach meinem Mantel.

„Was *kann* das bedeuten?"

„Sie arbeiteten zusammen — sie waren Konföderierte."

Van Tuyl stieg die Treppe hinunter, immer noch die Serviette voller Schmuck in der Hand. Seine Augen waren voller empörter Verwunderung.

"Es ist weg!" Er hat tief eingeatmet. „Er hat deine Box geklaut!"

Ich kam ein wenig erschrocken und ein wenig gedemütigt aus dem Flurschrank.

„Ja, und er hat mir Hut und Mantel weggenommen", gestand ich traurig.

Kapitel VII

DIE PANAMA-GOLDTRUHEN

Es ist wohl eine der kleinen Ironien des Lebens, dass der Mensch dem Elend am sichersten entkommen kann, indem er über Menschen nachdenkt, denen es noch elender geht als ihm selbst. Dies ist jedoch zufällig der Fall. Und angeregt durch diese geniale Mischung aus stoischer und zynischer Philosophie hatte ich mir angewöhnt, mich regelmäßig in ein Bad reinigender Verderbtheit zu tauchen.

Ich stellte fest, dass die Hoffnungslosigkeit meiner Mitmenschen mir einen Lebensgrund zu geben schien. Der Zusammenstoß mit einem Leben, das so verfaulend und abscheulich war, dass mein eigenes im Gegensatz dazu beneidenswert erschien, hatte die Tendenz, mich meine Sorgen vergessen zu lassen. Und das hat mich zu einer Art Unglücksjäger gemacht. Es trug mich immer noch in jenen Nächten, in denen ich nicht schlafen konnte, in viele seltsame und verblüffende Ecken der Stadt, in zwielichtige Keller, in denen sich Zitronenstecher und Sumpfschläger versammelten, in schlecht beleuchtete Räume, in denen Anarchisten jeden Abend das Feuer aßen zu ihren eigenen wirkungslosen Reden, zu stark qualmenden Kneipen, in denen Taschendiebe, Kassierer, Dummy- Chucker und Dips ihre anstrengenderen Stunden vergaßen.

Aber immer öfter stellte ich fest, dass meine Schritte unbewusst auf jene besondere Höhle unterirdischer Missetaten gerichtet waren, die als *„Café der Misserfolge" bekannt ist* . Denn in diesem neuen *Cabaret du Neant* hatte ich zum ersten Mal von diesem bezaubernden Butler gehört, den seine Verbündeten „Sir Henry" nannten. Und ich hoffte immer noch, meinen gestohlenen Mantel wiederzubekommen.

Nacht für Nacht kehrte ich zu dieser schwach beleuchteten Höhle mit den Abfällen des Lebens zurück, so wie ein verwirrter Beagle zu seiner letzten Spur Anis zurückkehrt. Ich gewöhnte mich an die schlechte Luft, ignorierte die skorbutischen Kellner, ließ mich von dem bedrohlich aussehenden Gewirr privater Räume nicht beunruhigen und apathisch gegenüber den bösartigen Blondinen.

Doch zu keinem Zeitpunkt gehörte ich zu dem Kreis um mich herum. Zu keiner Zeit war ich mehr als ein Zuschauer ihrer sich ständig verändernden und immer mysteriösen Dramen. Und diese nicht unnatürliche Geheimhaltung ihrerseits, gepaart mit einer nicht unnatürlichen Neugier, zwang mich schließlich zu einer Spionagemethode, auf die ich ein wenig stolz sein konnte.

Diese Methode war trotz all ihrer Genialität einfach genug, um selbst gewöhnliche wissenschaftliche Errungenschaften zu ermöglichen. Als ich zum Beispiel feststellte, dass die erleseneren dieser Unterweltkonferenzen ausnahmslos in einem der mit Holzwänden abgetrennten Trinkräume an der Ostseite des Cafés stattfanden , wurde mir klar, dass ich diese Räume nicht mit Leib und Seele betreten könnte könnte zumindest in einer anderen Form da sein. Mit der Hilfe meines Freundes Durkin, des reformierten Abhörers, erwarb ich eine Maschinerie zur Projektion des Geistes in unwillkommene Ecken.

Tatsächlich war dieses Instrument kaum mehr als eine Erweiterung des gewöhnlichen Telefonsenders. Es wurde hergestellt, indem man es an einem länglichen Glas befestigte, das natürlich eine isolierte Basis, zwei Kohlenstoffträger mit Hohlräumen und vier Querstücke, ebenfalls aus Kohlenstoff, mit spitzen Enden darstellte und lose in die seitlich angebrachten Hohlräume passte die beiden Stützen. Das Ergebnis war, dass dieser Kohlenstoff das ist, was Elektriker als „hohen Widerstand“ bezeichnen, und dass die losen Kontaktpunkte, an denen die Seitenteile aufliegen, den Widerstand noch erhöhen, dass jede noch so kleine Vibration die Punkte gegen ihre Stützen stößt und den Widerstand proportional zum Widerstand verändert Schwingung selbst. Dies erzeugte natürlich einen sich ändernden Strom im „Primärteil“ der Induktionsspule und wurde wiederum stark vergrößert im „Sekundärteil“ reproduziert, wo er mit Hilfe eines kleinen Empfängers im Uhrengehäuse leicht zu hören war.

Mit anderen Worten, ich erwarb einen mechanischen Tonverstärker, ein Mikrofon, ein Instrument, neuerdings Diktiergerät genannt , das den leichtesten Schlag einer Bleistiftspitze in etwas übersetzt, das mit der Wucht eines Hammerschlags das Ohr erreicht. Und das Ganze, Batterie, Spule, isolierter Draht, Karbonstäbe und Glassockel, ließ sich in der Ledertasche transportieren oder so leicht unter meinen Mantel stecken wie einen gefalteten Opernhut.

Ich fand, dass es genauso einfach war, es flach an der Seitenwand dieser ranzigen kleinen *Chambre Particuliere hängen zu lassen* , die neben dem Raum stand, in dem die meisten dieser Sternenkammer-Verschwörungen stattzufinden schienen. Meine Methode, das Mikrofon einzustellen, war recht einfach.

Von der bemalten hölzernen Trennwand hob ich das goldgerahmte Bild einer bacchantischen Dame herunter, deren Halbnacktheit die Vorzüge eines Champagners verbreitete, von dem ich wusste, dass er aus den Abfällen des bescheidenen Apfelverdampfers hergestellt wurde. Am obersten Rand des Staubquadrats, wo dieses Bild gestanden hatte, schraubte ich vorsichtig zwei L-Haken an und hängte an diesen Haken meinen Mikrofonfuß. Dann hängte ich das Bild wieder auf und ließ es dort, um meinen Apparat abzuschirmen. Meine mit Stoff überzogenen Kabel, die von diesem Bild bis zur Rückseite des abgenutzten Ledersofas an der Wand verliefen, habe ich sehr gut versteckt, indem ich sie dicht unter einem Stück Gasrohr festgesteckt und unter den Rand des zerfetzten braunen Linoleums gesteckt habe.

Doch erst am dritten Abend meiner einigermaßen aufregenden Beschäftigung in dieser stickigen kleinen *Camera obscura* geschahen bestimmte Dinge, die meiner Spionage ihre unpersönliche und halbherzige Aufregung raubten. Ich hatte eine Flasche *Chianti bestellt* und war in dieses Zimmer gegangen, praktisch wie ein schüchterner und mürrischer *Genießer, der* nichts weiter suchte als eine ruhige Ecke, in der er dösen konnte.

Und doch hatte ich eine lange Stunde lang in diesem geheimen Auditorium gesessen, mit meinem Uhrengehäuse-Empfänger am Ohr, während ein geschwätziges Quartett von Streikbrechern über die Seligkeit sprach, einen „Polizisten" zu verprügeln, der einen ihrer Uhren missbräuchlich benutzt hatte Nummer.

Es muss eine ganze halbe Stunde nach ihrem Weggang gedauert haben, bis ich den Hörer wieder an mein Ohr hob. Was ich dieses Mal hörte, war die Stimme eines anderen Mannes, wachsam, eifrig, ein wenig hoch vor Aufregung.

, Chuck", erklärte diese dünne, eifrige Stimme, „das Ding ist eine Pfeife ! Boot und eine Ladung Werkzeug !"

„Was für Werkzeuge?" fragte eine tiefe und höhlenartige Bassstimme. In dieser Stimme konnte ich Vorsicht und Gleichgültigkeit spüren, sogar einen Unterton autokratischer Gleichgültigkeit.

„Zehn Knochen würden das ganze Outfit kriegen", war die Antwort des anderen.

„Aber was für Werkzeuge?" beharrte die unbeirrte Bassstimme.

Es herrschte ein oder zwei Sekunden Stille.

„Das ist das ganze Lied", entgegnete der andere .

„Nun, das ganze Lied ist es, was ich wissen möchte", war die ruhige und hohle Antwort. „Ihr werdet euch erinnern, dass ich euch Jungs vor drei Wochen für diesen Expresswaggon- Job eingesetzt habe – und davon habe ich noch nichts gesehen!"

„Ach, das war ein Komplott", protestierte der erste Redner. „Irgendein Quieker hat sich auf uns eingelassen !"

Als nächstes sprach eine neue Stimme, eine heisere und zitternde Stimme, als käme sie aus einer alkalischen Kehle, die nicht selten mit Fuselöl -Whisky gespült wurde.

„Tony, wir müssen Chuck da reinlassen. Das müssen wir!"

„Warum müssen wir?"

„Zwei Männer allein schaffen das nicht", beklagte der letzte Redner. „Das weißt du. Wir können kein Risiko eingehen – und Gawd weiß, dass in dieser Beute genug für drei ist!"

Wieder herrschte kurzes Schweigen.

"Du machst mich krank!" plötzlich explodierte der Jugendliche mit der dreifachen Stimme, der zuerst gesprochen hatte. „Man könnte meinen, dass *ich es war*, der davon gesungen hat , dieses Ding so ruhig zu halten !"

„Was macht ihr Jungs eigentlich so?" warf die ruhige Bassstimme ein.

„ Das bin ich nicht Beefin ' über dich. Das bin ich nicht Wir wehren uns dagegen , dich reinzulassen . Aber ich möchte wissen, wie wir uns trennen , wenn du drin *bist* . Wer hat diese Sache von Anfang an vermasselt ? Wer hat die Drecksarbeit daran gemacht? Wer hat den Pier umrundet, ihn abgemessen und einen Überblick über die gesamte Anlage erhalten?"

mich dann aufgenommen ?" forderte der Würdige namens Redney . „Warum hast du nicht die ganze Sache in Angriff genommen, ohne mich hinterherlaufen zu lassen ?"

„Hör auf damit. Du weißt, ich brauche Hilfe", lautete die dreifache Erwiderung. „Du weißt, dass es zu groß ist, als dass einer es alleine bewältigen könnte."

„Und es ist so groß, dass man ein Boot und ein Outfit haben muss", schlug der Mann mit der Bassstimme vor. „Und ich wette, Sie und Redney können nicht zwei Bits zwischen Ihnen aufbringen."

„Aber *du besorgst mir eine Wanne mit Kicker und zwei oder drei Werkzeugen, und dann hast du den Mut, mich für ein drittes* Rakeoff aufzuhalten !"

„Ich sehe nicht, dass ich irgendjemanden aufhalte ", erwiderte der Mann mit der tiefen Stimme. „Du bist zu mir gekommen, und ich habe dir gesagt, dass ich bereit bin, über Geschäfte zu reden. Du hast gesagt, du wolltest Hilfe. Nun, wenn du Hilfe willst, musst du dafür bezahlen, genauso wie ich für diese Zigarren bezahle."

„Ich bin bereit , dafür zu bezahlen", antwortete der junge Mann mit seiner hohen Stimme mit einer Stille, die nicht ganz von Schmollenheit getrennt war.

„Wofür verschwenden wir dann unsere schöne Zeit?" fragte der Mann namens Redney . „Hier geht es nicht darum, Kaffeebeutel aus einem Slip-Feuerzeug zu melken . Diese Beute ist groß genug für drei."

„Nun, was *ist* deine Beute?" verlangte die Bassstimme.

Wieder herrschte mehrere Sekunden Stille.

„Hust es aus", forderte Redney auf . Die Stille, die darauf folgte, schien anzudeuten, dass der jüngere Mann langsam und widerstrebend zu einem Frontwechsel gelangte. Es hörte sich an, als würde ein Stuhl zurückgeschoben, als würde ein Streichholz angezündet, als würde ein Glas auf eine Tischplatte gestellt.

„Chuck", sagte der Jugendliche mit der dreifachen Stimme mit einer langsamen und beeindruckenden Feierlichkeit, die seltsamerweise im Gegensatz zu seiner früheren Rede stand, „Chuck, wir haben es mit dem größten Stunt zu tun, der jemals in dieser Zwei-Knochen-Burg durchgeführt wurde." Piker!"

„ Du hast also Andeutungen gemacht ", war die Antwort, die aus der Stille kam. „Aber ich sitze schon eine halbe Stunde hier und warte darauf, zu erfahren, worüber Sie reden ."

„Chuck", sagte die hohe Stimme, „du liest die Zeitungen, nicht wahr?"

„Ab und zu", bestätigte die schüchterne Bassstimme.

„Nun, haben Sie gestern Morgen gesehen, wo der Dampfer *Finance von der White Star Georgic* gerammt wurde ? Wo er in der Lower Bay unterging, bevor er sich auf den Weg nach Süden machte?"

„Das habe ich auf jeden Fall."

„Nun, haben Sie gelesen, dass sie sechshundertzehntausend Dollar in Gold bei sich trug – Gold, das aus dem Unterschatzamt hier entnommen und in Holzkisten verpackt und für die Panama Construction Company verschickt wurde ?"

„Das habe ich auf jeden Fall."

„Und ist Ihnen aufgefallen, dass die Taucher der Abwrackfirma gestern den ganzen Tag an diesem Dampfer gearbeitet haben , wie Nigger , um das Gold aus ihrem Tresorraum zu holen ?"

"Sicher!"

„Und wissen Sie zufällig, wo das Gold jetzt ist?" war die rednerische Herausforderung, die dem anderen Mann entgegengeworfen wurde.

„Warte mal eine Minute", bemerkte der andere Mann mit seinem schweren Kehllaut. „Ist *das* dein Coup?"

„Das ist mein Coup!" war die selbstbewusste Erwiderung.

„Nun, Sie haben eine Zitrone gepflückt", verkündete der große Mann ruhig. „ Es gibt nichts zu tun , Kleiner, nichts zu tun !"

„Nicht in deinem Leben", war die angespannte Erwiderung. „Ich weiß, wovon ich rede . Und Redney weiß es."

„Und *ich weiß, dass Gold auf dem Dampfer Advance* nach Süden ging ", verkündete die Bassstimme. „Ich weiß zufällig, dass sie den ganzen Haufen Metall auf ihrem zweiten Dampfer umgeschifft haben."

„Wo hast du das herausgefunden?" forderte die spöttische hohe Stimme.

„Da ich diese Saison nicht im Unterfinanzministerium war, musste ich für die Nachrichten auf die Zeitungen zurückgreifen. "

„Und da haben Sie und die Zeitungen völlig Unrecht! So täuschen sie Sie und alle anderen ein anderer Typ, der nicht Bescheid weiß. Ich sage dir, wo das Gold ist. Ich werde Ihnen in dieser Minute sagen, wo es liegt, bis zum Fuß!"

"Also?"

„Sie liegt im Lagerraum in einem Stapel Holzkisten , am Pier der Panama Company unten am Fuße der Twenty-eight Street!"

„Du träumst , Tony, träumst . Kein vernünftiger Mensch lässt so Gold herumliegen . Nein, Sir; dafür haben sie eine schöne steinerne Unterschatzkammer."

„Schau her, Chuck", fuhr die angespannte hohe Stimme fort. „Finden Sie einfach heraus, welcher Tag heute ist. Und finden Sie heraus, wann die Abschlepper das Gold aus dem Tresorraum der *Finanzabteilung geholt haben* . Und was bekommen Sie? Sie haben die Kisten am Samstagnachmittag um ein Uhr den North River hinaufgefeuert. Sie fuhren neben der *Advance* an und brachten ein halbes Dutzend Kisten Bleifarbe an Bord. Dann deckten sie die Goldkisten mit Planen ab, schwangen sich in den Slip der Panama Company und löschten die Ladung *am Samstagnachmittag um zwei Uhr* !"

„Nun, nehmen wir an , sie hätten es getan?"

„Sind Sie nicht gestolpert? Samstagnachmittag ist keine Unterkasse geöffnet. Und heute ist Sonntag, nicht wahr? Und sie werden erst morgen früh in diese Unterkasse gelangen. Und so sicher ich weiß." Ich sitze auf diesem Stuhl, ich weiß, dass da draußen auf dem Pier in der 28. Straße Gold liegt !"

Niemand in diesem kleinen Raum schien sich zu rühren. Sie schienen in einem stillen Tableau zu sitzen. Dann konnte ich hören, wie der Mann mit der Bassstimme langsam und nachdenklich seinen Schimpfwort aussprach.

„Nun, ich werde verdammt sein!"

Der Jüngste des Trios sprach erneut mit gesenkter, aber dennoch angespannter Stimme.

„In Gold, Chuck, reines Gold! In feinem Gelbgold liegt es da und wartet darauf, umgedreht und gepflegt zu werden! Apropos Schatzsuche ! Apropos spanische Hauptschiffe und Piratenschiffe! Mein Gott, Chuck, das tun wir nicht Ich muss zur No Mosquito Coast fahren, um unsere Dublonen auszugraben! Wir haben sie direkt hier vor unserer Hintertür!"

Jemand hat ein Streichholz angezündet.

„Aber wie sollen wir sie auswählen ?" fragte ruhig der Mann namens Chuck. Es war ebenso offensichtlich, dass er sich bereits zu der Gruppe zählte , als auch, dass ihre Absicht ihn nicht ganz aus dem Konzept gebracht hatte.

„Schau her", unterbrach ihn der leidenschaftlichere junge Mann namens Tony, und dem Klang und den kurzen Pausen der Stille nach zu urteilen, schien es, als würde er eine Karte auf einen Zettel zeichnen. „Hier ist dein Pier. Und hier ist dein Lagerraum. Und hier liegt dein Gold. Und hier ist die erste Tür. Und hier ist die zweite. Wir müssen uns nicht auf die Türen verlassen. Irgendwo in der Nähe haben sie einen Wächter . Und sie haben zwei ihrer Spezialwächter hier am Landende des Piers stationiert. Der Lagerraum selbst ist leer. Sie haben ihn doppelt verschlossen und ein geschlossenes Alarmsystem, um das Ding zu sichern. Aber Was nützt das alles, wenn wir direkt in die Eingeweide dieses Zimmers essen können, ohne ein Schloss oder eine Einbruchalarmanlage zu berühren , ohne ein Geräusch zu machen !"

"Wie?" fragte die Bassstimme.

„Hier ist die Unterseite Ihres Piers. Hier ist die Flussrutsche. Wir rudern in diese Rutsche hinein, ohne ein Licht zu zeigen , und natürlich mit ausgeschaltetem Kicker. Wir rutschen darunter hinein, ohne ein Geräusch zu machen . Dann nehmen wir unsere Messungen vor. Dann machen wir Befestigen Sie sich an diesem Stapel und werfen Sie eine Leine zu diesem und eine zweite zu diesem aus, um uns vor der Flut und dem Fährwaschgang zu schützen. Dann finden wir unser richtiges Brett. Das können wir tun, indem wir eine Taschenlampe nach oben stecken gegen sie , wo man es nie sehen wird. Dann nehmen wir eine Klammer und beißen und bohren eine Reihe von Löchern über das Brett, die beiden Reihen etwa 30 Zoll voneinander entfernt, wobei jedes Loch das andere berührt . Siehst du nicht, mit Mit einem guten, scharfen Verlängerungsstück können wir dieses Quadrat in etwa einer halben Stunde herausschneiden, ohne mehr Lärm zu machen , als wenn Sie ein Streichholz an Ihrem Hosenbein kratzen würden! "

„Und wann bekommst du deinen Platz?"

„Dann klettern Redney und ich hindurch. Redney wird der Stand sein. Er beobachtet die Tür von innen. Du bleibst im Boot, mit offenem Auge nach unten. Ich gebe dir das Gold. Wir machen uns los und gleiten mit der Flut davon." . Wenn wir außer Gefecht sind , werfen wir den Kicker an und machen uns auf den Weg zu deinem Laden in Bath Beach, wo wir die sechshundertzehntausend Goldstücke einschmelzen und abwiegen lassen, bevor sie das bekommen Lagerraumtür morgens aufgeschlossen!"

„Nicht so laut, Tony; nicht so laut!" warnte den Verschwörer namens Redney . Es gab einen Moment der Stille.

In dieser Stille und ohne die Hilfe meines Mikrofons hörte ich das Geräusch von Schritten, die sich meiner Tür näherten und stehen blieben.

"Hören!" flüsterte plötzlich einer der Männer im anderen Raum.

Während ich dort saß und genauso aufmerksam zuhörte wie meine Nachbarn, drehte sich der Knopf meiner Tür. Dann wurde die Tür selbst ungeduldig gerüttelt.

Dieses Geräusch ließ mich erschrocken aufstehen. Ein Unfall hatte mich in eine Bewegung verwickelt, die zu gigantisch war, um übersehen zu werden. Das Einzige, was ich mir in dieser Zeit nicht leisten konnte, war Entdeckungen.

Drei leise Schritte führten mich durch den Raum zu meinem Mikrofon. Eine Bewegung hob das verräterische Instrument von seinen Haken, und eine zweite Bewegung löste ruckartig die Drähte, die dicht an der Gasleitung befestigt waren. Nach ein oder zwei weiteren Bewegungen schlüpfte mein Gerät in seine Tasche und die Tasche fiel hinter die abgenutzte Lederlehne des Sofas. Dann ließ ich mich auf den Stuhl neben dem Tisch sinken, wohlwissend, dass es nichts gab, was mich verraten könnte. Doch als ich dort bei meiner Flasche *Chianti saß*, spürte ich, wie die Aufregung des Augenblicks meinen Puls beschleunigte. Ich bemühte mich, meine Gefühle unter Kontrolle zu bringen, da eine Sekunde nach der anderen verging und nichts Wichtiges geschah. Es war, so kam ich zu dem Schluss, dass es sich um meinen Freund mit den wandäugigen Kellnern handelte, der zweifellos die

Botschaft überbrachte, dass lukrativere Gäste mein stinkendes Kämmerlein begehren würden.

Dann wurde mir plötzlich bewusst, dass dicht vor meiner Tür Stimmen flüsterten. Im nächsten Moment hörte ich das Knirschen von Holz, das Druck ausgesetzt war, und bevor ich mich bewegen oder die volle Bedeutung dieses Geräusches begreifen konnte, wurde die Tür gewaltsam geöffnet und drei Männer starrten mich an.

Ich schaute erschrocken zu ihnen auf – allerdings mit einem Schrecken, den ich in kluger Voraussicht in einen Schluckauf umwandeln konnte. Dieser Schluckauf wiederum erinnerte mich daran, dass ich eine Rolle zu erfüllen hatte, eine Rolle des sorglosen und verantwortungslosen Rausches.

So schmählich mir die ganze Farce auch vorkam, ich schob meinen Hut zurück auf den Kopf und starrte blinzelnd auf die drei Eindringlinge, die lässig in den Raum schlenderten. Doch als ich ihnen zuzwinkerte und trotz all der schläfrigen Unbekümmertheit, die mir zur Verfügung stand, konnte ich deutlich erkennen, dass jedes einzelne Mitglied des Trios sehr auf der Hut war. Es war der Jüngste der drei, der sich zu mir umdrehte.

„Kleiner", sagte er, und er sprach mit einer öligen Höflichkeit, die mir überhaupt nicht gefiel, „ich dachte irgendwie, ich hätte gerochen , dass hier Gas austritt. "

Er besaß die Frechheit, sich umzudrehen und die vier Wände des Zimmers anzustarren. Dann bewegte er sich mühelos über den Boden zu der Stelle, an der das Champagnerbild hing. Was er dort sah oder nicht sah, konnte ich nicht feststellen. Denn mich umzudrehen und auf ihn aufzupassen, würde bedeuten, meine Rolle zu verraten.

„Dieses Leck ist nicht in diesem Raum", gab der Zweite des Trios zu, ein dunkelhäutiger und lockerlippiger Landpirat mit einem Schwung karotteigen Ponys, der seine linke Augenbraue bedeckte. Ich wusste, noch bevor er sprach, dass er der Mann namens Redney war , genauso wie ich wusste, dass der erste Redner der junge Mann war, den sie als Tony angesprochen hatten. Der dritte Mann, der mit seiner riesenhaften Statur die beiden anderen überragte, hatte ein Gefühl der Ruhe und Festigkeit, das fast dickhäutig wirkte. Doch genau diese Solidität warnte mich in gewisser Weise davor, dass er der gefährlichste von allen sein könnte.

„ Sssh alles klar '!" Ich duldete locker, mit einem schläfrigen Zucken des Körpers. Wie sehr mein Schauspiel sie überzeugte, war mir ein großes Anliegen. Der Mann namens Tony, der weiterhin die hölzerne Trennwand studiert hatte, an der mein Mikrofon gehangen hatte, wandte sich wieder dem Tisch zu und setzte sich ruhig neben mich. Mein Herz sank wie ein Aufzug mit kaputtem Kabel, als ich den nervösen Schweiß bemerkte, der auf seiner Stirn austrat.

„Sagen Sie, Schwester, das bringt uns zum Trinken", erklärte er mit einer Unbekümmertheit, die ich als ebenso unwirklich empfand wie meine eigene Trunkenheit . Ich sah, wie er den anderen beiden bedeutete, Platz zu nehmen.

Sie taten es, ein wenig verwirrt, wobei jeder Mann seinen Blick auf den jungen Mann namens Tony richtete. Letzterer lachte, ohne dass ich den Grund verstehen konnte, und schrie über seine Schulter nur das eine Wort: „ Shimmey !"

Shimmey mein Freund war, der schillernde Kellner. Und dieser Kellner war es, der schleichend den Raum betrat.

„ Shimmey ", sagte der redselige Jugendliche an meiner Seite. „Wir haben dieses Gen'lmun eingeführt . Und wir müssen uns versöhnen. Also , was wird es sein ?"

" Nichts '!" Ich protestierte mit einer abstoßenden Handbewegung.

„Du meinst, wir sind nicht gut genug, um mit dir zu trinken?" forderte der junge Mann namens Tony. Ich konnte sehen, was er wollte. Ich konnte fühlen, was kommen würde. Er suchte nach einem Grund, wie dürftig er auch sein mochte, um Ärger zu verursachen. Er würde es auf jeden Fall rechtzeitig finden. Aber mein einziger Wunsch war, dieses Ergebnis so lange wie möglich hinauszuzögern. Also grinste ich ihn an, ziemlich idiotisch, fürchte ich.

„Alles klar ", stimmte ich schwach zu und blinzelte meine Peiniger an. „Bring mir Kleie und Limonade."

Die anderen drei Männer sahen den Kellner an. Der Kellner wiederum sah sie an. Dann studierte er mein Gesicht. In seinem kalten, nachdenklichen Blick lag etwas ausgesprochen Unangenehmes.

„ Shimmey , verstehst du? Dieser Gen'lmun möchte einen Brandy und Soda."

Der Kellner, der mich immer noch musterte, sagte: „Sicher!" Dann drehte er sich auf dem Absatz um und verließ den Raum.

Ich wusste in meinen prophetischen Knochen, dass sich in diesem duftenden kleinen Raum irgendeine Art von Ärger zusammenbraute. Aber ich war entschlossen, es bis zum Äußersten zu umgehen, ihm aus dem Weg zu gehen. Und ich nickte immer noch freundlich, als der Kellner mit seinem Tablett voller Gläser zurückkam.

„Nun, so geht's", sagte der Jugendliche und wir hoben alle unsere Gläser.

Ich wusste, dass dieser Brandy und die Limonade nicht die besten ihrer Art sein würden. Mir war auch klar, dass es unklug wäre, es abzulehnen. Also habe ich das Zeug geschluckt, wie ein Kind Medikamente schluckt.

Ich trank es in ein oder zwei Schlucken und stellte das Glas wieder auf den Tisch. Dann wischte ich mir mit dem Handrücken den Mund ab, wie es in meiner Umgebung üblich war.

Es war ein Glück, dass ich in diesem Moment meine Hand weit vor meinem Gesicht hatte. Denn als mir die Wahrheit der ganzen Sache klar und schnell klar wurde wie ein elektrischer Funke, muss es ein oder zwei Sekunden gegeben haben, in denen mir meine Rolle entglitt.

Allerdings hatte ich mich innerlich gegen einen Luftzug gewehrt, der sich als äußerst unangenehm erweisen würde. Aber der Geschmack, den ich jetzt wahrnahm, der scharfe, unverkennbare, allzu vertraute Geschmack, war zu viel für meine erschreckten Nerven. Ich verbarg meine plötzliche Körperbewegung nur durch einen simulierten Schluckauf. Das, was ich unverkennbar geschmeckt hatte, war Chloralhydrat. Sie hatten mir KO-Tropfen gegeben.

Der Gedanke kam mir plötzlich so lächerlich vor, dass ich lachte. Der bloße Gedanke an ein solches Manöver war zu viel für mich – die törichte Hoffnung, dass eine kleine homöopathische Pille Chloral mich unter den Tisch bringen würde, wie jede Ladenfrau, die aus einem Tanzlokal gelockt wird! Sie versuchten, mich unter Drogen zu setzen. Betäuben Sie *mich* , der Nacht für Nacht die doppelte und dreifache Dosis eingenommen hatte, während ich um Schlaf kämpfte!

Sie versuchten, mich unter Drogen zu setzen, ich, der in meinen schlechten Nächten sogar miterlebt hatte, wie das Narkotikum mir gewaltsam von denen entrissen wurde, die entsetzt über die Mengen dastanden, die mein zu festgefahrener Körper verlangte, und nur zu gut wussten, dass es mit der Zeit passieren würde bedeutete Wahnsinn!

Aber als ich sah, wie die drei Männer mich anstarrten, wurde mir klar, dass ich immer noch eine Rolle zu übernehmen hatte. Ich wusste, dass es unklug wäre, diese süßen Würdenträger wissen zu lassen, wie das Land lag. Ich genoss einen Vorteil, der viel zu außergewöhnlich und viel zu wertvoll war, als dass ich ihn leichtfertig aufgeben könnte.

Daher lasse ich die Droge trotz aller äußeren Anzeichen und Erscheinungen wirken. Ich spielte sorgfältig meinen vorgetäuschten Verfall in schläfrige Gleichgültigkeit aus. Ich habe die Fähigkeit verloren, mich zu koordinieren; meine Sprache wurde unartikuliert; meine Schultern hingen nach vorne über die Tischkante. Ich verwelkte wie ein abgeschnittenes Ampferkraut, bis mein Gesicht flach auf dem bierfleckigen Holz lag.

„Er ist weg", murmelte der Mann namens Chuck. Während er sprach, stand er auf.

„Dann müssen wir es schaffen", erklärte der Jugendliche namens Tony, der bereits auf den Beinen war. Ich konnte hören, wie er tief Luft holte, als er dort stand. „Und die nächste Langnase, die mir eine Herzkrankheit wie diese beschert, holt sich fünf Zoll kalten Stahl!"

Während er sprach, kniete er vor mir nieder, zog meine Füße zurück und fuhr mit einer Messerschneide über die Schnürsenkel. Dann zog er mir prompt die Schuhe von den Füßen. Diese Schuhe behielt er offenbar in der Hand. „Das wird mir wohl helfen , mich zu verankern", hörte ich ihn sagen.

„Machen wir uns an die Arbeit", schlug der große Mann vor, offensichtlich ungeduldig über die Verzögerung. „Wenn nichts weiter als fünf Zoll Bretter zwischen uns und dem Gold sind, lasst uns loslegen!"

Ich saß da, mit dem Kopf auf der Tischplatte, die so stark nach den sauren Getränken früherer Tage roch, und lauschte ihnen, während sie durch den Raum gingen. Ich hörte zu, wie sie ohnmächtig wurden und die Tür hinter sich schloss. Ich wartete dort noch ein oder zwei Minuten, ohne mich zu bewegen, da ich nur zu gut wusste, was eine zweite Entdeckung mit sich bringen würde.

Mein Kopf war immer noch über die schmutzige Tischplatte gebeugt, als ich hörte, wie die kaputte Tür noch einmal langsam aufgestoßen wurde und Schritte langsam über den Boden zu meinem Sitzplatz gingen.

Ich wusste, dass jemand auf mich herabstarrte. Ich spürte, wie vier gestreckte Fingerspitzen neugierig auf meinen Kopf drückten und ihn ein wenig zur Seite rollten. Dann veränderte die Gestalt, die sich über mir beugte, ihre Position. Eine Hand tastete vorsichtig über meinen Körper. Es verirrte sich tiefer, bis es meine Uhrentasche erreichte.

Ich konnte nichts vom Gesicht meines Feindes sehen und nichts von seiner Gestalt. Alles, was ich erblickte, war ein Fleck extrem verschmutzter Wäsche. Aber dieser flüchtige Blick genügte. Es war mein Freund, der schlaue Kellner, der sich entschlossen entschied, Heu zu machen, während die Sonne schien. Und das hat mich entschieden.

Mit einer Bewegung erhob ich mich vom Stuhl und drehte mich herum, um ihn anzusehen. Diese schnelle Körperdrehung drehte seine eigene Figur halb herum.

Meine Faust traf ihn vorne am entspannten Kieferknochen. Als er fiel, prallte er gegen die abgewetzte Ledercouch und überschlug sich dann völlig, reglos wie ein Sack Kleie.

Ich sah für einen oder zwei Moment auf ihn herab, als er mit dem Gesicht nach oben auf dem Boden lag. Dann ließ ich mich neben ihm auf ein Knie fallen, schnürte seine ausgetretenen Schuhe mit den eckigen Zehen auf und passte sie ruhig, aber leise an meine eigenen Füße an.

Als ich draußen auf der Straße war, beschleunigte ich meine Schritte und bog um die erste Ecke. Dann eilte ich weiter, bog noch einmal ab, und noch einmal, wobei ich doppelt darauf achtete, dass ich keine Chance ließ, verfolgt zu werden. Dann schwang ich mich in einen Wagen, der quer durch die Stadt fuhr, und stieg an einer Ecke wieder aus, die mit der vulgären Brillanz einer nächtlichen Apotheke glitzerte.

Ich ging direkt zur Telefonzelle dieser Drogerie und rief dort sofort das Polizeipräsidium an. Als ich nach Lieutenant Belton fragte, fühlte ich mich wie eine Person von einiger Bedeutung. Dann wartete ich, während die kostbaren Momente wie im Flug vergingen.

Schließlich wurde mir mitgeteilt, dass Leutnant Belton sich in seinem Zimmer im Hotel York in der Seventh Avenue befand. Also rief ich im Hotel York an, nur um zu erfahren, dass der Leutnant nicht da war.

Ich legte den Hörer auf die Gabel und beendete das alberne Gespräch. Ich dachte zuerst an Patrolman McCooey. Dann dachte ich an Doyle und dann an Creegan , meinen alten Detektivfreund. Dann nahm ich voller Entschlossenheit den Hörer wieder auf, bestellte ein Taxi, bezahlte meine Anrufe, schaute auf meine Uhr und lief wie eine Hyäne im Käfig auf und ab, während ich auf mein Taxi wartete.

Weitere wertvolle zehn Minuten vergingen, bis ich Creegans Tür in der Forty-Third Street erreichte. Dann drückte ich auf den Klingelknopf über dem Briefkasten und blieb genau anderthalb Minuten mit dem Finger darauf stehen.

Plötzlich fiel mir ein, dass das Klicken der Türklinke neben mir bedeutete, dass ich automatisch um Einlass gebeten wurde. Ich betrat den schwach beleuchteten Flur und ging entschlossen die schmale, mit Teppich ausgelegte Treppe hinauf, wohlwissend, dass ich Creegan direkt gegenüberstehen würde, wenn ich durch ein Oberlicht kriechen und seine Schlafzimmertür einschlagen müsste.

Aber es war Creegan selbst, der mich konfrontierte, als ich um das Geländer dieses schattigen zweiten Treppenabsatzes herumschwang.

„Wenn du diese Kinder aufweckst", teilte er mir feierlich mit, „und ich bringe dich um!"

„ Creegan ", rief ich, und es erschien mir dumm, dass ich ihn zu einem Kreuzzug überreden und überreden musste, der ihm unendlich mehr bedeutete als mir. „Ich werde dich berühmt machen!"

"Wie bald?" erkundigte er sich schüchtern.

„Innerhalb von zwei Stunden", war meine Antwort.

Weck diese *Kinder* nicht auf !" befahl er und blickte über seine Schulter zurück.

Ich packte ihn am Ärmel und hielt ihn dort fest, denn eine vage Vorahnung eines plötzlichen Rückzugs und einer verriegelten Tür ließ mich verzweifeln. Und die Zeit, das wusste ich, wurde knapp.

„Um Himmels willen, hör mir zu", sagte ich, während ich ihn hielt. Und als er dort unter dem singenden Gasstrahl stand, seinen hastig angezündeten und skeptisch geneigten Stogie im Mundwinkel, erzählte ich ihm in so wenigen Worten wie möglich, was in dieser Nacht passiert war.

„Komm rein, während ich mir die Stiefel anziehe", bemerkte er leise und führte mich in einen unbeleuchteten Flur und von dort in ein Schlafzimmer von der Größe einer Schiffskabine. „Und sprechen Sie leise", sagte er und nickte zum hinteren Ende der Halle. Als er dann auf der Bettkante saß und seine Schuhe anzog , ließ er mich noch einmal alles erzählen, unterbrach mich gelegentlich mit einer Frage und fixierte mich gelegentlich mit einem nachdenklichen Blick.

„Aber wir haben keine Minute zu verlieren", warnte ich ihn zum zweiten Mal, als er sich in ein abgelegenes Kämmerchen von einem Zimmer zurückzog, um, wie er es ausdrückte, nachzusehen, „ob die Kinder in Deckung blieben." "

Er kam am Treppenkopf zu mir zurück, immer noch mit dem sanftesten irischen Lächeln auf seinem Gesicht. Als wir die Straße erreichten und in das wartende Taxi stiegen, war dieses Lächeln verschwunden. Er rauchte lediglich noch einen Stogie, als wir uns dem Ende der Twenty-eighth Street näherten.

An der Tenth Avenue entschied er plötzlich, dass es für uns besser sei, zu Fuß zu gehen. Also warf er ein wenig reumütig sein Stogie-Ende weg und führte mich eine Straße entlang, die so eng und leer war wie ein Flussbett. Er führte mich in einen Teil von New York, den ich noch nie zuvor gekannt hatte. Es war ein Bezirk mit kahlen Ziegelmauern, rauen Steinplatten und Kopfsteinpflaster unter den Füßen, einsamen Straßenlaternen,

Schiffsplattformen und ununterbrochenen Lagerhauswänden, Lagerhöfen und Milchdepots, mit Eisenbahnschienen, die die Straßen so leer teilten, als wären sie die Straßen einer toten Stadt. Niemand erschien vor uns. Nichts deutete auf Leben hin in dieser Gegend trostloser Hässlichkeit, die wie der Hinterhof der ganzen Welt wirkte, konzentriert auf ein paar zusammengedrängte Plätze.

Wir hatten fast die West Street erreicht, als ich das periodische Geräusch der Bootspfeifen wahrnahm, die durch die Nacht schallten. Ich bemerkte, dass die Luft einen frischeren und sauberen Geruch annahm. Creegan zog mich wortlos an die Wand, an die Ecke, und zusammen standen wir da und starrten auf den Hudson hinaus.

Direkt vor uns, hinter einem Wald aus Fässern, die den Asphalt übersäten, einer wahren Stadt aus Fässern, die wie der Baumstumpf eines niedergebrannten Douglasienwaldes aussah, stand die Fassade des Pierbauwerks der Panama Company. Unter der schlichten Wellblechverkleidung wirkte es recht solide und feierlich. Und zwei ebenso feierliche Gestalten, düster und schweigsam in ihren dunklen Mänteln, standen teilnahmslos vor den geschlossenen Türen Wache.

„Komm schon", flüsterte Creegan schließlich und ging schnell nach Süden bis zum Ende der 27. Straße. Plötzlich blieb er stehen und packte mich am Arm, um meine eigenen Schritte aufzuhalten. Wir standen da und hörten zu. Aus der Stille ertönte, offenbar mitten im Fluss, das schnelle Stakkato-Husten eines Benzinmotors. Es ertönte für einen oder zwei Moment, dann wurde es still.

Wir standen da, ohne uns zu bewegen. Dann schien die Gestalt an meiner Seite plötzlich in den Wahnsinn zu geraten. Ohne ein Wort der Warnung oder Erklärung schnalzte mein Begleiter und schlüpfte zwischen den zusammengedrängten Fässerhaufen hin und her, wobei er einen Umweg zur Schlupfkante suchte. Ich sah, wie er sich auf alle Viere setzte und über das Saitenstück spähte. Dann sah ich, wie er sich zurückzog, aufstand und nach Norden zur Pier-Tür rannte, wo die beiden Wächter standen.

Was er zu diesen Wächtern sagte, konnte ich nicht wissen. Einer von ihnen drehte sich jedoch um und tätowierte die Tür mit einem Schlagstock, bevor Creegan seinen Arm packen und ihn aufhalten konnte. Bevor ich mich ihnen anschließen konnte, hatte jemand von drinnen die Tür aufgestoßen. Ich sah, wie Creegan und der erste Mann in das kühle, hochgewölbte Gebäude mit seinen exotischen Gerüchen nach Gewürzen und Kaffee und geheimnisvollen tropischen Ballen eintauchten. Ich hörte, wie jemand rief, er solle das Licht anmachen, und dann rief Creegans angewidert warnende Stimme zurück, er solle den Mund halten. Dann fand irgendwo in der

Düsternis drinnen ein weiteres Gespräch statt, ein Stimmengewirr, ein Ruf zur Ruhe, gefolgt von einem vorsichtigen Zischen.

Creegan erschien erneut in der Tür. Ich konnte sehen, dass er auf mich deutete.

„Komm schon", flüsterte er. Und ich schlich auf Zehenspitzen hinter ihm her, unter das hallende gewölbte Dach, wo die Umrisse einer Gangway mit Rädern seltsamerweise an das Skelett eines großen Dinosauriers erinnerten und die stechenden, würzigen Gerüche mich in einem Atemzug zweitausend Meilen südwärts in die Tropen trugen.

„Zieh die Schuhe aus", befahl Creegan leise . Und ich ließ mich neben ihm auf die nackten Pierplanken fallen und schlüpfte mit meinen Füßen aus Shimmeys unbeholfenen Schuhen.

Ein Mann trat von einer Tür zur Seite, als wir schweigend darauf zugingen. Creegan drehte sich um und flüsterte ihm ein oder zwei Worte ins Ohr. Dann öffnete er die Tür und führte mich am Ärmel in die völlige Dunkelheit hinein, schloss und verriegelte die Tür hinter sich.

Creegans tastenden Fingern erschreckte mich . Mir wurde klar, dass er einen kurzen zylindrischen Gegenstand gegen meinen Körper drückte.

„Nimm das", flüsterte er.

"Was ist es?" fragte ich flüsternd.

„Es ist eine Taschenlampe. Drücken Sie hier – sehen Sie! Und werfen Sie sie an, wenn ich es sage!"

Ich nahm die Taschenlampe, drückte sie, wie er es mir sagte, und sah einen schwachen Lichtschein an ihrem glaskugelförmigen Ende. Darum hatte er ein Taschentuch aus Baumwolle gewickelt. Eine tatsächlichere Beleuchtung hätte von einer Talgkerze kommen können. Aber es schien für Creegans Zweck ausreichend zu sein. Ich konnte sehen, wie er sich umsah, zu einem Stapel dicker Holzkisten trat, sie zählte, eine davon auf ihr Gewicht prüfte, sich noch einmal forschend im Raum umsah, sich dann der Länge nach auf den Dielenboden fallen ließ und sein Ohr an die Kiste drückte Holz.

Er wand sich und kroch dort umher, von einem Viertel des Zimmers zum anderen, wobei er etwa jede Minute ein Ohr gegen die Bretter unter sich drückte, wie ein Arzt, der die Lungen eines Patienten untersucht. Ich bemerkte, dass er immer wieder zu einem Bereich in der Mitte des Raumes zurückkehrte, nicht mehr als einen Meter von dem Stapel Holzkisten entfernt. Dann beugte er sich auf den Knien nach vorne und stützte seinen Körper mit den Händen in einer grotesken Bärenhaltung. Er kniete weiterhin dort und beobachtete aufmerksam das Eichenbrett direkt vor ihm.

Planke abtastete , dann zum Stillstand kam und sich dann plötzlich hob und in der Luft winkte. Ich wusste in diesem Moment nicht, dass das Signal für mich bestimmt war.

„Lass sie raus", flüsterte er. Und als ich meinen Daumen von der Kontaktstelle hob, wurde der Raum erneut in völlige Dunkelheit getaucht. Doch durch diese Dunkelheit konnte ich ein deutliches Geräusch hören, ein winziges, aber unverkennbares Geräusch splitternden Holzes, gefolgt von einem noch lauteren Geräusch, als würde eine Schnecke aus einem Loch in der Planke zu meinen Füßen herausgezogen.

flackerte und flackerte ein dünner Lichtstrahl vom Boden auf, auf dem Creegan kniete, und verschwand. Ein Grollen vorsichtiger Stimmen schlich sich an meine Ohren, und wieder konnte ich dieses schwache, aber prägnante, nagende Geräusch hören, als der geschäftige Bohrer erneut in die Eichenplanke fraß, auf der wir standen.

Plötzlich spürte ich, wie Creegans Hand mein Knie berührte. Er stand neben mir auf.

„Es ist alles in Ordnung", flüsterte er mit einer Ruhe, die mich ein wenig über meine eigene Aufregung schämte. „Du bleibst hier, bis ich zurückkomme."

Ich stand da und lauschte dem leisen Geräusch der Tür, als er sie öffnete und hinter sich schloss. Ich stand da und hörte erneut das verräterische Splittern von Holz, das anzeigte, dass der Bohrer sein zweites Loch durch die Planke gebohrt hatte. Dann ertönte das Geräusch seines Rückzugs und erneut der schwankende Lichtstrahl, als die Männer unter dem Pier ihre Arbeit untersuchten und ihr Schneckenende für die nächste Perforation ausrichteten.

Eine neue Angst begann mich zu belasten. Ich begann mich zu fragen, was Creegan so lange aufhalten konnte . Der Gedanke, dass er zu spät kommen könnte, machte mir Angst. Vage Eventualitäten, mit denen ich nicht gerechnet hatte, begannen sich mir zu präsentieren. Mir wurde klar, dass diese drei verzweifelten Männer, sobald sie sahen, dass ich erneut zwischen ihnen und ihren Zielen stand, mit keiner halben Maßnahme zufrieden sein würden.

Dann ereignete sich eine Bewegung, die meinen erschrockenen Lippen fast einen Schrei entlockte. Eine Hand, die langsam durch die Dunkelheit streckte, berührte mein Knie und umklammerte es. Dieser Kontakt kam ohne Vorwarnung und ohne Grund und verursachte einen schrecklichen Schauer durch meinen ganzen Körper. Das Wunder war, dass ich nicht ausschlug wie ein verängstigtes Fohlen und auch nicht anfing, mit der Taschenlampe um mich herumzufuchteln. Alles, was ich jedoch tat, war, mich zu drehen und wegzuschwingen. Doch bevor ich aufstehen konnte, hatte die Hand die Seite meines Mantels umklammert. Und als diese umklammernden Finger dort festhielten, hörte ich eine Stimme aus der Dunkelheit flüstern:

„Hier, nimm das", und als ich es hörte, konnte ich wieder atmen, denn ich wusste, dass es Creegan war . „Vielleicht brauchen Sie es."

Er hielt etwas, was ich für den Schlagstock eines Polizisten hielt, vor mich. Ich nahm es ihm ab und wunderte mich, wie er diesen Raum wieder betreten konnte, ohne dass ich ihn hörte.

„Dort an der Wand ist ein Lichtschalter, heißt es", war seine nächste geflüsterte Nachricht an mich. „Finden Sie es. Bleiben Sie dort zurück und werfen Sie es an, wenn ich das Wort gebe."

Ich tastete und scharrte und tappte für einen oder zwei unsichere Momente an der Wand entlang. "Habe es?" erklang Creegans flüsternde Stimme durch die Dunkelheit.

„Ja", flüsterte ich zurück.

Er sprach nicht mehr, denn ein neueres Geräusch drang sowohl in seine als auch in meine Ohren. Es war ein Geräusch des Stupsens und Neugierigen, als würden die Männer unten an ihrem gelösten Bretterquadrat zurechtkommen.

Ich beugte mich vor und lauschte, denn ich konnte das Quietschen und Knirschen des sich bewegenden Holzblocks hören. Ich habe nicht gehört, wie es tatsächlich abfiel. Aber plötzlich spürte ich einen Hauch kühlerer Luft in dem Raum, in dem ich stand, und das anhaltende Kräuseln des Wassers an den Pfahlwänden.

Dann hörte ich eine hohe Stimme sagen: „Etwas höher."

Der Sprecher schien so nah, dass ich das Gefühl hatte, ich hätte mich bücken und seinen Körper berühren können. Noch bevor ich den Flammenstrahl sah, als er ein Streichholz über den Boden schlug, wusste ich, dass der Mann bereits auf halber Höhe des Lochs war. Ich konnte die mit Schmutz bedeckte, klauenartige Hand sehen, die das Streichholz hielt, die winzige Flamme hütete und geduldig darauf wartete, dass sie größer wurde. Erst als diese Hand das brennende Streichholz vor sein Gesicht hielt, bewegte sich Creegan .

Diese Bewegung war ebenso einfach wie unerwartet. Ich hatte keine klare Vorstellung davon, aber ich wusste, was es bedeutete. Ich wusste es in dem Moment, als ich den dumpfen und widerlichen Aufprall von abgelagertem Holz auf einen menschlichen Schädelknochen hörte.

Es gab nur einen Schlag. Aber es war so gut platziert, dass eine Sekunde unnötig schien. Dann packte Creegan, soweit ich das beurteilen konnte, den fassungslosen Mann und zog ihn durch das Loch im Boden nach oben.

Einen Moment später sagte eine Stimme: „Hier, zieh!" Und ich wusste, dass der zweite Mann auf dem Weg nach oben in den Raum war.

Was Creegan daran hinderte, sein Manöver mit dem Schlagstock zu wiederholen, konnte ich nicht sagen. Aber ich wusste, dass der zweite Angriff nicht die glatte Aufgabe des ersten war, denn bereits als Creegan den Körper auf halber Höhe der Öffnung packte, musste der Kampf begonnen haben.

Das Bewusstsein, dass dieser Kampf nicht sofort entschieden werden sollte, dass jederzeit ein dritter Faktor im Kampf auftauchen könnte, weckte in mir die Notwendigkeit einer Art blinden Handelns meinerseits. Ich erinnerte mich an den ersten Mann und daran, dass er sicherlich bewaffnet sein würde. Ich rannte in die Mitte des Raumes, stolperte über die Goldkisten und fiel der Länge nach auf den Boden. Ohne wieder auf die Beine zu kommen, tastete ich herum, bis ich den am Boden liegenden Körper fand. Ich brauchte nur einen Moment, um die schlaffe Masse zu ertasten, den Revolver zu entdecken und ihn aus der Tasche zu ziehen. Ich war immer noch auf den Knien, als ich Creegan durch die Dunkelheit rufen hörte.

"Das Licht!" Er hat tief eingeatmet. "Mach das Licht an!"

Als ich den Schrecken in seiner Stimme hörte, drehte ich mich rücksichtslos um und versuchte, mich zu ihm zu tasten. Nur eine äußerste Kraft hätte ihm diesen Ruf entreißen können. Es war nur allzu offensichtlich, dass seine Position jetzt gefährlich war. Aber was diese Gefahr war, konnte ich nicht entschlüsseln.

"Wo bist du?" Ich schnappte nach Luft und hatte das Gefühl, dass er, wo auch immer er lag, Hilfe brauchte und dass der schnellste Dienst, den ich ihm erweisen konnte, darin bestehen würde, an seine Seite zu kommen.

„Das Licht, du Narr!" er schrie auf. "Das Licht!"

Ich wich aus und tastete zurück zur Wand, wo ich den Lichtschalter spürte. Ich hatte tatsächlich meine Finger auf dem Schalter, als ein Arm, der dem Arm eines Bohrturms ähnelte, durch die Dunkelheit herumschwang, mir mit einem Schlag den Atem raubte und mich gegen die Wand drückte. Bevor ich wieder zu Atem kommen konnte, drehte mich eine zweite Bewegung halb herum und hob mich von den Füßen. Zu diesem Zeitpunkt hatte sich der große Arm fest um mich gelegt und drückte meine Hände an meine Seite.

Bevor ich aufschreien oder einen Versuch zur Flucht unternehmen konnte, hatte der große Koloss, der mich festhielt, seinen Griff verändert, mich direkt vor sich herumgezogen und mich dort mit einem so starken Griff festgehalten, dass das Atmen zur Qual wurde. Und während er mich dort hielt, streckte er die Hand aus und schaltete mit seiner eigenen Hand das Licht ein. Ich wusste, noch bevor ich ihn tatsächlich sah, dass es der dritte Mann war.

Ich wusste auch, was sein Ziel war, noch bevor dieses Licht aufleuchtete. Er hielt mich wie einen Schutzschild vor sich. Das wurde mir klar, noch bevor ich den Revolver sah, mit dem er den Feind vor sich bedrohte. Was meine blinzelnden und verwirrten Augen fesselte, war die Tatsache, dass Creegan selbst am anderen Ende des Raumes den kämpfenden und sich windenden Körper des Mannes namens Redney in genau derselben Position hielt.

Aber was mich entmutigte, war die Entdeckung, dass Creegan nichts als einen Schlagstock in seiner linken Hand hielt. Ich konnte sehen, dass er die ganze Kraft seiner rechten Hand brauchte, um seinen Mann zu halten. Und sein Revolver war immer noch in seiner Tasche.

Ich besaß die Geistesgegenwart, mich an meinen eigenen Revolver zu erinnern. Und meine missliche Lage machte mich verzweifelt. Diese Bande hatte ihre Drachenzähne gesät, entschied ich, und jetzt konnten sie ihre Ernte ernten.

Ich tat so, als würde ich mich aus der Umklammerung meines Entführers befreien, bewegte mich aber die ganze Zeit über einen Ellbogen nach hinten, immer weiter nach hinten, sodass eine Hand in meine Manteltasche gesteckt werden konnte. Ich erreichte die Tasche, ohne dass ich es bemerkte. Meine Finger schlossen sich um den Griff des Revolvers. Und noch immer war mein Ziel nicht entdeckt worden.

Tasche nahm, war ich kein vernünftig denkender Mensch mehr. Zur gleichen Zeit , als ich diesen roten Wutausbruch in meinem Körper spürte, spürte ich auch, wie sich der Griff um meine Taille entspannte. Der große Mann hinter mir stieß ein einzelnes Wort aus. Es war „ *Creegan !* "

Creegan haben sollte , die er tatsächlich hatte, konnte ich mir nicht erklären. Aber ich sah, wie sich das schweißüberströmte und blutverschmierte Gesicht meines Kollegen plötzlich veränderte. Seine Augen starrten dumm, sein Kiefer fiel herunter, und er stand da, keuchend und mit offenem Mund, als ob der letzte Tropfen Mut aus seinem Körper vertrieben worden wäre.

Ich spürte, dass er aufgab, dass er sich ergab, noch bevor ich sah, wie er den Mann , den er festgehalten hatte, von sich fallen ließ. Aber ich erinnerte mich an den Revolver in meiner Hand und an die Schmach, die ich erlitten hatte. Und wieder spürte ich diese Welle von etwas, das stärker war als mein eigener Wille, und ich wusste, dass mein Moment gekommen war.

Ich hatte den Revolver halb in der Hand, die Mündung lag am Körper und zerschmetterte meinen, als Creegans Stimme, scharf und kurz wie ein Bellen, das drohende Zucken des Fingers zum Stillstand brachte.

"Stoppen!" schrie er und der Schrecken seiner Stimme verwirrte mich.

"Warum?" fragte ich in einer neuen und schrecklichen Ruhe. Aber ich habe meinen Revolver nicht gesenkt.

"Hör auf damit!" schrie er und sein neuerer Ton, der eher von Wut als von Angst zeugte, verwirrte mich ein wenig.

"Warum?"

Doch als Creegan den Mantelkragen des Mannes namens Redney packte , antwortete er nicht auf meine wiederholte Frage. Stattdessen starrte er den Mann neben mir an.

„Nun, ich werde verdammt sein!“ murmelte er schließlich.

„Was zum Teufel bist *du* ? „ Was machst du hier?“, warf der große Mann ein, während er mein Revolverende wegschob und seine eigene Waffe in die Tasche steckte. „Ich bin diesen Jungs seit fünf Wochen auf den Fersen – und ich möchte wissen, warum du queerin bist.“ ' mein Job!"

Creegan , der seine Vorderzähne zwischen Daumen und Zeigefinger abgetastet hatte, blinzelte zu dem großen Mann auf. Dann drehte er sich wütend zu mir um.

„Leg die Waffe weg!“ er heulte. Er holte tief Luft. Dann lachte er freudlos und angewidert. „Du kannst *ihn* nicht erschießen !“

„Warum kann ich nicht?“

„Er ist eine Sacktaube! Eine versengte Katze!“

„Und was ist eine Stuhltaube?“ Ich forderte. „Und was ist eine versengte Katze?“

Creegan lachte zum zweiten Mal, während er sich mit dem Handrücken über den Mund wischte.

„Er ist ein Hauptquartier-Gink, der auf dem Zaun bleibt und versucht, mit den Hunden zu jagen, während er gleichzeitig mit den Hasen rennt – und im Allgemeinen die Arbeit eines ehrlichen Offiziers verunglimpft . Und ich schätze, er hat unsere verunglimpft. So ungefähr Das Einzige, was wir tun können, ist, soweit ich weiß, von zu Hause wegzukriechen und ins Bett zu gehen!“

KAPITEL VIII

DER DUMMY-CHUCKER

Es war zweifellos eine bedeutsame Nacht, als ich Latreille entließ . Ich hatte schon seit Wochen gespürt, wie es kommen würde. Aber ich hatte offenbar Angst gehabt, mich dem zu stellen. Ich hatte gezögert und getrödelt, aus Angst vor der Tortur. Zweimal hatte ich sogar einer stillschweigenden Erpressung nachgegeben, die geschickt als bloße Gehaltsvorschüsse getarnt war. Außerdem war ich fast täglich vagen Unverschämtheiten ausgesetzt, die umso erniedrigender waren, als sie unartikuliert und unbestreitbar blieben. Und mir wurde klar, dass die Sache ein Ende haben musste.

Dieses Ende sah ich, als Benson mir berichtete, dass Latreille während meiner Abwesenheit einen Freund von ihm nicht allzu leise in meinem Arbeitszimmer bewirtet hatte. Ich hätte den Verlust der Zigarren und das Verschwinden des *Cognacs verzeihen können* , aber die Fußspuren auf meinem geschätzten alten Mahagoni-Konsolentisch aus San Domingo und das Umkippen meiner Ch'ien-lung-Lapisflasche waren Dinge, die nicht sein konnten übersehen.

Da sah ich Rot und schickte sofort und unbeirrt nach Latreille . Und ich glaube, ich habe diesen kühläugigen Schurken ziemlich überrascht, denn ich habe das Leben in letzter Zeit etwas besser kennengelernt. Ich hatte gelernt, vor seinen dunkleren Seiten und raueren Nähten weniger ängstlich zu stehen. Ich konnte zeigen, dass ich als Chauffeur nicht mehr in seiner Macht stand, indem ich zeigte, dass ich keine Angst mehr vor ihm hatte. Und Letzteres versuchte ich zu beweisen, indem ich umgehend, ruhig und unmissverständlich verkündete, dass er ab diesem Tag und zu dieser Stunde aus meinem Dienst entlassen sei.

„Das schaffst du nicht!" sagte er und starrte mich mit überraschten, aber dennoch unverschämten Augen an.

„Ich habe es geschafft", erklärte ich. „Du bist jetzt entlassen. Und je früher du rauskommst, desto besser wird es mir passen."

„Und Sie sind bereit, dieses Risiko einzugehen?" verlangte er und musterte mich unter seinen gesenkten Brauen.

„Alle Risiken, die ich in meinem Leben eingehen möchte", informierte ich ihn kühl, „sind Angelegenheiten, die mich allein betreffen. Geben Sie Ihre Schlüssel, Dienstkleidung und andere Dinge bei Benson ab. Und wenn ein Gegenstand fehlt, tun Sie es." bezahle dafür."

"Wie?" forderte er mit einem höhnischen Grinsen.

„Indem du dorthin gebracht wirst, wo du hingehörst“, sagte ich ihm.

„Und wo ist das?“

"Hinter Gittern."

Er lachte darüber. Aber er blieb stehen, als er sah, wie ich zur Tür hinausging und sie aufriss. Dann drehte er sich um und sah mich an.

„Ich werde die Dinge für Sie interessant machen!“ verkündete er langsam und bedeutungsvoll und mit einer hässlichen Vorwärtsbewegung seines hässlichen spitzen Kinns.

Jetzt war ich an der Reihe zu lachen.

„Du *hast* sie interessant gemacht“, bestätigte ich. „Aber jetzt werden sie eintönig.“

„Das wird nicht so bleiben“, beteuerte er.

Ich blickte ihm in die Augen, ohne mit der Wimper zu zucken. Ich konnte fühlen, wie mein Kampfblut immer heißer wurde.

„Du verstehst Englisch, nicht wahr?“ Ich sagte ihm. „Du hast gehört, wie ich gesagt habe, verschwinde, nicht wahr?“

Er starrte mich eine ganze halbe Minute lang mit seinem schwarzen, finsteren Blick an. Dann machte er auf dem Absatz kehrt und stolzierte aus dem Zimmer.

Es tat mir nicht leid, ihn gehen zu sehen, aber als er ging, wusste ich, dass er etwas Kostbares mit sich nahm. Er nahm meinen Seelenfrieden für die ganze gesegnete Nacht mit sich.

An Schlaf, das wusste ich, war nicht zu denken. Es wäre dumm, auch nur den Versuch zu unternehmen, es zu hofieren. Ich verspürte den vertrauten neurasthenischen Ruf nach Freiräumen, das Bedürfnis nach körperlicher Freiheit und frischer Luft. Und das war es vermutlich, der mich dazu brachte, zum Ufer zu schlendern, wo ich auf einer Schnur saß, meine siebte Zigarette rauchte und an Creegan und seine versengte Katze dachte, während ich den lichtdurchfluteten Hudson beobachtete.

Ich glaube, ich hatte eine ganze halbe Stunde dort gehockt, bevor mir die andere Präsenz so nahe bei mir auch nur vage bewusst wurde. Ich hatte keine klare Erinnerung an das Erscheinen dieser Figur. Ich bin mir sicher, dass ich keinen Eindruck von seiner Bewegung in meiner unmittelbaren Nachbarschaft hatte, bis meine selbstsüchtigen Meditationen durch die Entdeckung unterbrochen wurden, dass der Fremde am selben Kai, an dem ich herumlungerte, still und absichtlich eine aufrechte Position eingenommen hatte. Es erschreckte mich tatsächlich ein wenig, als ich feststellte, dass er an einem Ende derselben Saite stand, an der ich saß.

Dann löste etwas an der Gestalt eine langsame Verwirrung in meinem Kopf aus, während ich dort herumlungerte und den moschusartigen Hafenduft einatmete, unter einem Himmel, der in seiner Gelassenheit italienisch wirkte, und einem sanften, silbernen Mond, der die pendelnden Fähren in Schatten verwandelte, die mit römischen Akzenten überzogen waren Gold. Aus dieser Verwirrung wurde Fassungslosigkeit, denn als ich die hagere Gestalt mit ihrem locker sitzenden Koppelmantel betrachtete, der in der Brise am Hafenufer flatterte, wurde ich an etwas Beunruhigendes, an etwas Ehrfurchtgebietendes erinnert. Die hagere Gestalt, die so voluminös drapiert war, das leichenhafte Gesicht mit den erschreckend eingefallenen Wangen, der Hauch von Tragödie in der gesamten Haltung, brachten mir scharf und plötzlich den Gedanken an ein verhülltes und hohläugiges Symbol des Todes in den Sinn, für das nur die Sense nötig war ehrte Tradition, es in das fertige Bild zu übersetzen.

Er stand einige Zeit regungslos da und betrachtete das Wasser, das wie nahtloser schwarzer Samt unter dem Kai verlief. Dann zog er langsam seinen Mantel aus, faltete ihn zusammen und legte ihn auf das Bandstück, und darauf legte er wieder seinen Hut ab. Dann lachte er hörbar. Ich schaute weg, weil ich fürchtete, dass eine gesprochene Trivialität ein so anziehend mysteriöses Bild verderben könnte. Als ich ihn das nächste Mal ansah, schien er mit der absurden Beschäftigung beschäftigt zu sein, die völlig leeren Taschen seiner Kleidung langsam umzustülpen. Dann blickte er noch einmal auf das schwarze Wasser hinab.

Diese öligen Samtwirbel waren offenbar zu viel für ihn. Ich sah, wie er sein Gesicht mit den Händen bedeckte und mit einem tragisch hilflosen Murmeln „Ich schaffe das nicht!" zurückschwankte. Und sowohl die Geste als auch die Worte ließen mich an den Mann aus Medicine Hat denken.

Tausend kriechende kleine Ranken der Neugier überwältigten den Groll darüber, dass ich auf meiner Suche nach Einsamkeit so gestört wurde. Ich beobachtete weiterhin offen den unglaublich dünnen Fremden, der immer noch auf das Wasser hinabstarrte. Ein oder zwei Minuten später war ich erschrocken, als ich hörte, wie er ein ebenso trotziges wie unangenehmes Kehlkopflachen ausstieß. Dann ergriff er mit einer seltsam nervösen Geste der Ablehnung Hut und Mantel, drehte sich auf dem Absatz um und ging wie ein Schatten durch die Stille des verlassenen Kais.

Ich drehte mich um und folgte ihm. Die Tragödie, die sich auf diesem blassen Gesicht abzeichnete, war vor allem Vorwand. Man könnte ihn niemals für einen „Dummy-Chucker" halten; das Ding war echt. Jeder Mann, der das Leben so auspressen konnte, dass er daran dachte, es wie eine

Orangenschale wegzuwerfen, war es wert, ihm zu folgen. Er schien ein Widerspruch zu allem in der Stadt zu sein, die uns umgab, in dieser verrückten Stadt, in der jeder Sterbliche so versessen auf das Leben zu sein schien, wo die verlassensten Wracks so fieberhaft am Leben festhielten und wo das Leben selbst in dieser murmelnden und mondhellen Nacht so schien voller geflüsterter Versprechen.

Ich folgte ihm zurück in die Stadt und spekulierte, wie es müßige Geister tun, darüber, wer und was er war und durch welches Unglück er in diesen tiefsten Abgrund der Gleichgültigkeit geworfen worden war. Mehr als seine bloße Kleidung überzeugte mich davon, dass er kein „Krustenwerfer" war. Ich blieb ihm dicht auf den Fersen, bis wir den Broadway erreichten, und wunderte mich plötzlich, ob auch er ein Opfer dieser unerbittlichen Wachhunde war, die die Nacht in eine nie endende Inquisition verwandeln.

Dann hörten alle Spekulationen plötzlich auf, denn ich sah, dass er stehen geblieben war und verwirrt den lichtdurchfluteten Kanal des Broadway auf und ab blickte. Ich bemerkte, wie sein Blick auf ein oder zwei vorbeikommende Gestalten schweifte, die er offenbar gerade ansprechen wollte. Dann berührte er mich leicht am Arm, als ob er in der vorbeiziehenden Menge etwas Ähnliches und Gemeinsames in meinem Gesicht sehen würde.

Ich blieb stehen und sah ihm direkt ins Gesicht. Diese Begegnung schien beinahe übernatürlich zu sein, als stünden zwei verwunderte Geister am einsamsten Rand eines Niemandslandes und starrten einander an.

Er sprach nicht, wie ich befürchtet hatte , und schickte einen Hammer der Banalität, der auf diesen Kristall des Staunens einschlug. Er deutete lediglich mit seiner dünnen Hand auf die Fassade einer mit Spiegeln und Säulen versehenen Karawanserei, in der es, wie ich wusste, die Gewohnheit des obdachlosen New Yorkers war, drei Fuß Damast für drei Stunden zu pachten und dabei zu träumen, dass er die innersten Tiefen erforschte des Lebens. Ich sah, dass seine Geste eine Einladung war. Es war auch eine Herausforderung.

Und sowohl die Einladung als auch die Herausforderung nahm ich stillschweigend und doch mit einer Geste an, die nicht zu verkennen war. Schweigend folgte ich ihm auch durch die breite Tür und setzte mich ihm gegenüber an eines der rosafarbenen Parallelogramme aus weißem Leinen, die in Reihen so dick und gerade um uns herum lagen wie Grabsteine auf dem Boden einer Abtei.

Ich schaute ihn einen oder zwei Augenblicke lang nicht an und fürchtete mich dabei vor der bevorstehenden Rückkehr in die Realität. Ich ließ meinen Blick durch den grellfarbenen Raum schweifen, in den jetzt die

Flut der Menschenmassen nach dem Theaterbesuch strömte. Es enthielt nichts Neues oder Reizvolles für mich. Es war nicht das erste Mal, dass ich die Stars des Bühnenlandes in perigäischer Erstarrung bei ihrem Sieben-Gänge-Menü sitzen sah , genauso wie es nicht das erste Mal war , dass ich demütig die anstößigen Vulgaritäten von Onyxsäulen und pornografischer Kunst ertrug, um was willen Ich hatte festgestellt, dass es die unvergleichlichste Küche in Amerika gibt.

Für meinen neuen Freund auf der anderen Seite des Tisches kam es mir wie eine ebenso alte Geschichte vor, denn als ich mich von der umliegenden Flut nackter Schultern abwandte, so weiß und weich wie die Flut von Möwenflügeln, sah ich, dass er bereits eine Mahlzeit bestellt hatte ebenso geheimnisvoll üppig wie verblüffend teuer. Auch er war offenbar kein Unbekannter am Lobster Square.

Ich sah immer noch keine Notwendigkeit, das Schweigen zu brechen, obwohl er begonnen hatte, seinen Wein mit einer für mich erstaunlichen fieberhaften Rücksichtslosigkeit zu trinken. Dennoch hatte ich das Gefühl, dass die mysteriöse Blase mit jedem Atemzug größer und größer wurde. Das Ganze war mehr als das waghalsige Abenteuer eines Mannes am Ende seiner Kräfte. Es war mehr als die Extravaganz purer Hoffnungslosigkeit. Es war etwas, das mich zum zweiten Mal dazu brachte, mich umzudrehen und sein Gesicht zu betrachten.

Es war ein bemerkenswertes Gesicht, bemerkenswert durch seine Schlankheit, durch seine nicht allzu ansprechende Blässe und durch eine gewisse tragische Verstohlenheit, die zeigte, dass sein Besitzer nicht ganz im Reinen mit seiner eigenen Seele war. An seiner Figur hatte ich bereits eine gewisse Vornehmheit und nervöse Lebhaftigkeit erkannt, die ihn sofort über den Platz des anämischen Straßenabenteurers erhob. Der dünnlippige, satyrische Mund hatte etwas fast Heraklitisches . Die Haut auf den eingefallenen Wangen wirkte so straff wie das Pergament über einer kleinen Trommel. Aus den Augenwinkeln, die von einem glatten und blassen Stirnknochen beschattet wurden, strahlte ein Netzwerk winziger Fältchen aus. Seine Hände waren, wie ich sehen konnte, fast feminin weiß, ebenso weibisch in ihrer Zerbrechlichkeit wie beunruhigend in ihren nie endenden, unruhigen Bewegungen. In echten Jahren, so kam ich zu dem Schluss, könnte er irgendwo zwischen fünfundzwanzig und fünfunddreißig gewesen sein. Er war zumindest jünger, als ich zuerst dachte. Dann schaute ich mich noch einmal in dem überfüllten Raum um, denn ich hatte nicht den Wunsch, meine Inspektion als neugierig erscheinen zu lassen. Auch er ließ seinen Blick dem meinen auf seiner Erkundungsbahn folgen. Dann sprach er zum ersten Mal.

Eines Tages werden sie dafür leiden !" erklärte er plötzlich mit der Vehemenz eines Sozialisten, der mit den Wollusten eines Gomorra konfrontiert ist. „Sie werden dafür leiden!"

„Aus welchem besonderen Grund?" Erkundigte ich mich und folgte seinem Blick über den ziemlich angstlosen Raum voller anständiger Nachtschwärmer.

„Weil die eine Hälfte von ihnen", erklärte er, „Harpyien sind und die andere Hälfte Diebe!"

„Sind Sie ein New Yorker?" Ich fragte ihn sanft. Ich hatte mich gefragt, ob unter diesen Umständen selbst ein voluminöser Koppelmantel als angemessene Bezahlung für ein so fürstliches Mahl angesehen werden würde. Der Mann hatte mir bereits bewiesen, dass seine Taschen leer waren.

„Nein, das bin ich nicht", erwiderte er. „Ich komme aus Gottes Land."

Dieses zweifellos einwandfreie, aber nur vage benannte Gebiet ließ mich so sehr zweifeln, dass ich zum zweiten Mal nach dem Ort seiner Herkunft fragen musste.

„Ich komme aus Virginia", antwortete er, „und wenn ich dort geblieben wäre , wäre ich heute Nacht nicht da, wo ich bin."

jede Kritik hinauszugehen schien, drehte ich mich einfach wieder zu ihm um und fragte: „Und wo bist du heute Abend?"

Er hob sein Glas und leerte es. Dann beugte er sich über den Tisch vor und starrte mir beim Sprechen in die Augen. „Kennen Sie die Stadt Hanover unten in Virginia?"

Ich musste gestehen, dass ich es nicht getan habe. Als er mit einem Anflug von Enttäuschung auf seinem hageren Gesicht dasaß und mich ansah, bat ich ihn erneut, mir zu sagen, wo er sich derzeit aufhalte.

„Ich bin auf dem letzten Zentimeter des letzten Seilendes", war seine Antwort.

„Der Zustand scheint sich zu verbessern", bemerkte ich und blickte über den Tisch.

Er stieß ein scharfes, gackerndes Lachen aus.

„Du musst mich verlassen, bevor ich den Likör bestelle." letzten Zentimeter des letzten Seilendes?"

„Ihre Position", wagte ich es vor, „klingt fast wie eine verzweifelte."

"Verzweifelt!" wiederholte er. „Es ist mehr als das. Es ist hoffnungslos!"

„Sie haben zweifellos die Wall Street besucht oder möglicherweise Bergbauaktien gekauft?" war mein leichtfertiger Vorschlag. Ich begann zu spüren, dass seine Redeweise nicht besonders südländisch war.

„Nein", rief er mit rascher Feierlichkeit. „Ich habe es *verkauft* ."

„Aber solche Aktivitäten, so nahm ich an, waren weit entfernt von Reue."

Er starrte mich einen oder zwei Moment lang geistesabwesend an. Dann bewegte er sich unruhig auf seinem Stuhl.

„Haben Sie jemals von einem Abhörgerät gehört?" er forderte an.

„Sehr oft", antwortete ich.

„Bist du jemals auf eines ihrer Garne hereingefallen? Bist du jemals in eine ihrer hübschen, vergoldeten Fallen getappt und hast dich für alles, was du besaßst, niedergeschlagen – und sogar für Dinge, die du nicht besaßst?"

Hier gab es ein Unglück, das musste ich gestehen, das noch nicht an meine Tür geklopft hatte.

„Ich kam mit dreißigtausend Dollar in diese Stadt, und nicht ganz ein Drittel davon gehörte mir. Zwanzig davon waren für einen Marmorsteinbruch bestimmt, den wir am Potomac eröffnen wollten. Sie schickten mich nach Norden, um den Deal abzuschließen." Für mich war das wirklich neu. Ich war nicht an eine Stadt gewöhnt, in der man die Fußmatten festbinden muss und man es nicht wagt , ohne polizeiliche Genehmigung mit dem Nachbarn zu sprechen . Und wenn ein wohlhabend aussehender Reisender dabei ist Als ich in meinem Hotel über Pferde und Rennen und die Schnur sprach, die Keene letzten Winter in den Süden geschickt hatte, stieß er auf etwas, das mir ziemlich am Herzen lag, denn das ist es, wofür wir uns zu Hause interessieren – Pferdezucht und Viehzucht. Dann erzählte er es mir wie der stellvertretende Superintendent der Western Union, der Mann, der ihre Rennabteilung leitete, ein alter Freund von ihm war. Er ließ auch zu, dass dieser Freund bereit war, ihm einige frühe Rennrückkehrer anzurufen, für das, was er als großen Rakeoff bezeichnete . Er nahm mich sogar mit zum Western Union Building an der Ecke Dey und Broadway und stellte mich einem Mann vor, den er den stellvertretenden Superintendenten nannte. Wir trafen ihn in einem der Flure – er trug Hemdsärmel und sah aus wie ein ziemlich beschäftigter Mann. Er sollte die Rückzahlung zurückhalten, bis unsere Wetten abgeschlossen werden konnten. Er erklärte, dass er selbst an der Sache nicht beteiligt sein könne, seine Schwägerin die Rücksendungen aber möglicherweise über ihre eigene Privatleitung abwickeln könne.

„Das kommt mir sehr bekannt vor", kommentierte ich traurig.

„Er schien das Interesse zu verlieren, als er herausfand, dass ich nur ein paar tausend Dollar besaß. Er sagte, der Mord würde sich auf eine Viertelmillion belaufen, und das Risiko, die Sendungen des Unternehmens zurückzuhalten , wäre zu groß, als dass er sich darum kümmern könnte kleine Wetten. Aber er sagte, er würde den Plan am Nachmittag ausprobieren. Also nahm mich mein Reisefreund mit in einen Billardraum mit Rennzetteln und Tafeln und einem halben Dutzend Telegrafenschlüsseln und doppelt so vielen Telefonen. Es sah so aus Echte Sache für mich. Als die Rücksendungen eintrafen und wir unseren Flash, unser privates Trinkgeld vom Western Union-Büro bekamen, versuchte ich es mit fünfzig Dollar bei einem Drei-zu-eins-Schuss.“

„Und natürlich hast du gewonnen“, war meine mitfühlende Erwiderung, während ich dasaß und der alten, traurigen Geschichte zuhörte. "Du machst immer."

„Dann traf ich die Frau, von der ich sprach, die Frau, die sich selbst die Schwägerin des Renndrahtmanagers nannte.“

„Und wie war *sie* ?“ Ich habe nachgefragt.

„Sie sah jeder dieser Frauen hier in der Gegend sehr ähnlich“, sagte er und ließ den Blick über das Gewusel von Möwenflügelrücken und den Garten voller Pracht schweifen, der uns umgab. „ *Sie sah gut genug aus, um meine dreißigtausend zu bekommen und mich abzusetzen .*“

Worüber er sein freudloses und mumienhaftes Lachen lachte.

„Sehen Sie, ich hatte genug Verstand, um über Nacht kalte Füße zu bekommen. Aber als ich am nächsten Tag mit ihr darüber sprach und sah, wie sie ein paar ihrer Wall-Street-Freunde anrief, vergaß ich irgendwie meine Skrupel. Sie hat mich erwischt.“ wieder schiefes Denken. Und das ist alles. Damit endet die Geschichte.“

von Harpyie dachte , begann mich zu irritieren.

„Aber warum sollte es hier enden?“ Ich forderte.

„Weil ich zwanzigtausend Dollar vom Geld anderer Leute in ein falsches Spiel gesteckt und es verloren habe.“

„Nun, was ist damit?“

„Glaubst du, ich könnte mit dem, was über mir hängt, nach Hause gehen?“

„Angenommen, Sie können es nicht. Ist das ein Grund, warum Sie sich in dieser Phase des Spiels hinlegen sollten?“

„Aber ich habe verloren“, beteuerte er. „Alles ist weg!“

„„Es ist nicht alles verloren‟‟, zitierte ich und fühlte mich ganz ähnlich wie Franz I. nach der Schlacht von Pavia, „bis auch die Ehre verschwunden ist!‟‟

„Aber selbst *das ist* weg‟, war seine lustlose Erwiderung. Er sah fast wütend auf, als ich meine ungeduldige Bewegung bemerkte. „Nun, was würdest *du* dagegen tun?‟ er forderte heraus.

„Ich würde das Geld zurückbekommen, oder ich würde diese Bande hinter Gitter bringen‟, war die Antwort, die ich ihm entgegenschleuderte. „Ich würde bis zum Ende gegen sie kämpfen.‟

„Aber es gibt nichts, wogegen man kämpfen könnte. Es gibt niemanden, den man erreichen kann. Dieser Western-Union-Mann war nur ein Betrüger, ein Angeber. Ihr Billardraum gehört zu den Luftschiffen, die weiterziehen, wenn die Polizei auftaucht. Dann würden sie behaupten, ich sei einer So schlimm sie auch waren, sie haben versucht, einen ehrlichen Buchmacher um sein Geld zu betrügen. Und außerdem gibt es nichts mehr zu beweisen, dass ich ihnen jemals etwas gegeben habe.‟

„Dann würde ich so lange weitermachen, bis ich etwas gefunden habe‟, erklärte ich. „Wie wäre es mit der Frau?‟

„Sie wäre zu schlau, um erwischt zu werden. Und ich glaube nicht, dass sie mich anhand eines Stücks Käse erkennen würde.‟

„Glauben Sie, Sie könnten mich irgendwie mit ihr in Kontakt bringen?‟ Ich fragte.

„Aber sie steht unter Polizeischutz. Ich habe selbst versucht, sie verhaften zu lassen.

„Dann wissen Sie, wo sie wohnt?‟ Ich habe schnell nachgefragt.

Er zögerte einen Moment, als hätte ihn meine Frage überrascht. Dann erwähnte er eines der kleineren Apartmenthotels am oberen Broadway.

"Und was ist ihr Name?"

Wieder zögerte er, bevor er antwortete.

„Oh, sie hat ein Dutzend, schätze ich. Die einzige, die ich kenne, ist Brunelle, Vinnie Brunelle. Das ist der Name, auf den sie dort oben geantwortet hat. Aber schauen Sie mal – Sie werden nicht versuchen, sie zu sehen, oder?‟

„Das kann ich erst morgen sagen.‟

„Ich glaube nicht, dass es morgen welche für mich geben wird“, erwiderte er, als sein früherer lustloser Ausdruck in sein Gesicht zurückkehrte. Er blickte sogar ein wenig erschrocken auf, als ich aufstand.

„Das ist Unsinn“, war meine Antwort. „Wir werden uns morgen Abend hier treffen, um alles zu besprechen.“

"Aber warum?" er protestierte.

„Weil ich den Eindruck habe, dass Sie eine Pflicht zu erfüllen haben, eine sehr ernste Pflicht. Und wenn ich Ihnen in irgendeiner Weise behilflich sein kann, wird es mir eine große Freude sein. Und in der Zwischenzeit möchte ich hinzufügen, dass ich es bin Ich bezahle dieses kleine Abendessen.

Es gibt keine explosivere Aktivität als die des chronischen Faulenzers. Als ich am Broadway war, ließ ich dementsprechend nicht zu, dass das Gras unter meinen Füßen wuchs. Zwei Minuten am Telefon und weitere zehn Minuten im Taxi brachten mich mit meinem alten Freund Doyle in Kontakt, der in der unteren Seventh Avenue an einer Schießerei auf einen Mulatten arbeitete, so leise wie ein Gärtner, der seinen Kohlgarten bearbeitet.

„Was wissen Sie über eine Frau namens Vinnie Brunelle?“ Ich forderte.

Er studierte den Bürgersteig. Dann schüttelte er den Kopf. Der Name bedeutete ihm offensichtlich nichts.

„Gib mir noch etwas, woran ich arbeiten kann!“

„Sie ist eine junge Frau, die von ihrem Verstand lebt. Sie behält eine sehr gute Front und führt hin und wieder eine Art Abhörspiel durch.“

Cassal- Frau wäre, die Andrus als Ersatz für sein mexikanisches Minenspiel benutzte? Aber *sie* behauptete, Andrus hätte sie getäuscht.“

"Und was noch?" Ich habe nachgefragt.

einen Moment lang still und in Gedanken versunken da .

„Oh, das ist alles. Ich habe gehört, dass sie eine ungewöhnlich kluge Frau ist, sozusagen die klügste Frau der Welt. Aber was willst du?“

„Ich möchte, dass sie alles dokumentiert.“

„Diese Art von Frau hat nie eine Vorgeschichte. Das ist Klugheit, mein Junge, deinen Ruf auf Kosten deines Charakters zu wahren.“

„Du hast ein Epigramm hervorgebracht“, beschwerte ich mich, „aber du hast mir nicht aus meinem Dilemma geholfen.“ Daraufhin bat er mich um eine Karte.

„Ich melde mich mal bei Sherman – Camera-Eye Sherman, wie wir ihn unten im Hauptquartier anriefen. Er ist jetzt bei der Bankers' Association, aber er war so lange bei unserem Identifikationsbüro, dass er sie alle so gut kennt wie er. " eigene Familie."

Und unten auf meiner Karte sah ich, wie Doyle schrieb: „Bitte sagen Sie ihm, was Sie über Vinnie Brunelle wissen können."

„ Natürlich konnte ich ihn heute Abend nicht sehen?"

Doyle blickte auf seine Uhr.

„Ja, das kannst du. Du holst ihn in seiner Wohnung am Riverside ab. Und ich gebe dir die Chance, dass du die alte Nachteule dabei findest, wie sie mit seiner Schwägerin Bezique spielt!"

Genau das tat meiner Meinung nach der Mann mit dem Kameraauge. Er saß um ein Uhr morgens da und teilte die Karten aus, mit einem Gesicht, das so sanft und ausdruckslos war wie ein venezianischer Kardinal, der seine Tauben füttert.

Mein Gastgeber betrachtete die Karte in seinen Fingern, sah mich an und dann noch einmal auf die Karte.

„Sie hat dich in Schwierigkeiten gebracht?" war seine lakonische Frage.

„Ich habe die Dame noch nie getroffen. Aber ein Freund von mir hat ihn leider getroffen. Und ich möchte tun, was ich kann, um ihm zu helfen."

„Wie viel hat er verloren?"

„Etwa dreißigtausend Dollar, behauptet er."

„Was war das Spiel?"

„Es scheint einer dieser sogenannten Abhörversuche gewesen zu sein."

„Komisch, dass sie das immer erwischt !" grübelte der Kirchendiener mit den seit langem verschwiegenen Gesichtern. „Nun, hier ist, was ich über Vinnie weiß. Vor sieben oder acht Jahren war sie ein Künstlermodell. Dann nahm ein Bildhauer namens Delisle sie mit nach Paris – sie war damals noch im Teenageralter. Aber sie war zu schlau, um im Atelier zu bleiben -Ratten-Arrangement. Dort war sie bald am Ende ihrer Kräfte. Dann kam sie nach Hause – ich vermute, sie versuchte es auf der Bühne und schaffte es nicht. Dann war sie Perlenagentin in London. Dann spielte sie eine Variante des „Lost-Eir"-Spiels im sogenannten Southam-Fall, bei dem sie unter einem englischen Vertrauensmann namens Adams arbeitete. Dann empfand sie Abneigung gegen Adams und kehrte nach Amerika zurück. Sie musste nehmen, was sie kriegen konnte, und war ein paar Wochen lang ein Verschließer für den Eimerladen einer hochrangigen Frau. Als das

Hauptquartier den Laden schloss, ging sie in den Süden und war in irgendeiner Weise am Parra-Aufstand im Osten Kubas beteiligt.

Mein apathischer Chronist hielt einen oder zwei Moment inne und betrachtete sein zerrissenes Zigarrenende.

„Dann heiratete sie einen Haytian -Juden im brasilianischen Kaffeegeschäft, der einen spanischen Titel gekauft hatte. Dann warf sie den Titel und den Kaffeemann hin und kehrte nach Washington zurück, wo sie als Lobbyistin für ein Unternehmen tätig war Ein oder zwei Winter. Dann fing sie an, jeden Monat oder so nach Europa zu reisen. Ich werde nicht sagen, dass sie eine Dampfschiff-Spielerin war. Ich glaube nicht, dass sie es war. Aber sie hat Freunde gefunden – und sie konnte eine Partie Bridge spielen. Ich würde dir die Haare zu Berge stehen lassen. Dann arbeitete sie mit einem Minenaktienmanipulator namens Andrus zusammen. Sie war klug genug, sich von unten zu befreien, bevor er den Fluss hinaufgeschickt wurde. Und seitdem, so erzählt man mir, macht sie mehr oder weniger so etwas ein oder zwei respektable Spiele mit Coke Whelan, dem Abhörer. Und das ist wohl auch schon alles.“

„Ist sie, soweit Sie wissen, jemals verhaftet worden? Hätten sie zum Beispiel ein Foto von ihr unten im Hauptquartier?“

Der Mann, der im Studium der Kriminalität alt geworden war, lächelte ein wenig.

„Man kann eine Frau nicht verhaften, bis man Beweise gegen sie hat.“

„Dennoch sind Sie sicher, dass sie in eine Reihe krummer Unternehmen verwickelt war?“

„Ich habe sie nie eine Gaunerin genannt“, protestierte mein Gastgeber mit einer Unpersönlichkeit, die plötzlich ebenso olympisch wie ärgerlich wurde. „Niemand hat mir jemals bewiesen, dass sie eine Gaunerin war.“

„Nun, ich werde es beweisen. Und ich stelle mir eher vor, dass ich sie verhaften lasse. Warum“, forderte ich, genervt von seinem satirischen Lächeln, „Sie wollen doch nicht sagen, dass eine solche Frau immun ist.“ ?"

„Nein, ich würde nicht genau sagen, dass sie immun war. Andererseits schätze ich, dass sie unseren Leuten in ein oder zwei Fällen geholfen hat, als es sich ausgezahlt hat.“

„Du meinst, sie ist wirklich eine Denunziantin, wie man sie nennt ? “

„Auf keinen Fall. Sie ist einfach schlau, das ist alles. Das einzige Mal, dass sie sich jemals gegen ihre eigenen Leute gewandt hat, war, als sie sie hingeworfen und platt gemacht haben. Dann hat sie für Wilkies Büro in Washington ein bisschen Geheimdienstarbeit geleistet, was ihr geholfen hat mehr Anziehungskraft als alle Ihre Tammany-„Politiken" östlich des Broadway.

„Soll ich verstehen, dass das, was Sie Politik nennen und ziehen, dazu führt, dass eine Frau einem Mann dreißigtausend Dollar raubt und ungeschoren davonkommt ? "

„Mein lieber Freund, diese Art von Frau *beraubt niemals* einen Mann. Das ist auch nicht nötig. Sie blinzeln nur und übergeben es. Dann denken sie etwa zehn Stunden später an ihr Zuhause und ihre Mutter."

„Aber das klingt nicht ganz vernünftig", behauptete ich.

Der ältere Mann blickte feierlich auf das Ende seiner Zigarre, bevor er seine nächste Frage stellte.

„Hast du sie schon gesehen?"

„Nein, das habe ich nicht", antwortete ich, als ich aufstand, um zu gehen. „Aber ich habe es vor."

Er bewegte seine schwere Schulter in einem schnellen halbkreisförmigen Vorwärtsstoß. Es hätte alles bedeuten können. Aber ich habe nicht lange gezögert, um es herauszufinden. Ich war von der Notwendigkeit schnellen und persönlichen Handelns meinerseits zu sehr beeindruckt, als dass ich mir den Rat von Außenstehenden zu Herzen genommen hätte.

mit jeder wachen Stunde verspürte ich eine immer größere Neugier, diese seltsame und interessante Frau zu sehen, die, wie Doyle es ausdrückte, ihren Ruf auf Kosten ihres Charakters bewahrt hatte.

Es war extrem früh am nächsten Morgen, als ich mich im Apartmenthotel von Vinnie Brunelle traf. Ich hatte nicht nur schlecht geschlafen; Ich hatte auch davon geträumt, dass ich ein Flagellant-Mönch wäre, der über den glühend heißen Sand geschickt wurde, um einen barbarischen und grünäugigen Thailänder zu bitten, davon abzusehen, die Telegrafendrähte abzuhören, die in das Lager Alexanders des Großen führten.

Die Absurdität dieses opianischen Albtraums schien sich auf meine tatsächlichen Bewegungen am Morgen zu übertragen. Das anspruchsvolle weiße Licht des Tages verdorrte den letzten Hauch von Romantik aus meinem weltfremden Kreuzzug. Nur indem ich mir selbst versicherte, nicht so sehr, dass ich mich für die Sache der Gefallenen einsetzte, sondern dass ich im Begriff war, einen für meine Erfahrung völlig neuen Frauentyp zu treffen, konnte ich Miss Brunelles offensichtlich nüchterner Tür entgegentreten.

Diese Tür wurde ordnungsgemäß von einem Dienstmädchen geöffnet, von einem überraschend eleganten Dienstmädchen in weißer Mütze und Schürze. Ich war mir bewusst, dass ihr verschleierter, aber forschender Blick für den kleinsten Bruchteil einer Sekunde auf meiner beschämten Person ruhte. Ich vermutete fast, dass in diesem Auge eine Spur von etwas seltsamer Verachtung zu erkennen sein könnte. Aber zu meinem kleinen Erstaunen wurde ich ohne weitere Fragen eingelassen.

„Miss Brunelle ist gerade von ihrem morgendlichen Ausritt im Park zurückgekommen", erklärte dieses Dienstmädchen.

Ich betrat etwas, das offensichtlich ein Esszimmer war, ein kleines, aber gut beleuchtetes Zimmer. Gestreifte Markisen hielten noch immer die milde Herbstsonne von den geöffneten Fenstern fern, wo eine doppelte Reihe scharlachroter Geranienwipfel im Wind nickte. An einem Ende des Tisches in der Mitte des Raumes saß eine Frau und aß ihr Frühstück.

Sie sah jünger aus, viel jünger, als ich gedacht hatte. Hätte sie nicht bereits dagesessen, überschwemmt von den ätzenden Säuren eines früheren Vorurteils, hätte ich sogar zugegeben, dass sie eine äußerst schöne Frau war.

Sie trug einen rosafarbenen Morgenmantel, dessen Haut an Hals und Armen satinartig glatt war. Ihre Augen waren, wie ich sehen konnte, etwas zwischen haselnussbraun und grün und standen weit auseinander unter einer Pallas-Athena-Stirn, die man als heiter bezeichnen könnte, wenn nicht ein Hauch von Rebellion aus dem unteren Teil des Gesichts verschwunden wäre. Die Lebendigkeit ihrer Farbe, die selbst der flammende Schwung ihres Kleides nicht völlig außer Acht lassen konnte, ließ mich an materielle Auftriebskräfte denken, an lebendiges Fleisch und Blut und einen frisch gebadeten Körper.

Ihr Blick war direkt, beunruhigend direkt. Ich fragte mich sogar, ob sie meine Gedanken las oder nicht, als ich bemerkte, dass ihre Hände groß und weiß waren, dass ihr Mund trotz all seiner grübelnden Unzufriedenheit nicht ohne Humor war und, seltsamerweise, dass ihre Finger, Ohren, und an der Kehle fehlte jeglicher Schmuck, den ich für ihre Art typisch gehalten hatte.

Dass sie über eine vage, aber bedrohliche Gabe der Intimität verfügte, konnte ich nur allzu deutlich spüren, nicht so sehr an der ungestörten Leichtigkeit ihrer Pose und der nachlässig geöffneten Kehle und Armen, sondern am direkten Blick dieser forschenden und klaren Augen, die verrieten, dass es nur wenige waren der Mohn-Illusionen des Lebens könnten in ihrer Nachbarschaft erblühen. Dieses unangenehme Gefühl geistiger Klarheit zwang mich tatsächlich zu dem Bewusstsein, nicht so sehr in der Gegenwart eines weichen und luxuriösen Körpers zu sein, sondern vielmehr einem Geist gegenüberzustehen, der auf seine unpassende Art ebenso streng wie wachsam war .

„Willst du mich sehen?" sagte sie über ihrer Kaffeetasse. Mein zweiter Blick zeigte mir, dass sie ein Frühstück aus gefrorenen Grapefruits, Koteletts, Rührei und Buttertoast aß.

„Sehr", antwortete ich.

"Worüber?" fragte sie und zerbrach ein Stück Toast.

„Über die unglückliche Lage eines jungen Herrn, der sich gerade von dreißigtausend Dollar getrennt hat!"

Sie senkte den Kopf mit den lockeren, dichten dunklen Locken und warf einen Blick auf meine Karte, bevor sie erneut sprach.

„Und was könnte ich möglicherweise für ihn tun?"

In ihrer ungerührten Ruhe lag etwas weder Beruhigendes noch Ermutigendes. Aber ich hatte nicht vor, mich durch irgendeine theatralische Parade der Ruhe entwaffnen zu lassen .

„Sie könnten", schlug ich vor, „die dreißigtausend zurückgeben."

In ihrem Blick lag mehr Trägheit als aktive Herausforderung, als sie sich umdrehte und mich ansah.

„Und ich glaube nicht, dass ich überhaupt weiß, wer du bist", murmelte sie.

„Aber ich weiß zufällig genau, wer du bist", war meine prompte und nicht allzu sanfte Erwiderung.

Sie strich ihr Haar zurück – es kam ihr sehr dick und schwer vor – und lachte ein wenig.

"Wer bin ich?" fragte sie und leckte die Toastkrümel von ihren weißen Fingerspitzen.

„Ich werde dir sagen, wer du bist", erwiderte ich etwas hitzig. „Sie sind ein Figurenmodell, das ein Bildhauer namens Delisle mit nach Paris genommen hat. Sie sind der alte Mitstreiter von Adams im Southam-Erbenfall . Sie sind die Frau eines Haytian -Mischlingsjuden mit spanischem Titel. Sie sind die Frau, die mit Andrus zusammengearbeitet hat, dem wilden Minenbetrüger, der jetzt in Sing Sing sitzt . Und im Moment sind Sie die Komplizin einer Bande, die von einem gewissen Coke Whelan angeführt wird, einem bekannten Abhörgerät die Polizei."

Ihr Gesicht zeigte weder Wut noch Groll, als ich mich von dieser unappetitlichen Abstammung befreite. Tatsächlich wirkten ihre fleißigen Augen fast nachdenklich.

„Und angenommen, das ist alles wahr?" fragte sie schließlich. "Was davon?"

Sie saß da und sah mich kühl wie eine Gurke an. Ich konnte nicht länger leugnen, dass sie mich als Typ interessierte. Ihre ungezähmte Kühnheit war für mich etwas Neues. Sie schien immer noch im wilden Zustand zu sein. Ihre bloße Anwesenheit, als sie dort im klaren Morgenlicht saß, übte auf mich denselben Zauber aus, der Kinder vor dem Käfig eines Zirkustiers festhält.

"Was davon?" wiederholte sie leise.

„Ich fürchte, da ist nichts passiert", gab ich zu, „außer in dem einen Punkt, wo es meine persönlichen Interessen beeinträchtigt. Ich habe vor, die dreißigtausend Dollar zurückzubekommen."

Die Entschlossenheit meines Tons schien sie nur zu amüsieren.

„Aber warum kommst du zu mir?" fragte sie und wandte sich wieder ihrem Frühstück zu. „Angenommen, ich wäre wirklich ein Rädchen in einer solchen Maschinerie, von der Sie sprechen, wie viel würde dann auf einem kleinen Rädchen übrig bleiben, wenn so viele Räder geölt werden müssten?"

„Ich habe kein großes Interesse an Ihrer Bande und ihren Methoden. Ich weiß nur, dass ein gewaltiges Unrecht begangen wurde, und ich möchte, dass es wiedergutgemacht wird."

„Aus welchem Motiv?" fragte sie mit der ihr eigenen barbarischen Unmittelbarkeit.

„Aus den desinteressiertesten Beweggründen – ich meine vom Standpunkt dieser eher ungewöhnlichen Sache, die man als allgemeine Ehrlichkeit bezeichnet."

Sie sah mich lange und aufmerksam an, bevor sie wieder sprach. Ich hatte das Gefühl, aufgenommen und umgedreht und durch eine Linse unerbittlicher Klarheit untersucht zu werden.

„Kennen Sie diesen jungen Mann, der sein Geld für das, was er für ein festgelegtes Rennen hielt, verloren hat?"

„Ich habe ihn kennengelernt", antwortete ich, ein wenig beunruhigt darüber, wie dürftig diese Bekanntschaft war.

„Und kennst du ihn schon lange?"

Ich musste das Gegenteil gestehen.

„Und Sie verstehen den Fall durch und durch?“

„Das glaube ich“, war meine knappe Erwiderung.

Sie drehte sich schnell zu mir um, als wollte sie gleich einen Wutanfall auslösen. Aber als sie es sich noch einmal überlegte, schwieg sie.

„Wenn das Leben nur so einfach wäre, wie ihr sentimentalen Wohltätigkeitshelfer es versucht!“ „Beschwerte sie sich und musterte mich mit einem mitleidigen Blick, den ich sehr zu verübeln begann. Mit einem verächtlichen Blick schweifte sie durch den Raum. „Wenn all diese Heuwerber , die in diese Stadt kommen und denen ihr Geld weggenommen wird, nur so lammähnlich wären, wie ihr euch das vorstellt!“

„Ist das ein Versuch, Diebstahl zu rechtfertigen?“ Ich habe nachgefragt. Zum ersten Mal sah ich einen Hauch dunklerer Farbe auf ihrer Wange. Ich war mir einer gewissen Dualität in ihrer geistigen Ausstattung bewusst, ebenso wie ich in ihrer Sprechweise eine höhere und eine niedrigere Ebene erkennen konnte.

„Überhaupt nicht“, erwiderte sie. „Ich spreche nicht von Diebstahl. Und wir können uns genauso gut auf Fälle beschränken. Ich glaube nicht, dass es jemals viel bringt, unhöflich zu sein, oder?“

Ich war gezwungen, ihr zuzustimmen, obwohl ich das Gefühl nicht loswerden konnte, dass sie irgendwie gegen mich gepunktet hatte. Und das war die Frau, von der ich einst befürchtet hatte, sie würde versuchen, mit meinen Mantelknöpfen zu spielen.

„Ich fürchte“, fuhr sie mit ihrem ernsten, abwesenden Tonfall fort, „dass Sie mich sehr sachlich finden werden. Eine Frau kann nicht so viel von der Welt sehen wie ich und dann – oh!“ und dann schlagen wir es zurück zu den Elsie Books.

Ich ärgerte mich über den Absturz in die untere Ebene, als ob sie zu dem Schluss gekommen wäre, dass die obere Ebene für mich unverständlich sei.

„Entschuldigen Sie, meine Dame. Es sind nicht meine Windmühlen, denen ich treu bleiben möchte; es ist eines meiner Versprechen.“

„Das Versprechen war sehr dumm“, protestierte sie sanft. „Trotzdem“, fügte sie im Nachhinein hinzu, „sind Sie intelligent. Und ich mag Intelligenz.“

Noch immer ruhten ihre tiefen und forschenden Augen auf meinem Gesicht. Ihre nächsten Worte schienen eher ein Monolog als eine Rede zu sein.

„Dennoch tun Sie dies nur, um Ihren Windmühlen treu zu bleiben. Sie tun es aus nichts anderem als blinder und weltfremder Großzügigkeit."

Die Tatsache, dass meine Anspielung auf sie nicht entgangen war, gefiel mir, glaube ich, etwas mehr als ihr starrer, mitleidiger Blick.

„Ist es nicht seltsam", sagte sie, „wie wir in Dingen falsch liegen, wie wir voreilige Schlüsse ziehen und Menschen falsch einschätzen? Du denkst in diesem Moment, dass ich derjenige bin, der schief sieht, dass ich es bin." derjenige, der meinen Blick auf die Dinge verloren hat. Und jetzt werde ich etwas tun, was ich nicht im entferntesten tun wollte, als Sie diesen Raum betraten.

"Und was ist das?"

„Ich werde dir zeigen, wie falsch du gelegen hast, wie falsch du liegst."

"In was?" Ich erkundigte mich, als sie wieder schweigend vor mir saß.

„In allem", antwortete sie schließlich, als sie aufstand. Ich wurde mir ihrer körperlichen Anziehungskraft, ihres unveräußerlichen körperlichen Auftriebs sofort bewusster, als ich sie in voller Größe da stehen sah. Der tiefe Farbfluss in ihrem locker fallenden Kleid verlieh ihr eine fast päpstliche Erhabenheit. Instinktiv erhob ich mich wie sie. Und ich konnte an ihren Augen erkennen, dass die Höflichkeit für sie weder unerheblich noch unangenehm war. Sie wollte gerade etwas sagen; Dann blieb sie stehen und sah mich einen oder zwei zögernde Momente lang an.

Angesichts der Ernsthaftigkeit dieses Blicks hätte man meinen können, dass sie vor dem Rubikon ihres Lebens stand. Aber einen Moment später lachte sie laut, durchquerte mit viel Rascheln der Röcke den Raum und öffnete eine Innentür.

Durch diese Tür verschwand sie für einen oder zwei Augenblicke völlig aus meinem Blickfeld. Dann kam sie zurück und hielt ein Kabinettfoto in der Hand.

"Weißt du es?" fragte sie leise, als sie es mir reichte.

Es genügte ein Blick, um mir zu zeigen, dass es ein Bild des Mannes war, für dessen Anliegen ich mich in diesem Moment einsetzte, des Mannes, dem ich in der Nacht zuvor vom Pier des North River aus gefolgt war. Ein zweiter Blick zeigte mir, dass das Foto in London aufgenommen worden war; es trug die eingestanzte Inschrift: „ Garet Childs, Regent's Park, NW"

Die anhaltende Erwartungshaltung der Frau, die unerfüllte Erwartung, verwirrte mich. Ich habe weder an dem Bild noch an ihrem Besitz etwas Bemerkenswertes gesehen.

„Ich glaube, das ist der Mann, den Sie aus den Fängen eines Abhörers namens Whelan, Coke Whelan, wie Sie ihn nennen, retten wollen?“

Ich habe zugegeben, dass es so war.

„Sehen Sie sich jetzt die Unterschrift darauf an“, forderte sie ihn auf.

Ich tat, was sie vorgeschlagen hatte. Dort stand geschrieben: „Mit freundlichen Grüßen, Duncan Cory Whelan.“

„Habe ich Ihnen die Situation jetzt einigermaßen deutlich gemacht?“ fragte sie und beobachtete mein Gesicht, während ich von ihr auf das Foto und dann wieder zurück zu ihr schaute.

„Ich muss gestehen, ich verstehe es nicht ganz“, gab ich zu und dachte in diesem Moment darüber nach, wie ihr Gesicht im starken Seitenlicht der Fenster einen ganz zufälligen Anflug von Pathos angenommen hatte.

„Es ist einfach so, dass der Mann, den Sie vor Coke Whelan retten wollen, *Coke Whelan selbst ist* .“

"Das ist nicht möglich!" war mein Ausruf.

„Es ist nicht unmöglich“, sagte sie ein wenig müde, „denn die ganze Sache ist nichts weiter als eine Lüge, ein Komplott. Und Sie können es genauso gut wissen. Es kann nicht weitergehen. Die ganze Sache *war ein Plan.*“ *Falle dich* .

„Ein Plan, mich in eine Falle zu locken?“

„Ja, ein sorgfältig ausgearbeiteter Plan, um Sie einzusammeln. Und jetzt, sehen Sie, gerät die Maschinerie ins Rutschen, wo es nicht erwartet wurde!“

Ich stand ungläubig und benommen da und versuchte, den Schock zu verdauen.

„Du meinst, dass der Mann, den ich letzte Nacht getroffen und mit dem ich gesprochen habe, tatsächlich ein Komplize von dir ist?“

„Ja“, antwortete sie, „wenn Sie es so ausdrücken möchten.“

„Aber ich kann es nicht glauben. Ich *werde es nicht* glauben, bis du ihn hierher bringst und es beweist.“

Sie ließ sich auf ihren Stuhl sinken und forderte mich mit einer halb lustlosen Bewegung auf, Platz zu nehmen.

„Weißt du, warum er Coke Whelan heißt?“ sie verlangte.

Ich tat es nicht.

„Auch das müssen Sie wissen. Das liegt daran, dass er ein Heroin- und Kokain-Fanatiker ist. Er bringt sich durch den Konsum von Drogen um. "

Sie drehte sich um und blickte auf eine winzige, juwelenbesetzte Uhr.

„Er wird um zehn Uhr selbst hier sein. Und wenn er hören würde, wie ich rette, was ich in diesem Moment bin, würde er mich genauso ruhig töten, wie er an einem Cafétisch sitzen und dich anlügen würde.“

„Aber was nützen diese Lügen?“

„Glauben Sie nicht, dass er wusste, dass Sie Witter Kerfoot sind, dass Sie unter anderem ein Haus und ein Auto besitzen, für die es sich lohnt, einen Versuch zu machen? Glauben Sie nicht, dass er das alles herausgefunden hat, bevor er seine Fesseln gelegt hat? für diese Abhörgeschichte? Erkennen Sie nicht, welche Rolle *ich* spielen sollte, seinem Beispiel zu folgen und Ihnen zu zeigen, dass wir sein Geld nie zurückbekommen, aber dass wir der Bande mit ihrem eigenen Feuer entgegentreten können. Ich sollte es tun schwächen und Ihnen zeigen, wie wir den Draht des Tappers selbst anzapfen, das Rennen auswählen können, das die besten Chancen verspricht, und Sie dazu bringen können, sich aus einer scheinbar sicheren Sache gegen das Haus zu stürzen?“

Ich saß da und tat mein Bestes, um eine scheinbar bemerkenswert große Menge an Informationen zu fletcherisieren .

„Aber warum erzählst du mir das alles?“ Ich parierte immer noch und verdrängte das schmeichelhafte Bewusstsein, dass wir ein gemeinsames Geheimnis hatten und dass ich mich einer Intimität würdig erwiesen hatte, die anderen verwehrt blieb.

„Weil ich gerade entschieden habe, dass es der einfachste Ausweg ist.“

"Für wen?"

"Für mich!"

„Warum hast du das entschieden?“

„Seit du in diesen Raum gekommen bist, habe ich viel nachgedacht. Und schon seit langer Zeit habe ich viel nachgedacht. Ich mache Dinge nicht auf die Art und Weise, wie Coke Whelan es macht. Einmal hatte ich Mitleid mit ihm. Aber Ich werde es langsam leid, ihn auf dem Laufenden zu halten, wenn er darauf besteht, jeden Tag tiefer, tiefer und tiefer zu fallen. Glauben Sie nicht, dass ich keinen gesunden Menschenverstand habe, weil Sie bestimmte Vorstellungen von mir und meinem Leben haben. dass ich nicht erkennen kann, wohin diese andere Art von Dingen führt. Ich habe zu viele davon gesehen und wie sie alle endeten. Vielleicht war ich zu meiner Zeit mit irgendeiner seltsamen Gesellschaft zusammen, aber ich möchte, dass Sie es wissen dass ich meine Hände sauber gehalten habe!“

Sie war mittlerweile aufgestanden und bewegte sich ruhelos im Zimmer umher.

„Glaubst du, ich würde mich jemals damit zufrieden geben, eine dieser bemalten Broadway-Puppen zu sein und mein Gehirn wie eine Zitrone auf dem Regal in der Speisekammer vertrocknen zu lassen? Ich könnte es nicht, wenn ich wollte. Ich könnte es nicht, obwohl ich es sehen kann Wie einfach es alles macht. Ich sage Ihnen, eine Frau mit einem Ruf wie meiner muss bezahlen, und zwar weiter. Sie muss doppelt so viel bezahlen für die Anständigkeiten des Lebens. Sie muss doppelt so viel bezahlen, um Schutz zu bieten. Es sei denn, Sie Wenn du respektabel bist, kannst du keine respektablen Leute um dich herum haben. Du musst jeden in deinem Umfeld im Auge behalten, immer im Auge, wie ein Falke. Du musst jeden Schritt im Auge behalten, den du machst, und jeden Mann, den du triffst – und manchmal hat man genug von allem.“

Sie setzte sich inmitten ihres fiebrigen Wortschwalls hin und sah mich aus trüben und fragenden Augen an. Als ich diesem besorgten Blick begegnete, der so von Müdigkeit und Rebellion erfüllt war, wusste ich, dass sie die Wahrheit sagte. Ich konnte die Wahrheit in ihrem Gesicht sehen. Ich versuchte, mich an ihrer Stelle vorzustellen, ich versuchte, das Leben so zu sehen, wie sie es in den vergangenen Jahren gesehen hatte, und das keine Wohltätigkeitsorganisation in etwas auch nur annähernd Schönes übersetzen konnte. Und so sehr ich es mir auch gewünscht hätte, ich konnte nicht den geringsten Trost aussprechen. Für einen gemeinsamen Standpunkt schienen unsere Welten zu hoffnungslos weit voneinander entfernt zu sein.

"Was werden Sie tun?" fragte ich, gedemütigt über die Unzulänglichkeit der Frage, noch während ich sie aussprach.

„Ich werde davon wegkommen. Ich werde dorthin gehen, wo ich in Frieden atmen kann. Oh, glauben Sie mir, ich kann ohne jede Anstrengung tadellos sein. Ich möchte es sein. Ich bevorzuge es. Ich“ Ich habe herausgefunden, wie viel einfacher es das Leben macht. Es ist nicht meine Vergangenheit, vor der ich Angst habe. Es ist dieser eine drogengetränkte Verrückte, dieses arme, hilflose Ding, das weiß, dass er es nicht wagt, um eine Straßenecke zu gehen, wenn ich von ihm wegtrete ohne verhaftet zu werden.

Sie blieb plötzlich stehen und die Farbe verschwand aus ihrem Gesicht. Dann sah ich, wie sie langsam aufstand und sich unentschlossen in den vier Ecken des Zimmers umsah. Dann drehte sie sich zu mir um. Ihre Augen wirkten lächerlich verängstigt.

„ *Er ist da!* “, sagte sie kaum mehr als flüsternd. „Er ist jetzt hier!“

Die Tür öffnete sich, bevor ich sprechen konnte. Doch noch bevor der mumiengesichtige Mann, den ich am Abend zuvor am Cafétisch zurückgelassen hatte, den Raum betreten konnte, sank die Frau vor mir in ihren Stuhl zurück. Über ihr Gesicht legte sich eine Veränderung, ein Schleier, eine schnell erzwungene und lächelnde Leere, die mich an einen pastoralen Bühnenauftritt erinnerte, der eine düstere und bewegende Tragödie ausblendete.

Die Veränderung in Haltung und Haltung des Eindringlings erfolgte ebenso schnell, als sein erschrockener Blick auf mich fiel, der ruhig in diesen vier Wänden saß. Er verstand sein Stichwort nicht so schnell wie die Frau.

Ich konnte deutlich den fragenden Blick erkennen, den er ihr zuwarf, den Blick, der so klar wie Worte verlangte: „Was macht dieser Mann hier?“

„Das“, sagte die Frau am Tisch in ihrem sanftesten und ausgeglichensten Tonfall, „ist der altruistische Herr, der Einwände dagegen hat, dass Sie dreißigtausend Dollar in einem Rennen verlieren, das ich auf keinen Fall kontrollieren konnte.“

Hier war, wie ich sah, ein tadelloser Histrionismus vorhanden. Ich konnte auch sehen, dass ihr Schauspielkollege mehr Zeit brauchte, um sich an seine Rolle zu gewöhnen . Er war in seiner Annahme vorwurfsvoller Empörung weniger fertig. Aber er tat sein Bestes, um der Situation gewachsen zu sein.

„Ich muss das Geld zurückbekommen“, rief er und deutete mit zitterndem Finger auf sie. „Und ich werde es tun, ohne meine Freunde hineinzuziehen!“

Sie ging zu den Fenstern und schloss sie, bevor sie sprach.

„Was nützt es, das alles durchzugehen?“ Sie fuhr fort, und ich hatte den Eindruck, als würde ich vor einer Reihe von Rampenlichtern sitzen und mir ein Theaterstück ansehen. „Du bist dein Risiko eingegangen und hast verloren. Ich habe es nicht verstanden. Es ist nicht meine Schuld. Du weißt genauso gut wie ich, dass McGowan und Noyes sich niemals öffnen werden, wenn du nicht in der Lage bist, sie zu machen. Es ist ein Fall von.“ Hund frisst Hund, Feuer mit Feuer bekämpfen. Und ich habe das alles gerade Ihrem Freund Mr. Kerfoot erzählt, der zu glauben scheint, dass er jemanden verhaften lässt, wenn wir nicht plötzlich das Richtige tun.

"Ich möchte mein Geld!" rief der Mann namens Whelan. Noch während er seine Zeilen vortrug, konnte ich sehen, dass sein Geist zappelte und wie wild nach festem Boden suchte.

„Und Mr. Kerfoot“, fuhr die Frau mit ruhiger Stimme am Tisch fort, „sagt, er hat ein Haus am Gramercy Square, wo wir hingehen und eine

Konferenz abhalten können. Ich habe einen Telegrafisten namens Downey angerufen, damit er dort sein kann." Wir können uns auf einen Plan zum Abhören von McGowans Draht einigen."

„Und was nützt mir das?" forderte der mumiengesichtige Jugendliche.

„Das gibt Mr. Kerfoot die Chance, so viel zu wetten, wie er möchte, so viel von McGowan zurückzubekommen, wie er möchte, ohne das Risiko eines Verlusts."

„Aber wer verwaltet das Geld?" forderte der vorsichtige Whelan.

„Das ist völlig unerheblich. Das können *Sie* , wenn Sie sein Freund sind, oder er kann sich selbst darum kümmern. Das Wichtigste ist, dass Sie Ihren Plan geklärt und Ihre Leitungen angezapft haben. Und wenn Mr. Kerfoot so gut ist, ihn anzurufen." Butler, ich werde mich anziehen und in zehn Minuten fertig sein.

Sie beugte sich vor und schwang eine Equipoise-Telefonhalterung um meinen Ellbogen.

Aber ich habe den Hörer nicht vom Haken genommen. Denn in diesem Moment öffnete sich plötzlich die Tür. Das Dienstmädchen mit der weißen Mütze und der weißen Schürze stand zitternd auf der Schwelle.

"Das ist eine Lüge!" Sie weinte in ihrer schrillen und plötzlichen Hingabe, und die doppelten Zeichen der Knechtschaft machten ihre Haltung der heftigen Revolte doppelt unpassend. „Das ist eine Lüge, Tony! Sie hat dich beschimpft!"

Sie machte drei schnelle Schritte in den Raum.

„Sie spielt dich nur gegen diesen Kerl aus. Ich habe jedes Wort davon gehört. Sie hat nie nach einer Vermittlung gerufen. Das ist eine Lüge. Sie wirft dich endgültig nieder. Sie hat ihm gesagt, wer du bist und was dein Spiel ist!"

Ich sah die andere Frau an. Sie war jetzt auf den Beinen.

„Lass dich dieses Mal nicht von ihr täuschen, Tony", war der leidenschaftliche Schrei aus der zitternden Brust unter den unpassenden weißen Schürzenträgern. „Sehen Sie, wie sie Sie behandelt hat! Schauen Sie sich Ihr Bild dort an, mit dem sie ihre Rede abschloss! Sie hat nie die Hälfte von dem getan, was ich für Sie getan habe! Und jetzt lassen Sie zu, dass sie Sie platt macht! Sie stehen da und lassen – "

Die Frau blieb stehen und hielt sich die Ohren zu. Denn sie sah, genau wie ich, wie der junge Mann mit den hohlen Augen und dem Mumiengesicht eine zitternde Hand zurück an seine Hüfte legte.

"Du Lügner!" sagte er, als seine Hand mit dem Revolver darin hochschwang. „Du lügst, wer !" „„ schrie er mit dünner und kehliger Stimme, die kaum mehr als ein Gackern war.

Er machte einen Schritt auf die Frau im rosafarbenen Morgenmantel zu. Sie war, wie ich sehen konnte, viel größer als die beiden. Und sie stand jetzt mit dem Rücken flach an der Wand. Sie machte keinen Fluchtversuch. Sie starrte ihn immer noch aus großen, verwirrten Augen an, als er schoss.

Ich sah die Spritzer des Putzes und den kleinen Mörtelregen, der aus dem Einschussloch in der Wand auf ihre nackte Schulter regnete.

Dann tat ich etwas ganz Gewöhnliches und Alltägliches. Ich beugte mich schnell zum Ende des Tisches und ergriff die vernickelte Kaffeekanne am Griff aus Ebenholz. Der Verrückte mit dem rauchenden Revolver sah meine plötzliche Bewegung, denn als ich das Metallinstrument nach oben schwang , drehte er sich zu mir um und feuerte zum zweiten Mal.

Ich konnte das Brennen des Pulverrauchs an meinem nach oben gerichteten Handgelenk spüren. Da wusste ich, dass es sinnlos war, ihn zu erreichen. Ich brachte einfach meinen Arm nach vorne und ließ den Metalltopf aus meiner Hand fliegen. Ich ließ es nach vorne fliegen und zielte auf sein weißes und verzerrtes Gesicht.

Wo oder wie es einschlug, konnte ich nicht sagen. Ich wusste nur, dass er unter einem verstreuten Geysir aus schwarzem Kaffee unterging. Er feuerte nicht mehr. Er bewegte sich nicht einmal. Doch als er fiel, fiel die Frau mit Mütze und Schürze neben ihm auf die Knie. Sie kniete dort mit einem unartikulierten Schrei, wie der eines Tieres über seinen gefallenen Gefährten, einem lächerlichen, mausähnlichen Laut, der fast einem Quietschen ähnelte. Dann drehte sie sich plötzlich um und griff nach dem heruntergefallenen Revolver.

Ich sah sie durch den Rauch, aber sie hatte die Waffe in der Hand, bevor ich sie aufhalten konnte. Sie kämpfte wie eine Wildkatze darum. Die Gefahr dieses Kampfes machte mich verzweifelt. Ihr Arm war ziemlich dünn und nicht übermäßig stark. Ich habe es zuerst so gedreht, dass der Lauf der Waffe nach außen zeigte. Der Schmerz, als ich mich weiter drehte, muss heftig gewesen sein. Aber ich wusste, dass es keine Zeit für halbe Sachen war. Wie intensiv dieser Schmerz war, wurde mir einen Moment später bewusst, als die Frau ohnmächtig nach vorne fiel und auf ihr Gesicht fiel.

Die andere Frau hatte in aller Ruhe die Fenster geöffnet. Sie beobachtete mich fast apathisch, als ich aufstand und mich alarmiert über den bewusstlosen Mann in seinem lächerlichen Überfluss aus schwarzem Kaffee beugte. Dann trat sie näher an mich heran.

„Hast du ihn getötet?" „fragte sie, eher mit einem Hauch kindlicher Verwunderung als mit echter Angst."

„Nein, er ist nur fassungslos."

"Aber wie?"

„Es hat ihn hier an der Stirn erwischt. Er wird in ein oder zwei Minuten da sein."

Noch einmal konnte ich das vielfältige Rascheln hören, als sie den Raum durchquerte.

„Leg ihn hier auf mein Bett", rief sie von einer offenen Tür aus. Und als ich ihn hineintrug und ihn als durchnässten Haufen auf die weiße Bettdecke fallen ließ, sah ich, wie die Frau ihren sich windenden Körper aus der rosafarbenen Umhüllung zog. Aus dieser Hitzewelle tauchte ihr sich windender Körper fast weiß wie ein Grab hervor . Dann blieb sie stehen, mit nackten Schultern und nachdenklich vor mir.

"Warten!" sagte sie, als sie den Raum durchquerte. „Ich muss McCausland anrufen."

„Wer ist McCausland?" fragte ich, als sie das Esszimmer betrat.

„Er ist ein Mann, den ich im Hauptquartier kenne", war ihre unpersönliche Antwort.

Als sie zum zweiten Mal hastig mit mir ins Zimmer zurücktrat, wurde ich mir der seidenweichen Glätte ihrer Haut und des babyähnlichen Weiß ihrer runden, nackten Arme bewusst . Dann warf sie völlig unbeeindruckt von meiner Anwesenheit eine Schranktür auf und warf einen Schwall parfümierter Kleidung neben das Bett, auf dem ich stand.

"Was werden Sie tun?" „Forderte ich, als ich sah, wie sich ihre weiß gekleidete Gestalt in ein Straßenkleid krümmte. Es lag etwas Ursprüngliches und Adamitisches in der Ruhe, mit der sie die schwachen Vorbehalte gegenüber Sex überwand. Sie war sich meiner misslichen Lage genauso wenig bewusst wie eine Höhlenfrau. Und im nächsten Moment stopfte sie Unterwäsche, schmale Schuhe, Toilettenartikel und unleserliche Kleidungsstücke aus gefalteter Seide in eine englische Clubtasche. Dann drehte sie sich um und warf einen Blick auf die Uhr auf der Kommode.

"Ich gehe!" sagte sie schließlich, während sie eine zweite Handtasche aus Alligatorleder aufhob und Schmuckschatullen aus dunklem Plüsch und Etuis mit verschiedenfarbigem Ziegenleder sowie noch mehr Kleidung und Unterwäsche hineinstopfte. „Ich werde das *Nieuw Amsterdam erwischen* ."

"Für wo?"

„Für Europa!"

Ihre schnellen und geschickten Hände hatten einen Hut und einen Schleier festgesteckt, während ich verwundert dastand und sie beobachtete.

„Rufen Sie bitte ein Taxi", sagte sie, während sie sich in ihren Mantel kämpfte. „Und einen Jungen für meine Taschen."

Ich saß immer noch am Hörer, als sie das Zimmer betrat, und schaute einen Moment auf die Frau hinab, die auf dem kaffeefleckigen Boden stöhnte und wimmerte. Dann begann sie entschlossen und ruhig, ihre Handschuhe anzuziehen.

„Könnten wir nicht etwas für sie tun?" Sagte ich, als ich zurück ins Schlafzimmer ging, um ihre Handtasche zu holen.

"Was?" „Forderte sie, als sie sich über das Bett beugte, wo Whelans erwachender Körper zuckte und sich bewegte.

"Da muss etwas sein."

„Da ist nichts. Oh, glaub mir, du kannst ihm nicht helfen. Ich kann ihm nicht helfen. Er hat seinen eigenen Weg. Und der ist furchtbar kurz!"

Sie öffnete eine Kommodenschublade und stopfte ein oder zwei weitere Artikel in ihre noch offene Chatelaine-Tasche.

Dann öffnete sie die Außentür für den Jungen, der gekommen war, um die Taschen zu holen. Dann schaute sie wieder auf ihre Uhr.

„Du darfst nicht zurückkommen", sagte sie zu mir. „Sie können jederzeit hier sein."

„Wer darf?" Ich fragte.

„Die Polizei", antwortete sie, als sie die Tür schloss.

Sie sprach erst wieder, als wir neben dem Taxi standen.

„Zum Holland American Wharf", sagte sie.

Sie sprach auch nicht die ganze Zeit, während wir schnurrten und summten und uns durch die Stadt bewegten. Sie rührte sich nicht, bis wir ruckartig an Bord der Fähre kamen, und das Klirren der Klinke und der Klinke des Landungsschwimmers verriet uns, dass wir uns nicht mehr auf dieser schrillen und schmalen Insel befanden, auf der das Lebensfieber bis zum Äußersten brennt fließende Flüsse. Erst dann bemerkte ich das krampfhafte Zucken ihrer Schultern.

"Was ist es?" fragte ich hilflos, bedrückt von den Welten, die zwischen uns zu stehen schienen.

„Es ist nichts“, sagte sie mit den Zähnen an der Lippe. Doch im nächsten Moment weinte sie so einsam und offen wie ein Kind.

"Was ist es?" Ich wiederholte es genauso unzulänglich wie zuvor, wohl wissend, dass jede schwächende Berührung des Mitgefühls nutzlos ist.

„Es ist so schwer“, sagte sie und kämpfte darum, ihre Stimme zu kontrollieren.

"Was ist?"

„Es ist so schwer, von vorne zu beginnen.“

„Aber man sagt, du bist die klügste Frau der Welt!“ war der einzige Trost, den ich ihr anbieten konnte.

KAPITEL IX

EIN RIALTO-REGENSTURM

Ich hob mein Gesicht zum plötzlichen Regenschauer und fühlte mich dabei fast wie eine zweite Ausgabe von König Lear. Nicht, dass ich ein Königreich verloren hätte oder dass ich jemals aus einem undankbaren Familienkreis ausgeschlossen worden wäre! Aber etwas ganz ebenso Beunruhigendes, auf seine eigene Art und Weise, hatte mich überfallen.

Ich war von Mary Lockwood brüskiert worden. Während ich zusah, wie dieser plötzliche Schauer den oberen Broadway so schnell leerte, wie ein Kugelhagel ihn hätte leeren können, stieß ich auf etwas, das genauso schnell mein eigenes Herz leerte. Es war der direkte Schnitt. Denn als ich mich wie eine Kröte unter einem Rhabarberblatt unter meinen triefenden Portikus hockte, erblickte ich das nur allzu bekannte weinfarbene Landaulet, als es auf den Longacre Square zusteuerte. Ich muss mich ein wenig vorwärtsbewegt haben, ohne mir der Bewegung ganz bewusst zu sein. Und durch die schützende Glasscheibe der tropfenden Abzugshaube erblickte ich Mary Lockwood selbst.

Sie sah mich zur gleichen Zeit, als ich sie sah. Tatsächlich drehte sie sich um und starrte mich an. Ich konnte ihr nicht entkommen, als ich dort unter der Straßenlaterne stand. Aber in diesem kalt fragenden Gesicht war nicht das geringste Zeichen des Erkennens zu erkennen. Sie lächelte weder, noch verneigte sie sich, noch blickte sie zurück. Und das weinrote Landaulet fegte weiter und ließ mich mit meinem durchnässten Hut in der Hand und einem großen Schmerz der Verzweiflung in meinem Herzen stehen.

Sie muss mich gesehen haben, wiederholte ich, als ich mich trostlos umdrehte und dastand und zusah, wie Männer und Frauen immer noch unter Hauseingängen hindurchhuschten, in Seitenstraßen verschwanden und sich mit den Ellbogen in Theaterlobbys drängten. In den nächsten Augenblicken schien es, als sei das Gebiet, das einst als Rialto bekannt war, ein Gopher-Dorf und ein Lupinenhunger sei darin eingedrungen. Vor den forschenden Schnüffeln dieser Regengäste verschwanden alle Vergnügungssüchtigen prompt. Fröhliche Frauen in Umhängen und Pantoffeln stapften davon, als wären sie aus Zucker, und sie und ihre anmutigen Kurven könnten bei der ersten Berührung mit Wasser in Nichts aufgehen. Über dem Bürgersteig, zwanzig Schritte von der leeren Tür entfernt, in der ich herumlungerte, erschien eine Markise, die wie ein Pilz aus einer nassen Wiese wuchs. An einem Ende dieser Markise kreiste eine Kette von Limousinen und Taxis, die von einem teilnahmslosen Herkules in tropfenden Ölmänteln gesteuert wurden. Und wie ein Förderband Getreide in einen Mühlenbehälter entleert, so schleudert diese ununterbrochene Kette eilige Männer und Frauen über den nassen Bordstein in den lichtdurchfluteten Trichter des Theaterfoyers. Und der Gedanke an dieses Theater mit seinem geselligen Andrang an Menschen fing an, meinen regennassen Geist anzusprechen.

Dennoch stand ich unentschlossen da und beobachtete die letzten Reste der sich zerstreuenden Menge und beobachtete die Straße, die immer noch wie eine langgestreckte Stierkampfarena wirkte, in der ein oder zwei Matadoren immer noch den Taurinangriffen der Fahrzeuge auswichen. Ich beobachtete die elektrischen Werbeschilder, die wie flüssiger Efeu über die Ladenfronten liefen und dann über die Dächer kletterten und flatterten, neblig und vom Regen aufgeweicht. Ich sah zu, wie der ironische Himmel seine unablässigen Fluten auf den verstopften und überreifen Kern einer Stadt ergoss, den kein Wasser reinwaschen konnte.

Dann schien die Trostlosigkeit der leeren Straßen unerträglich zu werden. Der Gischt, der über meine feuchten Knie wehte, ließ mich an einen Unterschlupf denken. Ich sah die Lichter des Theaters keine zwanzig Schritte entfernt. Es war bereits ein Gewirr überfüllten Lebens. Der Gedanke daran, welche abgeschwächte Kameradschaft es mir bieten könnte, übte weiterhin einen Reiz aus, der immer lauter wurde.

Einen Moment später stand ich vor dem Kassenfenster, nicht breiter als ein mittelalterliches Leprakrankenhaus, von dem beengte und hungrige Seelen Zugang zu ihren modernen Wundertempeln kaufen.

„Nur Stehplätze", verkündete der Alleinherrscher des Wickets. Und ich kaufte bescheiden meine Eintrittskarte und erinnerte mich daran, dass mir der Oberdiener dieses bestimmten Theaters in der Vergangenheit mehr als einen kleinen Dienst erwiesen hatte.

Doch das Gesicht dieses hochmütigen, unterwürfigen Oberdieners, als seine Hand meine in dieser Freimaurerei berührte, die durch gewisse mit Seidenfäden durchzogene längliche Papierfetzen verewigt wird, war beunruhigt.

„Ich habe nichts mehr", flüsterte er.

Ich blickte trostlos über das Meer von Köpfen, die durch das ungeschickte Geflecht höflicher Melodramen nach Leben suchten.

„Es sei denn", fügte der Platzanweiser neben mir hinzu, „nehmen Sie in der zweiten unteren Loge Platz?"

Sogar durch die Gazetüren hinter mir konnte ich das Schlagen und Prasseln des Regens hören. Es handelte sich um einen Hafen in einem Sturm.

„Das wird gut gehen“, sagte ich ihm und einen Moment später führte er mich durch einen Seitengang in die mit Vorhängen versehene Nische des Logeneingangs.

Dennoch war es nicht vorgesehen, dass ich diese Loge in einsamer und unvergleichlicher Pracht bewohnen sollte. Einer der Stühle, der dicht neben dem Messinggeländer und der plüschbezogenen Brüstung stand, die ihn von der hervortretenden Bühnenloge trennten, war bereits von einem Mann in voller Abendgarderobe besetzt. Er hatte, wie ich vielleicht, noch nie zuvor eine Kiste mit anderen als seinen eigenen Bekannten geteilt. Jedenfalls warf er mir, bevor er mir die etwas eingeschränkte Breite seines Rückens zuteil werden ließ, einen Seitenblick zu, der unverkennbar nachtragend war.

Doch als ich mich setzte, betrachtete ich meinen Nachbarn mit größerem Interesse als die Schauspieler auf der anderen Seite der Bühne, denn mir war das Leben im Rohzustand lieber als das Leben in den Sirupen der Bühnenemotionalität.

Es erschreckte mich ein wenig, als ich feststellte, dass der Mann im Moment ebenso wenig wahrnahm, was auf der Bühne geschah. Tatsächlich schien sein Blick auf die schneebedeckten Schultern der Frau gerichtet zu sein, die ganz hinten in der Bühnenloge saß, direkt vor ihm. Als ich der Richtung seines Blicks folgte , war ich noch überraschter, das Objekt zu entdecken, auf das er gerichtet war. Er starrte nicht auf die Frau selbst, sondern auf einen taubenblutigen Rubin, der in der Schließe eines Anhängers oder einer Halskette steckte und ihren Hals umgab.

Es gab tatsächlich eine Entschuldigung dafür, dass er es anstarrte. Erstens war es ein außergewöhnlich großer und lebendiger Stein. Aber vor dem Hintergrund, auf dem es lag, vor der schneeweißen Säule seines Halses (die vielleicht durch eine kluge Anwendung von Reispulver weiß geworden war), hob es sich in klarer Röte ab, das lebhafteste Feuer vor dem reinsten Schnee. Es war eine Herausforderung für die Aufmerksamkeit. Es fesselte und fesselte den Blick. Es stand dort, direkt unter der Stelle, wo das Haar in seine Krone aus venezianischem Gold überging, und wirkte so signalisierend wie eine Gartenlampe für einen Nachtreisenden. Und während ich da saß und es betrachtete, fragte ich mich, welches Element jenseits der Neugier den Mann an meiner Seite dazu bringen konnte, es so träge und doch so aufmerksam zu studieren.

An dem Mann selbst schien wenig Außergewöhnliches zu sein. Abgesehen von einer gewissen schnellen und klugen Wachsamkeit in seinen Augenbewegungen, während er sich von Zeit zu Zeit mit gedämpftem Groll zu mir umsah, was mir überhaupt nicht gefiel, wirkte er in allem mittelmäßig, in der Farbe, in der Statur, in der Kleidung. Sein Gesicht hatte die neutrale Fahlheit des sesshaften New Yorkers. Seine Intelligenz schien die eines

gedankenverlorenen Büroangestellten zu sein, der sich in einen schlecht
sitzenden Anzug schleichen und zweitklassiges Melodram gelassen gutheißen
konnte. Tatsächlich schien er so uninteressiert zu sein, dass ich nicht
abgeneigt war, meinen Blick noch einmal auf den taubenblutigen Rubin zu
richten, der wie glühende Kohle vor dem marmornen Weiß des Halses vor
mir leuchtete.

Vielleicht war es nur ein Zufall, oder vielleicht entstand aus unserem
vereinten Blick eine vage psychische Kraft, die diese junge Frau beunruhigte.
Denn als ich dort saß und das schimmernde Juwel anstarrte, drehte seine
Trägerin plötzlich den Kopf und blickte zu mir zurück. Im nächsten Moment
war ich mir ihres Nickens und Lächelns bewusst, eindeutig in meine
Richtung.

Dann sah ich, wer es war. Ich hatte unhöflich auf die Schulterblätter
von Alice Churchill gestarrt – es waren die Park Avenue Churchills – und
weiter hinten in der Loge erhaschte ich einen Blick auf ihren Bruder Benny,
der, wie ich wusste, von der nicaraguanischen Küste nach Norden
gekommen war, um sich zu erholen von einem Fieberanfall.

Dennoch habe ich über beides kaum nachgedacht, das muss ich
gestehen. Zur gleichen Zeit, als ich dieses kurz aufblitzende Lächeln gesehen
hatte, hatte ich auch entdeckt, dass der juwelenbesetzte Verschluss am Hals
des Mädchens eine einzelne Reihe abgestufter Perlen festhielt, aus sehr
schönen Perlen, von der Art, um die sich die ausgefranste Mansarde drehte.
Der Autor und die Sonntags-„Gelben" lieben seit jeher Romantik. Auch der
schnelle und verstohlene Blick des Mannes, der so nah neben mir saß, war
mir nicht verborgen.

Dann ließ ich meinen Blick wieder auf den Rubin schweifen und
begnügte mich offenbar damit, seinen perfekten Schliff und seine
unvergleichliche Farbe zu studieren. Und ich wusste, dass der Mann neben
mir ebenfalls an diesem Spektakel teilnahm. Tatsächlich starrte ich immer
noch darauf und war mir der Bewegung des Stücks auf der Bühne so
unbewusst, dass mir die „dunkle Szene", als jedes Licht im Haus für ein oder
zwei Sekunden ausging, deutlich vor Augen kam vor Schock.

Ein zustimmendes Gemurmel ging durch das Haus, als das
zurückkehrende Licht ihnen ein völlig verändertes Bühnenbild offenbarte.
Was diese Einstellung war, wusste ich nicht, und ich blickte auch nicht auf,
um nachzusehen. Denn als sich mein müßiger, neugieriger Blick erneut auf
den säulenförmigen weißen Hals richtete, der über der Stuhllehne aufragte,
überkam mich ein zweiter und größerer Schock. Hätte dieser Hals ohne Kopf
da gestanden, hätte ich kaum mehr erschrecken können.

Der Taubenblut-Rubin war verschwunden. Es gab dort keine Halskette mehr. Die Schneesäule hatte keinen Hauch von rötlichem Licht. Es war so beunruhigend kahl wie eine Zielscheibe ohne Zielscheibe. Es erinnerte mich an einen Marmorrost ohne zentralen Feuerpunkt.

Mein erster klarer Gedanke war, dass ich Zeuge eines ebenso kühnen wie verwirrenden Verbrechens war. Doch auf den zweiten Blick war es ganz einfach. Das Problem der Nähe war bereits gelöst. Mit der völligen Dunkelheit hatte sich die Gelegenheit ergeben, die Gelegenheit, auf die man offensichtlich gewartet hatte. Mit einer Handbewegung war die Halskette leise und geschickt entfernt worden.

Mein nächster kurzer Gedanke war, dass der Dieb dort in meiner unmittelbaren Nachbarschaft saß. Es konnte keinen anderen geben. Für Zweifel gab es keinen Raum. Von einigen Geheimnisvollen und Geschickten Mit einer Bewegung hatte der Mann neben mir nach vorne gestreckt und mit dieser Zartheit der Berührung, die zweifellos aus viel Erfahrung resultierte, die Juwelen geöffnet, während die ganze Zeit über in völlige Dunkelheit gehüllt war. Die Kühnheit der Sache war erstaunlich, doch die Vollständigkeit, mit der sie gelungen war, war noch erstaunlicher.

Ich saß da und zwang mich zu einer Ruhe, die nicht leicht zu erreichen war. Ich bemühte mich, die Beobachtung dieses seltsamen Begleiters so ruhig und gemächlich wie möglich zu gestalten.

Dennoch schien er das Gefühl zu haben, dass er immer noch unter meinen Augen war. Er schien sich über diese fortgesetzte Befragung zu ärgern; denn selbst als ich ihn musterte , konnte ich sehen, wie ihm ein feiner Schweiß der Verlegenheit ins Gesicht trat. Er drehte sich nicht um und sah mich direkt an, aber es war offensichtlich, dass er sich meiner Anwesenheit nur allzu bewusst war. Und noch bevor mir ganz klar wurde, was er vorhatte, streckte er leise die Hand aus, ergriff Hut und Mantel, stand auf und schlüpfte aus der Kiste.

Diese Bewegung seinerseits vertrieb mein letztes Zögern. Die schiere Eile seiner Flucht war Beweis genug für sein Vergehen. Sein offensichtlicher Fluchtversuch bestärkte mich mehr denn je darin, ihm auf der Spur zu bleiben.

Und ich bin ihm auf der Spur geblieben, von dem Moment an, als er schuldbewusst aus dem beleuchteten Theaterfoyer in den immer noch nieselnden Regen des Broadway schlich. Immer stärkere Wellen der Empörung durchströmten mich, als ich ihm dabei zusah, wie er nach Norden schlich, mit einem verstohlenen Blick über die Schulter, während er floh.

Er war gut zweihundert Fuß vor mir, als ich sah, wie er sich plötzlich umdrehte und auf die Gefahr hin, ins Krankenhaus oder ins

Leichenschauhaus zu gehen, die Straße in der Mitte des Blocks überquerte, verzweifelt zwischen den oberflächlichen Autos und Autos hindurch auswich, und Schlagen Sie es direkt zum Times Building. Ich warf sofort den Anstand weg und rannte, rannte wie ein Kaninchen, bis ich zum Eingang der Drogerie in der 42. Straße kam, durch deren Drehtüren ich meinen Mann verschwinden sah. Ich war mir einigermaßen sicher, dass er nicht anhalten würde, um ein Eis zu trinken, und das tat er auch nicht, denn als ich am Brunnen vorbeieilte , sah ich, wie er in die Treppe einbog, die zur U-Bahn-Station führt. Ich rannte voran, aber er war durch das Tor, bevor ich ihn einholen konnte. Ich hatte keine Zeit für ein Ticket, da die Wachen bereits die Türen eines „Einheimischen" in Richtung Süden zuschlugen.

„Kauf mir ein Ticket", rief ich dem erstaunten „Helikopter" zu, während ich einen Dollarschein über den Arm warf, den er mir entgegenstreckte, um mich aufzuhalten. Ich wartete nicht damit, darüber zu streiten, denn die Autotür vor mir begann sich bereits zu schließen. Ich hatte gerade noch Zeit, meinen Körper zwischen die Schiebetür und ihren Stahlrahmen zu katapultieren. Als ich wieder zu Atem kam, wusste ich, dass ich auf der Plattform des Wagens hinter dem Juwelendieb stand.

Und ich stand da und musterte sorgfältig die Reihe der Autotüren, als wir in die Grand Central Station einfuhren. Ich tat dasselbe, als wir an der Thirty-Third Street vorbeikamen, und dasselbe noch einmal an der Twenty-Eighth Street. Der Mann hatte keinerlei Anzeichen dafür gegeben, dass er tatsächlich wusste, dass ich ihm auf der Spur war. Er könnte mich gesehen haben oder auch nicht. Ich hatte keine Möglichkeit, mir dessen sicher zu sein. Aber ich war mir sicher, dass er sich in einer Panik unbestimmter Angst auf den Weg machte und sein Möglichstes tat, um der Verfolgung zu entgehen.

Das wurde mir noch deutlicher bewusst, als der Zug an der Twenty-Third Street hielt und ich sah, wie er schnell am anderen Ende des Wagens ausstieg, sich umschaute und über den Bahnsteig und die Treppe hinaufhuschte, zwei Stufen auf einmal.

Ich war noch eiliger hinter ihm her. Als ich die Straße erreichte, schwang er sich gerade auf die Trittstufe eines stadtüberquerenden Autos. Es kam nicht in Frage, diesen Wagen einzuholen, aber ich wartete einen Moment und stieg in den Wagen ein, der dreißig Meter hinter mir folgte. Als ich nach vorn spähte, konnte ich ihn deutlich sehen, als er an der nordöstlichen Ecke der Sixth Avenue aus seinem Auto stieg. Ich konnte ihn sehen, wie er die Stufen des Elevated hinaufeilte, den Bahnsteig überquerte und, ohne auch nur ein Ticket zu kaufen, die südöstliche Treppe hinuntereilte.

Zu diesem Zeitpunkt hatte ich mich schon auf ihn konzentriert, so dass wir nur noch einen Katzensprung voneinander entfernt waren. Doch er blickte sich kein einziges Mal um. Er drehte sich nun auf seinen Spuren um und ging schnell ostwärts die Twenty-Third Street entlang. Ich war dicht hinter ihm, als er den Broadway überquerte, nach Süden abbog und dann plötzlich umdrehte, den Flur des Gebäudes betrat, das einst das Hotel Bartholdi war, und seine Schritte sofort zum Seiteneingang in der Twenty-Third Street lenkte.

wieder ins Freie trat, musste er das vorsintflutliche Nachtschwärmer-Taxi gesehen haben, das dort am Bordstein wartete. Wie er dem Fahrer Anweisungen gab, konnte ich nicht erfahren. Aber als dieser triefende und wassergeschützte Mensch seinen Peitschenhieb auf sein dampfendes Pferd schleuderte, schlug mir eine Tür vor der Nase zu. Wieder einmal vergaß ich meine Würde so sehr, dass ich wie ein Hase ausweichen und rennen konnte, dieses Mal auf die andere Seite des Taxis, als es zügig nach Norden schwang. Durch eine Drehung und einen Zug öffnete sich die Fahrerhaustür, und ich stolperte hinein – stolperte hinein und sah, wie mein bleichgesichtiger und verängstigter Juwelendieb entschlossen und hektisch den Griff der gegenüberliegenden Tür festhielt.

Sein Gesicht wurde aschfahl, als ich mich gegen ihn streckte und taumelte. Er wäre mit Leib und Leib aus der Kutsche gesprungen, die jetzt eine fast menschenleere Fifth Avenue entlangfuhr, wenn ich ihn dort nicht mit einer Grimmigkeit, die aus wiederholter Verzweiflung entstand, aufgefangen und festgehalten hätte.

Er zeigte nicht die Absicht, sich diesem zurückhaltenden Griff demütig zu unterwerfen. Als er sah, dass er endlich in die Enge getrieben wurde, wandte er sich gegen mich und kämpfte wie eine Ratte. Seine Stärke war trotz seines Gewichts überraschend. Viel überraschender war jedoch seine Wildheit. Und es war ein seltsamer Kampf dort im Dämmerlicht dieses muffigen und stark riechenden Nachtschwärmer-Taxis. Es schien etwas Unterirdisches zu sein, als wäre es eine Schlacht auf dem Grund eines Brunnens. Und ohne eine Sache, denke ich, wäre es für mich keine angenehme Begegnung gewesen. Es ist jedoch wunderbar zu wissen, dass man das Recht auf seiner Seite hat. Die Rüstung der Gerechtigkeit ist so stärkend wie jede Kettenrüstung, die jemals hergestellt wurde.

Und als wir wie zwei Hafenratten unter einem Pier kämpften, wusste ich, dass ich Recht hatte. Ich wusste, dass meine Sache die Sache von Recht und Ordnung war. Dieses Wissen gab mir sowohl Kraft als auch eine Kühnheit, die mich durchhielt, selbst als ich sah, wie mein sich windender und verzweifelter Dieb nach seiner Gesäßtasche tastete und griff, selbst als ich sah, wie er einen Magazinrevolver daraus zog, der ziemlich hässlich genug aussah, um einen in Panik zu versetzen Regiment. Und als dieser Nachtschwärmer mit seinem durchnässten Leder gemächlich die Fifth

Avenue entlangrollte, drehten wir uns keuchend und grunzend auf dem Boden, als wäre er eine Postkutsche in den Sierras vor sechzig Jahren, die um den Besitz dieser hässlichen Schusswaffe kämpfte.

Wie ich es von ihm wegbekam, wusste ich nie genau. Aber als ich zur Besinnung kam, hatte ich ihn auf dem Fahrerhausboden und mein Knie auf seiner Brust, sein Körper war nach oben gebeugt wie ein Buchstabe U. Ich hielt ihn dort fest, während ich seine Taschen ruhig und bedächtig durchsuchte, eine nach der anderen, mit der Sorgfalt eines Zollinspektors, der einen mutmaßlichen Schmuggler durchsucht.

Ich hatte keine Zeit, einen Blick auf seine Brieftasche (von der ich mich erinnerte, dass sie so groß wie eine Aktentasche war) oder seine Papiere zu werfen, und ich hatte auch keine Zeit, mich zu vergewissern, wie viel von dem Schmuck, den er trug, sein eigener sein könnte. Das Einzige, was ich wollte, war die Perlenkette mit dem Taubenblut-Rubin. Und diese Halskette fand ich, sorgfältig eingewickelt in ein Seidentaschentuch, versteckt in seiner rechten Westentasche – die übrigens mit einer geknöpften Klappe versehen war, um sie doppelt zu sichern.

Ich habe mir die Halskette angesehen, um sicherzustellen, dass kein Fehler vorliegt. Dann wickelte ich es wieder in das Seidentaschentuch ein und steckte es tief in meine eigene Westentasche.

"Aufstehen!" Ich sagte es dem Mann auf dem Fahrerhausboden.

Als ich mein Knie von seiner Brust löste, bemerkte ich, in welch erbärmlichem Zustand sein Hemdkragen war und wie seine Krawatte unter seinem rechten Ohr verdreht war. Er lehnte sich in die muffigen Kissen zurück, atmete schwer und starrte mich aus Augen an, die keineswegs freundlich waren.

„Du hast es nicht hinbekommen!“ sagte ich, während ich den Revolver einsteckte und, nachdem ich meine eigene Krawatte zurechtgerückt hatte, meinen Mantel über einer traurig zerknitterten Hemdbrust zuknöpfte. Dann sprach der Dieb zum ersten Mal.

„Weißt du, was dich das kosten wird?“ schrie er mit weißen Lippen.

„Das macht mir keine Sorgen“, war meine ruhige Antwort. „Ich habe bekommen, was ich wollte.“

Er beugte sich auf seinem Sitz vor, mit einem Gesicht, das töricht bedrohlich aussah.

„Glauben Sie nicht, dass Sie damit durchkommen“, erklärte er. Ich konnte es mir leisten, über seine ohnmächtige Wut zu lächeln.

"Schau mir einfach zu!" Ich sagte ihm. Dann fügte ich nüchterner hinzu, während ich die Hand auf dem Türknauf hatte: „Und wenn Sie mich stören, nachdem ich dieses Taxi verlassen habe, und wenn Sie auch nur versuchen, heute Nacht auf zehn Meter an mich heranzukommen, gebe ich es Ihnen." was auf dich zukommt."

Während ich sprach, öffnete ich die Tür und ließ mich mühelos aus dem noch fahrenden Taxi auf den Bürgersteig fallen. Ich stand einen Moment da und beobachtete den ruhigen Fahrer, der die Allee hinauffuhr. Die Glastür schwang immer noch auf und bewegte sich hin und her, als würde mir eine Hand langsam zum Abschied winken.

Dann schaute ich auf meine Uhr, ging zum University Club, sprang in ein wartendes Taxi und huschte zurück zum Theater, körperlich etwas schmerzend, aber geistig recht zufrieden.

Ein eigenartiges Gefühl der Überlegenheit überkam mich, als ich meinen Türscheck vorlegte und erneut zu meiner leeren Loge zurückgeführt wurde. In den letzten anderthalb Stunden war diese Grube voller Menschen mit trägen Augen Zeuge einer kitschigen Nachahmung eines Abenteuers geworden. Sie hatten eine Kapsel nachgeahmter Romantik geschluckt, während ich zwischen dem Verlassen und dem Wiederbetreten des grell erleuchteten Foyers Abenteuer aus erster Hand genossen, Risiken eingegangen war, mich Gefahren gestellt und ein großes Unrecht wiedergutgemacht hatte.

Ich war unausgesprochen stolz auf mich, als ich zusah, wie der letzte Vorhang fiel. Dieser Stolz verwandelte sich in ein Gefühl der Hochstimmung, als ich meinen Blick auf Alice Churchill richtete, die in der Loge vor mir aufgestanden war und mich erneut mit der Wärme ihres freundlichen Lächelns überschüttete. Ich wusste, dass ich immer noch dazu bestimmt war, der Gott der Maschine zu sein. Es war ebenso offensichtlich, dass sie sich ihres Verlustes noch immer nicht bewusst war.

Ich hielt sie und ihren eingefallenen Bruder auf dem Weg nach draußen auf und überraschte sie vermutlich ein wenig durch die unerwartete Herzlichkeit meiner Begrüßung.

„Kannt ihr zwei Kinder nicht mit mir bei Sherry's essen?" Ich habe es freundlicherweise vorgeschlagen. Ich konnte sehen, wie Bruder und Schwester Blicke wechselten.

„Benny sollte nicht lange draußen sein", wandte sie ein.

„Aber ich habe etwas ziemlich Wichtiges zu besprechen", flehte ich.

„Und Benny *würde* gerne noch einmal einen Blick auf Sherry's werfen", warf der dünnwangige Junge ein, der gerade aus der Wildnis zurückgekehrt war. Und ohne weitere Umstände packte ich sie in ein Taxi, nahm sie mit und überlegte, wie ich das Thema am besten ansprechen könnte.

Tatsächlich fiel es mir viel schwerer, als ich erwartet hatte. Mit der Zeit wurde ich immer abgeneigter, meine Position zu verraten, sanft von meinem Gipfel der Überlegenheit abzusteigen und mein kleines Windrad der Macht zu verbrennen. Ich war wie ein Welpe mit seinem ersten vergrabenen Knochen. Ich wusste, was ich so sorgfältig verpackt in meiner Westentasche trug. Ich erinnerte mich daran, wie es dorthin gekommen war, und während dieser ruhigen Stunde des Abendessens war ich außerordentlich stolz auf mich.

Ich saß da und betrachtete das Mädchen mit ihrem hoch aufragenden rötlich-goldenen Haarkranz. Sie wiederum blickte auf ihr eigenes töricht verzerrtes Spiegelbild in der polierten Schüssel des Chafing Dishs, aus dem ich ihr gerade Kapaun *a la reine serviert hatte* . Sie saß da und blickte auf ihr reflektiertes Gesicht, blickte es mit einer Art fleißiger, aber unpersönlicher Aufmerksamkeit an. Dann sah ich, wie sie sich plötzlich in ihrem Stuhl nach vorne beugte und immer noch das groteske Bild von sich selbst im polierten Silber betrachtete. Ich konnte nicht umhin, ihren sich schnell verändernden Gesichtsausdruck zu bemerken, das unartikulierte Keuchen ihrer geöffneten Lippen, die Hand, die sich plötzlich an ihre Kehle legte. Ich sah, wie die Finger den Ansatz des kompakten, schlanken Halses abtasteten, und den vorübergehenden Ausdruck der Benommenheit, der sich erneut über ihr Gesicht ausbreitete.

Sie aß fleißig und ohne zu sprechen einen Bissen Kapaun. Dann sah sie wieder zu uns auf. Da bemerkte ihr Bruder Benny zum ersten Mal, dass sie ihre Farbe veränderte.

"Was ist falsch?" verlangte er , sein schmales junges Gesicht war plötzlich voller Angst.

Als das Mädchen ihm schließlich antwortete, sprach sie sehr leise. Aber ich konnte sehen, was für einen Kampf es ihr kostete.

„Nun, Benny, ich will keine Aufregung", sagte sie fast leise. „Ich möchte nicht, dass sich einer von euch aufregt, denn es kann nichts nützen. Aber meine Halskette ist weg."

"Gegangen?" keuchte Benny. „Das kann nicht sein!"

„Es ist weg", wiederholte sie und blickte mich ausdruckslos an, während ihr Bruder ihren Rock betastete und betastete und dann sogar ihren zerknitterten Opernumhang ausschüttelte.

„Ist es das zufällig?" fragte ich mit der ganzen Lässigkeit, die mir zur Verfügung stand. Und während ich sprach, wickelte ich die Perlenkette mit dem taubenblutigen Rubin ab und ließ sie auf dem weißen Damast rollen, der zwischen uns lag.

Sie blickte sie bewegungslos an, ihre Augen weiteten sich vor Staunen. Ich konnte sehen, wie die Farbe in ihr Gesicht zurückkehrte. Es war schon eine Belohnung genug, mitzuerleben, wie die wohltuende Wärme in diese geweiteten Augen zurückkehrte und sich in diesem lieblichen, flüssigen Blick der Dankbarkeit zu sonnen.

„Wie", fragte sie ein wenig schwach, als sie hinübergriff und sie in ihre Finger nahm, „wie hast du sie bekommen?"

„Du hast sie im ersten Akt in der Loge verloren", sagte ich ihr. Ihr Bruder Benny wischte sich die Stirn.

„Und es liegt an einer Frau, vierzigtausend Dollar fallen zu lassen und es nie zu erfahren", rief er.

Ich sah ihr zu, wie sie sie in ihren Händen umdrehte. Dann schaute sie plötzlich zu mir hoch, dann zu den Perlen hinunter und dann wieder zu mir hoch.

„ *Das ist nicht meine Halskette* ", waren die erstaunlichen Worte, die ich von ihren Lippen fallen hörte. Ich wusste natürlich, dass sie sich geirrt hatte.

„Oh ja, das ist es", versicherte ich ihr leise.

Sie schüttelte verneinend den Kopf und starrte mich immer noch an.

"Was bringt dich dazu, so zu denken?" Sie fragte.

„Ich glaube es nicht, ich weiß es", war meine Antwort. „Das sind nicht die Steine, die in dieser Stadt auf jedem Busch wachsen."

Sie studierte noch einmal die Halskette. Und noch einmal schüttelte sie den Kopf.

„Aber ich bin Linkshänderin", erklärte sie, während sie immer noch auf sie herabblickte, „und ich habe meinen Verschluss, hier auf dem Rubin auf der Rückseite, so anfertigen lassen, dass er funktioniert. Dieser Verschluss ist für Rechtshänder. Don Siehst du, es ist auf der falschen Seite.

„Aber du hast das Ding doch nur auf den Kopf gestellt", rief ihr Bruder. Und ich muss gestehen, dass sich in meinem Magen ein unangenehmes Gefühl bemerkbar machte, als er näher an sie herantrat und versuchte, die Halskette so umzudrehen, dass der Verschluss für Linkshänder geeignet war.

Er drehte und wendete es mehrere Augenblicke lang vergeblich.

„Ist das nicht die Grenze?" murmelte er schließlich, sank in seinem Stuhl zurück und betrachtete mich mit verwirrten Augen. Auch das Mädchen musterte noch einmal mein Gesicht, als sei meine Bewegung eine Art unhöflicher Scherzhaftigkeit, die sie nicht ganz verstehen konnte.

„Was ist überhaupt die Antwort?" fragte der verwirrte Jugendliche.

Aber seine Verwirrung war nichts im Vergleich zu meiner. Ich griff nach der Perlenkette mit dem Rubinverschluss. Ich nahm sie und drehte sie immer wieder in meinen Händen hin und her, schwach und stumm, als könnten sie selbst auf irgendeine Weise ein Rätsel lösen, das unergründlich schien. Und ich musste gestehen, dass mir das Ganze zu viel war. Ich schaute immer noch auf die glänzende Perlenreihe hinunter, die in ihrer absoluten und perfekten Abstufung so ansprechend für das Auge war, als ich hörte, wie der jüngere Mann an meiner Seite laut meinen Namen rief.

„Kerfoot!" sagte er, nicht gerade alarmiert und nicht gerade ängstlich, aber mit einer neueren Note, die mich scharf aufschauen ließ.

Während ich das tat, wurde ich mir der Gestalt bewusst, die so dicht hinter mir und so nahe an meinem Stuhl stand, dass ich ihn, obwohl ich seine Anwesenheit dort bereits gespürt hatte, für einen Moment für meinen peinlich aufmerksamen Kellner gehalten hatte. Aber als ich mich umdrehte und zu dieser Gestalt aufblickte, erkannte ich, dass ich mich geirrt hatte. Mein Blick fiel auf einen breitschultrigen und ziemlich beleibten Mann mit ruhigen, sehr tiefliegenden grauen Augen. Was mich noch mehr beunruhigte als seine Anwesenheit an meiner Schulter, war das Gefühl der Macht, der beispiellosen Überlegenheit in diesem teilnahmslosen, aber unbestreitbar intelligenten Gesicht.

„Ich möchte dich sehen", sagte er mit einer emotionslosen Sachlichkeit, die bei einem anderen an Unverschämtheit gegrenzt hätte.

"Worüber?" „Forderte ich und versuchte, seine Gleichgültigkeit mit meiner eigenen in Einklang zu bringen.

Er nickte in Richtung der Halskette in meiner Hand.

„Darüber hinaus", antwortete er.

„Was ist damit?" Ich erkundigte mich träge.

Der beleibte Mann an meiner Schulter antwortete mir nicht. Stattdessen drehte er sich um und nickte einem zweiten Mann zu, einem Mann, der ein halbes Dutzend Schritte hinter ihm stand, in einem feuchten Mantel und einem traurig zerknitterten Hemdvorderteil.

Ich spürte, wie mein Herz plötzlich schneller schlug, denn ohne einen zweiten Blick zu erkennen, dass es sich bei dieser zweiten Gestalt um den

Juwelendieb handelte, den ich in dem muffig riechenden Taxi verfolgt und in die Enge getrieben hatte.

Ich spürte den plötzlichen Griff des größeren Mannes an meiner Schulter – und seine Hand schien die Kraft eines Schraubstocks zu haben – , als der kleinere Mann, immer noch blass und zerzaust, an den Tisch trat. Sein Gesicht war nicht gerade angenehm.

Benny Churchill, dessen besorgter Blick für einen Moment auf das erschrockene Gesicht seiner Schwester gerichtet war, stand plötzlich auf.

„Sehen Sie", sagte er mit einer ruhigen Energie, die ich ihm nicht zugetraut hätte, „hier wird es keine Szene geben." Er drehte sich zu dem Mann an meiner Schulter um. „Ich weiß nicht, wer Sie sind, aber ich möchte, dass Sie sich daran erinnern, dass an diesem Tisch eine Dame sitzt. Denken Sie bitte daran, sonst muss ich Ihnen das beibringen!"

"Hinsetzen!" Ich sagte ihm. „Um Himmels willen, setzt euch alle! Mit Heldentaten ist nichts zu gewinnen. Und wenn wir etwas zu sagen haben, können wir es genauso gut anständig sagen."

Die beiden Männer wechselten einen Blick, als ich zwei Stühle für sie bestellte.

„Sei so brav", fuhr ich fort und deutete sie auf diese Stühle. „Und da wir ein Problem zu besprechen haben, gibt es keinen Grund, warum wir es nicht auf halbzivilisierte Weise diskutieren können."

„Das ist kein Problem", sagte der Mann an meiner Schulter mit etwas unangenehmem Grinsen.

„Dann machen wir es auf keinen Fall zu einem", protestierte ich.

Der Mann hinter mir war der Erste, der sich auf den freien Platz zu meiner Linken setzte. Der andere Mann ging zur anderen Seite des Tisches und beobachtete mich immer noch aufmerksam. Dann tastete er nach dem Stuhl und ließ sich langsam hineinsinken; aber er ließ mein Gesicht kein einziges Mal aus den Augen. Ich war froh, dass unser Kreis kompakt geworden war, denn wir fünf saßen nun so dicht um den Tisch, dass wir unser kleines Königreich der Meinungsverschiedenheiten aus weißem Leinen vom Rest des Raumes abschirmten.

„Dieser Mann ist bewaffnet, denken Sie daran!" rief der Juwelendieb plötzlich dem Fremden zu meiner Linken zu. Er sprach sowohl warnend als auch empört. Sein Zornausbruch schien tatsächlich unkontrollierbar zu sein.

„Wo ist deine Waffe?" sagte der ruhigäugige Mann an meiner Seite. Ich bemerkte, dass seine eigene Hand in der Tasche steckte, und dass sein Mund eine gewisse bösartige Absicht hatte, die mir überhaupt nicht gefiel.

Dennoch konnte ich ein wenig lachen, als ich den Magazinrevolver auf den Tisch legte; es hatte Erinnerungen, die amüsant waren.

Die schnelle Bewegung, mit der er die Waffe entfernte, war jedoch noch lächerlicher. Doch mein wiederkehrender Sinn für Humor beeindruckte ihn überhaupt nicht.

„Wo hast du diese Waffe her?" er erkundigte sich.

Ich nickte mit dem Kopf in Richtung des weißgesichtigen Mannes mir gegenüber.

„Ich habe es deinem Freund dort weggenommen", war meine Antwort.

„Und was hast du sonst noch genommen?"

Die schiere Unpersönlichkeit des Mannes hatte etwas Beeindruckendes. Es beschränkte sich also auf Fälle.

„Diese Perlenkette mit dem Rubinverschluss", antwortete ich.

"Warum?" fragte mein Gesprächspartner.

„Weil er es gestohlen hat", war meine prompte Antwort. Der große Mann schwieg einen Moment.

"Von wem?"

„Von der Dame, der Sie gegenübertreten dürfen", antwortete ich.

"Wo?" war seine nächste Frage.

Ich sagte ihm. Er schwieg erneut für ein oder zwei Sekunden.

„Wissen Sie, wer dieser Mann ist?" sagte er mit einem knappen Kopfnicken in Richtung seines weißgesichtigen Kollegen.

„Ja", antwortete ich.

"Was ist er?"

„Er ist ein Juwelendieb."

Die beiden Männer starrten einander an. Dann rieb der Mann an meiner Seite sein Kinn zwischen Daumen und Zeigefinger. Er war offensichtlich verwirrt. Er begann menschliche Eigenschaften anzunehmen und wurde schnell zu einer weniger interessanten und weniger beeindruckenden Figur. Er sah Alice Churchill und ihren Bruder an und dann wieder mich an.

Dann, nachdem er noch einmal geistesabwesend sein Kinn gestreichelt hatte, drehte er sich um und sah das verwunderte und schweigsame Mädchen an, das ihm gegenüber saß.

„Entschuldigen Sie, Miss, aber würde es Ihnen etwas ausmachen, ein oder zwei Fragen zu beantworten?“

Es war ihr Bruder, der sprach, bevor sie Zeit hatte zu antworten.

„Warte“, warf er ein. „Wer bist du überhaupt?“

Als Antwort hob der Mann das Revers seines Mantels hoch und zeigte ein silbernes Abzeichen.

„Nun, was bedeutet das?“ forderte der völlig unbeeindruckte Jugendliche.

„Dass ich Offizier bin.“

„Was für ein Detektiv?“

"Ja."

„Wofür? Für diesen Ort?“

„Nein, für die Maiden Lane Protective Association.“

„Na, was hat das mit uns zu tun?“

Der kräftige Mann sah ihn etwas ungeduldig an.

„Das wirst du verstehen, wenn es soweit ist“, erwiderte er. „Nun, junge Dame“, begann er erneut und wandte sich wieder dem verwirrten Mädchen zu, „sagen Sie, dass Sie in dieser Theaterloge eine Halskette verloren haben?“

Das Mädchen nickte.

„Ja, das muss ich haben“, antwortete sie und sah ein wenig verängstigt aus.

„Und Sie sagen, es wurde Ihnen gestohlen?“

„Nein, das habe ich nicht gesagt. Ich hatte meine Halskette an, als ich in der Kiste war – das wissen sowohl Benny als auch ich.“

„Und es ist verschwunden?“

"Ja."

"Wann?"

„Ich bemerkte, dass es weg war, als ich mich hier an den Tisch setzte.“

Der dominierende Herr drehte sich zu mir um.

„Du hast die Halskette aus der zweiten Schachtel gesehen?“ er forderte an.

„Das habe ich“, war meine Antwort.

„Und du hast gesehen, wie es verschwunden ist?" er forderte an.

„Ich habe gesehen , *als* es verschwunden ist", erwiderte ich.

Der Juwelendieb mit dem zerknitterten Hemdvorderteil versuchte zu diesem Zeitpunkt einzubrechen, aber der größere Mann brachte ihn schnell mit einer ungeduldigen Seitenbewegung der Hand zum Schweigen.

"Wann war das?" er machte weiter.

"Welchen Unterschied macht es?" Ich erkundigte mich ruhig und ärgerte mich über die Zwanghaftigkeit seiner Verhöre.

Er blieb abrupt stehen und sah zu mir auf. Dann erschien der erste Hauch eines Lächelns, ein geduldiges und fast trauriges Lächeln, auf seinen Lippen.

„Nun, wir gehen es anders an. Sie haben gesehen, wie dieser Mann auf der anderen Seite des Tisches der jungen Dame die Halskette abgenommen hat?"

„Das läuft praktisch darauf hinaus."

„Das heißt, Sie haben tatsächlich entdeckt, dass er dieses Verbrechen begangen hat?"

„Ich glaube nicht, dass ich das gesagt habe."

„Aber Sie haben angenommen, dass er dieses Verbrechen begangen hat?"

"Eher."

„Wann wurde es gerade begangen?"

„Während dessen, was sie als dunkle Veränderung im ersten Akt bezeichnen."

„Du meinst, die Halskette war vor dieser Änderung an und verschwunden, als das Licht wieder eingeschaltet wurde?"

"Genau."

„Und die Position und Handlungen dieses Mannes waren Ihnen verdächtig?"

„Extrem."

"Inwiefern?"

"Auf veschiedenen Wegen."

„Er hatte sich verdächtig nahe an den Träger der Halskette gedrängt?"

"Er hatte."

„Und seine Augen waren zu Beginn dieser Tat darauf gerichtet?“

„Das waren sie auf jeden Fall.“

„Und du hast ihn beobachtet?“

„Mit fast ebenso großem Interesse wie er die Halskette betrachtete.“

„Und nach der dunklen Veränderung, wie Sie es nennen, war der Hals der Dame nackt?“

"Es war."

„Bist du dir da sicher?“

"Positiv."

„Und was hat dieser Mann am Tisch gemacht?“

„Nachdem er bekommen hatte, was er wollte, eilte er aus dem Theater und flüchtete – oder versuchte zu fliehen.“

„Es war ihm wohl peinlich, dass du ihn so genau beobachtetest?“

„Er sah auf jeden Fall verlegen aus.“

„Natürlich“, gab mein Vernehmer zu. Dann seufzte er tief, fast zufrieden, und saß dann mit nachdenklichen und geschürzten Lippen da.

„Ich schätze, ich habe jetzt dieses ganze Knurren“, gab er selbstgefällig zu. „Alle bis auf einen Knick.“

„Was für ein Knick?“ forderte Benny Churchill.

Der Mann an meiner Seite antwortete ihm nicht. Stattdessen erhob er sich.

„Ich möchte, dass du mit mir kommst“, sagte er mit der Frechheit und nickte knapp in meine Richtung.

„Ich bleibe viel lieber hier“, erwiderte ich. Und zum zweiten Mal lächelte er sein trauriges Lächeln.

„Oh, es ist nichts einzuwenden“, erklärte er. „Niemand wird dir etwas tun. Und wir sind in zehn Minuten wieder hier.“

„Aber seltsamerweise habe ich grundsätzliche Einwände dagegen, meine Gäste im Stich zu lassen.“

„Deine Gäste werden es bestimmt nicht bereuen“, antwortete er, während er auf seine silberne Rübenuhr blickte. „Und wir verlieren gute Zeit.“

„Bitte gehen Sie", sagte Alice Churchill, offenbar ermutigt durch eine instinktive Schlussfolgerung, die sie nicht erklären konnte oder wollte. Und sie wurde, wie ich bemerkte, durch ein Nicken ihres Bruders unterstützt.

Als ich aufstand, bemerkte ich auch, dass ich die Halskette immer noch in der Hand hielt. Ich war ein wenig verwirrt, was ich damit machen sollte.

„Das", sagte der kluge Fremde, „du solltest besser hier weggehen. Lass die junge Dame es behalten, bis wir zurückkommen. Und du, Fessant ", fuhr er fort und wandte sich an den Juwelendieb mit den kriegerischen Lippen, „du bleibst." Hier und machen Sie es sich angenehm. Und ohne unhöflich zu sein, werden Sie vielleicht dafür sorgen, dass die junge Dame und ihr Bruder hier bei Ihnen bleiben.

Dann nahm er mich gesellig am Arm und führte mich weg.

„Was hat das alles genau zu bedeuten?" Ich erkundigte mich, als wir uns auf den Weg zum Taxistand machten und mit dem Taxi Richtung Westen die Forty-Third Street entlangfuhren. Durch das beschlagene Fenster bemerkte ich, dass der Regen immer noch fiel.

„Ich möchte, dass Sie mir genau zeigen, wo dieser Mann in dieser Kiste saß", war seine Antwort. „Und zwei Minuten im Theater reichen aus."

„Und was nützt mir das", erkundigte ich mich?

„Es könnte Ihnen sehr gut tun", erwiderte er, während er die Fahrerhaustür aufriss.

„Es tut mir ziemlich leid, wenn das nicht der Fall ist", war meine Antwort, als ich ihm nach draußen folgte. Wir standen vor einem trostlos aussehenden Bühneneingang, über dem eine noch trostlos aussehende Glühbirne brannte. Der Mann drehte sich um und sah mich mit einem kurzen Grunzen an, das eher Ekel als Verachtung ausdrückte.

„Du bist ziemlich geschickt für eine New Yorker Ausgabe von Jesse James, nicht wahr?"

Und ohne auf meine Antwort zu warten , begann er mit dem Fuß gegen die schäbig aussehende Bühnentür zu treten. Er war immer noch damit beschäftigt, dort herumzustrampeln, als die Tür von einem Mann in grauer Uniform, offensichtlich dem Nachtwächter, geöffnet wurde.

„Hallo, Tim!" sagte der Eine.

„Hallo, Bud!" sagte der andere.

„Der Türsteher ist weg?"

„Vor etwa einer Stunde!'

Dann folgte eine Schweigeminute.

„Burnside sagt, es wurde etwas abgegeben?"

„Davon habe ich noch nichts gehört", antwortete der Wächter.

„Mein Freund hier glaubt, er hätte etwas in einer Kiste gelassen. Könnten Sie uns durchlassen?"

„Sicher", war die einfache Antwort. „Ich mache für dich das Licht im Haus an . Pass auf dich auf!"

Er ging vor uns durch ein Labyrinth aus bemalten Leinwänden und etwas, das wie die Rückseiten riesiger Bilderrahmen aussah. Er trat für einen Moment beiseite, um einen Schalter zu betätigen. Dann öffnete er eine schmale, mit Blech bedeckte Tür, und wir standen vor den Logeingängen.

Mein Begleiter bedeutete mir, in die zweite Loge zu gehen, während er zügig in die näher am Fußlicht liegende Loge trat.

„Nun, da saß die junge Dame", sagte er und stellte den vergoldeten Stuhl gegen das Messinggeländer zurück. Dann setzte er sich hinein, mit dem Gesicht zur Bühne. Nachdem er das getan hatte, nahm er seinen Hut ab und legte ihn auf den Boden der Kiste. „Jetzt zeigen Sie mir, wo dieser Mann saß."

Ich stellte den Stuhl gegen die mit Plüsch bezogene Brüstung und ließ mich hineinfallen.

„Hier", erklärte ich, „nicht mehr als einen Meter von Ihrem Standort entfernt."

"In Ordnung!" war seine plötzliche und völlig unerwartete Erwiderung. „Das reicht! Das reicht!"

Er griff nach unten und tastete nach seinem Hut, bevor er vom Stuhl aufstand. Geistesabwesend streifte er es mit dem Ärmel seines Mantels und stieg dann aus der Kiste.

„Wir kommen besser zurück", rief er mir von der blechverdeckten Tür aus zu.

„Zurück zu was?" „Während ich ihm erneut durch das mit Segeltüchern ausgekleidete Labyrinth folgte, hatte ich das Gefühl, dass er mich auf irgendeine Weise hereinlegte, und ärgerte mich über das dumme Geheimnis, das er über das ganze dumme Manöver verbreitete.

„Zurück zu Ihren Gästen und etwas gutem, altmodischem gesundem Menschenverstand", war seine Erwiderung.

Aber während der Rückfahrt zu Sherry hatte er mir nichts mehr zu sagen. Seine Antworten auf die Fragen, die ich ihm stellte, waren entweder ausweichend oder einsilbig. Er gähnte sogar, gähnte offen und hörbar, als wir am Kutscheneingang dieser großzügig beleuchteten Herberge anhielten. Jetzt schien er nicht mehr als ein gewöhnlicher Mann zu sein, der von der Erledigung einer alltäglichen Aufgabe erschöpft war. Er schien sogar ein wenig ungeduldig wegen meiner Verzögerung, während ich darauf wartete, meinen Hut und meinen Mantel zu überprüfen – eine Formalität, der er sich nicht anschloss.

„Jetzt kann ich euch nur zwei Minuten geben", sagte er, als wir fünf wieder am selben Tisch saßen und er noch einmal auf seine Rübenuhr schaute. „Und ich denke, das ist mehr, als wir brauchen werden."

Er wandte sich an das blasse Mädchen mit den müden Augen, das das Warten nur allzu offensichtlich nicht ganz genossen hatte.

„Du hast die Halskette?" er hat gefragt.

Sie hielt eine Hand hoch, an der die Reihe abgestufter Perlen baumelte. Dann drehte sich der Mann zu mir um.

„Du hast diesem Mann diese Perlenkette weggenommen?" fragte er und nickte dem Juwelendieb kurz zu.

„Das habe ich auf jeden Fall getan", war meine Antwort.

„Wussten Sie, dass er sie dieser jungen Dame früher am Abend abgenommen hatte?"

„Ihre Annahme trägt jedes Zeichen von Genialität!" Ich versicherte ihm.

Er wandte sich wieder dem Mädchen zu.

„Ist das deine Halskette?" fragte er knapp.

Das Mädchen sah mich mit trüben und besorgten Augen an. Auf irgendeine dumme Weise hatten wir alle das Gefühl, dass dieser Moment ein Höhepunkt sei.

"NEIN!" sie antwortete kaum mehr als ein Flüstern.

„Du bist positiv?"

Sie nickte wortlos. Der Mann drehte sich zu mir um.

„Dennoch sind Sie diesem Mann gefolgt, haben ihn angegriffen und ihm gewaltsam die Halskette weggenommen?"

"Festhalten!" Ich weinte, verärgert über seine ruhige, pädagogische Art. „Ich möchte, dass du —"

Er stoppte mich mit einer scharfen Handbewegung.

„Gehen Sie das nicht alles durch!" er sagte. „Es ist Zeitverschwendung. Der Punkt ist, dass diese Halskette nicht deiner Freundin gehört. Aber ich werde dir sagen, was es ist. Es ist ein Duplikat davon, Stein für Stein. Ich denke, die Dame wird mir zustimmen." dazu. Habe ich recht?"

Das Mädchen nickte.

„Was zum Teufel macht dieser Mann dann damit?" forderte Benny Churchill, bevor einer von uns sprechen konnte.

„ Angenommen , Sie warten ab und finden heraus, wer dieser Mann ist!"

„Nun, wer ist er?" Ich erkundigte mich und war fest davon überzeugt, dass keine Hand, wie geschickt sie auch sein mag, mir etwas vormachen würde.

„Dieser Mann", sagte mein unbeirrter und breitschultriger Freund, „ist der Perlenvermittler für Cohen und Greenhut , die Maiden Lane-Importeure. Warten Sie, unterbrechen Sie mich nicht. Miss Churchills Halskette war, wie ich gehört habe, eine der schönsten." in dieser Stadt. Sein Haus hatte den Auftrag, es zu duplizieren. Er nutzte die erste Chance, als die Perlen aufeinander abgestimmt und aufgereiht waren, um sich zu vergewissern, dass er seine Arbeit richtig gemacht hatte."

„Und Sie wollen mir sagen", rief ich, „dass er über einem Kastengeländer hing und einer Dame eine Perlenkette vom Hals nahm, nur um —"

„Halten Sie durch, mein Freund", warf der großgliedrige Mann ein. „Er fand heraus, dass diese Dame in dieser Kiste sein würde und diese Halskette tragen würde ."

„Und nachdem er seine keusche Schönheit begutachtet hatte, schlich er sich aus seiner eigenen Box und rannte wie ein gejagter Hund!"

„Halten Sie sich jetzt fest! Können Sie nicht erkennen, dass er Sie für den Gauner gehalten hat? Wenn Sie so einen Haufen Steine bei sich hätten und ein Fremder sich einschleichen und anfangen würde, Sie zu verfolgen , würden Sie nicht Ihr Bestes geben, um zu schmelzen weg, als du die Chance dazu hattest? forderte der Beamte. Dann sah er mich wieder mit müde hochgezogenen Augenbrauen an. „Oh, ich schätze, du warst in Ordnung, soweit du gegangen bist, aber wie die meisten Amateure bist du nicht weit genug gegangen!"

Es war Benny Churchill, der sich zu Wort meldete, bevor ich antworten konnte. Während er sprach, klang seine Stimme seltsam dünn und kindlich.

„Aber warum um Himmels Willen sollte er den Schmuck meiner Schwester duplizieren wollen?"

„Für eine andere Frau, die mehr Geld als Verstand hat, oder das Knowhow, oder wie auch immer man es nennen will", war die teilnahmslose Antwort.

Ich sah, wie das Mädchen mir gegenüber am Tisch die Halskette von sich schob und sie als schimmernden Haufen auf dem weißen Tisch liegen ließ. Ich streckte prompt und leise die Hand aus und nahm es in Besitz, denn ich hatte immer noch meine eigenen Vorstellungen von der Situation.

„Das ist alles schön und gut", rief ich, „und sehr interessant. Aber was ich wissen möchte ist: *Wer hat die erste Halskette bekommen?* "

Der großrahmige Mann blickte noch einmal auf seine Uhr. Dann sah er mich etwas müde an.

„Ich habe sie !"

„Du hast sie?" wiederholten sowohl das Mädchen als auch ihr Bruder. Es war offensichtlich, dass die Belanglosigkeiten der letzten Stunde ein wenig zu viel für sie gewesen waren.

Der Mann steckte eine riesige Hand in die Tasche seines feuchten und etwas unförmigen Mantels.

„Ja, ich habe sie hier", erklärte er, während er seine Hand wegzog und die schimmernde Schnur ins Licht hielt. „Ich habe sie aus der Ecke der Kiste aufgehoben, wo sie der Dame vom Hals gerutscht sind."

Er erhob sich ruhig und schwerfällig.

„Und ich schätze, das ist auch schon alles", fügte er hinzu, während er durch eine offene Glasscheibe blickte und langsam den Kragen seines Mantels hochschlug, „abgesehen davon, dass einige von uns Outdoor- Typen sicher Schwimmfüße bekommen werden , wenn dieser Regen anhält!"

KAPITEL X

DER DAUMENTAPP-HINWEIS

Ich wurde verfolgt. Daran gab es keinen Zweifel mehr. Schritt für Schritt und Schritt für Schritt, noch länger, als ich mir dessen bewusst war, hatte mich jemand stillschweigend beobachtet.

Wenn nun etwas mehr als das andere das Blut des Mannes erregt, der Gelegenheit hat, nachts zu wandern, dann ist es die Entdeckung, dass seine Schritte verfolgt werden. Der Gedanke, beobachtet zu werden und einen möglichen Feind hinter sich zu haben, weckt einen uralten Nervenkitzel.

Anstatt also meinen geschäftigen, ziellosen Rundgang um den mit hohen Stacheln versehenen Eisenzaun, der den Gramercy Park umschließt, fortzusetzen, schoss ich tangential davon und setzte von der nordwestlichen Ecke aus geradeaus in Richtung Fourth Avenue und Broadway fort.

Ich hatte geglaubt, allein in diesem mitternächtlichen Aufenthaltsort der Stille zu sein. Nur die Angst vor einer zweiten schlaflosen Nacht hatte mich dort festgehalten und mich in meinen fieberhaften Revolutionen angestachelt, bis mich die Müdigkeit von meiner Rennstrecke stolpern ließ wie ein Sechstagefahrer vom Rad.

Als ich im Schatten des Hauses war, wo die Twenty-first Street wieder beginnt , drehte ich mich um und wartete. Ich stand da, in einer Art stiller Kampfeslust, und beobachtete die Gestalt des Mannes, der meine Schritte verfolgt hatte. Ich sah ihn auf dem Platz nach Süden abbiegen, als wäre ihm meine Flucht gleichgültig. Doch der plötzliche beruhigende Gedanke, dass seine Bewegungen möglicherweise genauso ziellos waren wie meine eigenen, wurde von einer zweiten und interessanteren Entdeckung verschluckt.

Es war die Entdeckung, dass der Mann, von dem ich angenommen hatte, dass er mir folgte, wiederum von einem weiteren Mann verfolgt wurde.

Ich wartete, bis dieses seltsame Paar die eiserne Umzäunung vollständig umrundet hatte. Dann wandte ich mich wieder dem Platz zu und ging südwärts, bis ich vor meiner eigenen Haustür stand. Der zweite Mann muss mich dabei gesehen haben. Offenbar misstrauisch gegenüber möglicher Spionage, trieb er sich mit vermeintlicher Nachlässigkeit an der südlichen Ecke des Parks herum. Der erste Mann, die kleinere und jünger aussehende Gestalt der beiden, setzte seinen Weg unbeachtet fort, als wäre er der geisterhafte Teilnehmer in einem endlosen Albtraum eines Marathons.

Meine Betrachtung über ihn wurde durch das Auftauchen einer vierten Figur unterbrochen, einer Figur, die einer Situation, die für einen Moment immer lächerlicher wurde, etwas Vernünftiges und Beruhigendes zu verleihen schien. Denn der Neuankömmling war McCooey, der Streifenpolizist. Er drehte sich wortlos zu mir um, wie eine Fähre, die in ihren Liegeplatz schwingt. Dann stand er da und blickte teilnahmslos zu den Novembersternen auf.

„ Yuh , wir sind spät dran", kommentierte er schließlich mit jener nachlässigen Schwerfälligkeit, die das Stiefkind unbestrittener Autorität ist.

„McCooey", sagte ich, „in deinem Park läuft ein Nachtschwärmer umher. Er macht das schon zum hundertzehnten Mal. Und ich wünschte, du würdest herausfinden, was zum Teufel er damit meint."

„Hast du gestört , oder?" fragte beiläufig nach dem inkarnierten Gesetz. Dennoch stellte er die Frage so, wie es ein nachsichtiger Arzt einem Patienten gegenüber tun würde. McCooey gehörte zu dem Typ, der sowohl Freude als auch Versuchung bereitet, ihn zu verwirren.

„Er hat meine Neugier angegriffen", beschwerte ich mich feierlich.

„Heißt das, er hat sich in dich eingemischt ?" forderte mein buchstäblicher Freund.

„Ich meine, er hat meinen Seelenfrieden gestört."

„Dann werde ich sehen, was er will ", war die Antwort des anderen. Und einen Moment später schwang er sich fahrlässig auf einer Linie über den Bürgersteig, die mit dem Weg des nervös auf und ab gehenden Fremden zusammenlaufen würde. Ich konnte die beiden fast zusammen um die Ecke sehen. Ich konnte sehen, wie McCooey immer näher kam. Ich konnte sogar sehen, dass er sich umgedreht hatte und mit dem Nachtwandler gesprochen hatte, als sie gemeinsam den Platz hinuntergingen, vorbei an den Lichtern der Spieler.

Ich konnte sehen, dass dieser Nachtwandler weder Groll noch Beunruhigung darüber zeigte, dass er so angesprochen wurde. Und ich konnte auch sehen, dass das Zusammentreffen der beiden den dritten Mann, der immer noch von der Straßenecke zu meiner Rechten aus diskret Wache hielt, für großes Rätsel sorgte.

McCooey drehte sich zu mir zurück. Er schwang sich verärgert zurück, wie ein Retriever, der auf eine blinde Fährte geschickt wurde.

„Was hat er überhaupt vor?" Ich erkundigte mich gereizt.

„Er sagt, er hat genug Schlaf!"

"Nach was?" Ich forderte.

McCooey blinzelte zu einem Himmel hinauf, der plötzlich von einer Gasfackel am East River gerötet war. Dann holte er tief und desinteressiert Luft.

„Er sagt, er wolle noch schlafen", wiederholte der Streifenpolizist. „Wenn er sie nicht erwischt, sagt er, wird er in den East River laufen."

„Was ist überhaupt mit dem Mann los?" Ich fragte, denn dieses Geständnis hatte den umherschreitenden Fremden zu etwas geführt, das mir sehr nahe und verwandt war.

„Das ist nicht viel", war die Antwort des großen Mannes. „Wahrscheinlich hat er zu viel gegessen und ein oder zwei schlechte Nächte gehabt ."

Und mit diesen Worten drehte sich mein Freund, der Streifenpolizist, auf dem Absatz um und setzte seinen Weg durch die stillen Straßenschluchten fort, wo tausend glückliche Schläfer nichts von seinem Kommen wussten und nichts von seinem Gehen sahen.

Ich stand da und schaute ihm nach, während er ging. Dann ging ich zur nordwestlichen Ecke des eisernen Zauns und wartete auf den Jugendlichen, den der Arm der Wachheit wie ein Stein in einer Schleuder hin und her schwang.

Ich versperrte ihm absichtlich den Weg, als er versuchte, sich gereizt um mich herumzudrängen.

„Entschuldigen Sie", begann ich. Er blickte auf, wie ein Schlafwandler, der plötzlich erwacht. „Entschuldigen Sie, aber ich denke, ich sollte Sie warnen, dass Sie verfolgt werden."

„Bin ich?"

„Ja; und ich denke, Sie sollten es wissen."

„Oh, ich weiß es", war seine apathische Antwort. „Ich fange sogar an, mich daran zu gewöhnen."

Er trat zurück und lehnte sich gegen den Eisenzaun. Sein Gesicht unter den Straßenlaternen sah sehr unglücklich aus. Darin lag eine traurige Gleichgültigkeit, die darauf hindeutete, dass er so in Elend versunken war, dass kein weiterer Schlag für ihn von Bedeutung sein konnte. Und doch lag hinter der starren Blässe dieses Gesichts etwas Anziehendes, eine Spur von Schönerem, eine Berührung, die mir verriet, dass er und die nächtliche Unterwelt nichts gemeinsam hatten.

„Aber gewöhnst du dich an die andere Sache?" Ich fragte.

„Was sonst noch?" war seine langsame Untersuchung. Ich konnte das Doppelfeuer eines dumpfen Fiebers in den Tiefen seiner höhlenartigen Augen brennen sehen.

„Ich gehe ohne Schlaf aus", antwortete ich. Zum zweiten Mal starrte er mich an.

„Aber ich gehe schlafen", antwortete er. "Ich muss!"

„Das müssen wir alle", bemerkte ich platt . „Aber es gibt Zeiten, in denen das bei uns allen nicht der Fall ist."

Er lachte ein seltsames, kleines, freudloses Lachen.

„Hast du jemals solche Probleme gehabt?" er hat gefragt.

Wir standen einander gegenüber wie zwei verwandte Geister, die in der Stille einer Katakombe miteinander kommunizierten. Dann lachte ich, aber hoffentlich nicht so bitter wie er.

„Ich bin über diesen Platz gegangen", sagte ich ihm, „ tausendmal bis zu deinem Platz."

„Ich mache das schon seit drei Stunden hier", gestand er leise.

„Und es hat dich fertig gemacht", erwiderte ich. „Und was wir beide brauchen, ist eine ruhige Zigarette und ein oder zwei Stunden mit den Füßen auf etwas?"

„Das ist sehr nett von dir", hatte er die Anmut zuzugeben, als sein Blick meinem in Richtung Haustür folgte. „Aber es gibt eine Reihe von Dingen, über die ich nachdenken muss."

Er war ein anständiger Typ. Daran bestand kein Zweifel. Aber es war ebenso offensichtlich, dass es ihm in irgendetwas schlecht ging.

„Lass es uns gemeinsam überlegen!" Ich hatte den Mut, dies vorzuschlagen.

Er lachte freudlos, obwohl er bereits mit mir südwärts über den Platz ging, als er wieder zu sprechen begann.

„Es gibt etwas, das ich alleine ausdenken muss", sagte er mir. Er sprach, dieses Mal ohne Groll, und ich war froh darüber. Dieser junge Mann mit dem unglücklichen Blick hatte irgendwie Einfluss auf mich genommen, wenn auch nicht auf meine Zuneigung, so doch zumindest auf mein Interesse. Und in unserer Gebrechlichkeit verband uns Mitgefühl. Wir waren wie zwei Flüchtlinge, die von denselben Bluthunden verfolgt wurden und auf der Suche nach denselben Fluchtwegen waren. Ich hatte das Gefühl, dass ich keinen Grundsatz der Zurückhaltung verletzte, indem ich ihn am Arm nahm.

„Aber warum kannst du nicht in meine Bude schlüpfen", schlug ich vor, „auf eine Zigarette und einen Tropfen Bristol Milk?"

Ich habe ihn tatsächlich umschmeichelt und überredet, wie man ein störrisches Kind überredet.

"Milch!" er murmelte. „Ich trinke nie Milch."

„Aber, mein lieber Mann, Bristol-Milch ist nicht die Sorte, die von Kühen stammt. Es ist siebzig Jahre alter Sherry, der auf eine Seereise nach Australien und zurück geschickt wurde. Es ist etwas, das Öl für die Kehle und Musik für die Sinne ist." !"

Er sah mich an, als ob die gesamte Breite des Hudson River zwischen uns floss.

„Das klingt verlockend", gab er zu. „Aber ich stecke in einem Schlamassel, aus dem mich selbst Bristol Milk nicht rauswaschen kann."

„Na ja, wenn es so schlimm ist, lohnt es sich, es für ein oder zwei Stunden zu vergessen!" Ich habe es angekündigt. Er lachte erneut, entspannt. Ich nahm seinen Arm fester und brüderlicher.

Und Seite an Seite gingen wir die Stufen hinauf und durch die Tür in die Stille des Hauses mit der nüchternen Fassade, das ich immer noch mit dem leeren Namen „Zuhause" nannte.

In fünf Minuten hatte ich einen Scheit aus Hickoryholz im Kamin in Flammen gesetzt, die Bibliotheksstühle aufgestellt und Criswell, meinen Gefangenen, ohne Hut und Mantel. An seiner Seite standen ein Teller Kekse und ein Glas Bristol Milk. Aber er schien mehr Trost darin zu finden, sich zurückzulehnen und dem Spiel der Flammen zuzuschauen. Sein Gesicht war sehr müde. Die Haut war feucht und sah tot aus; und doch flackerten aus den Tiefen dieser Müdigkeit die vertrauten ironischen weißen Lichter des Wachseins auf. Ich glaube, ich wusste, wie er sich fühlte.

Wir saßen da, ohne zu sprechen, und doch waren wir uns einer stillen Gedankengemeinschaft nicht bewusst. Ich wusste jedoch, dass Bristol Milk nicht die Angewohnheit hatte, einen Mann lange im Stich zu lassen. Also drehte ich mich um, um sein Glas nachzufüllen. Ich hatte bemerkt, dass seine Hände zitterten, genauso wie ich das verräterische Zucken eines seiner Augenlider bemerkt hatte. Aber als seine unkontrollierten Finger versehentlich das Glas von der Tischkante stießen, erschrak ich ein wenig.

Er saß da und blickte fleißig auf die verstreuten Kristallstücke.

„Es ist die Hölle!" er platzte plötzlich heraus.

"Was ist?" Ich habe nachgefragt.

„In dieser Verfassung sein!" war seine vehemente Antwort. Ich erlaubte mir nicht, ihn anzusehen. Mitgefühl war nicht das, was er brauchte. Siebzigjähriger Sherry war meiner Meinung nach besser geeignet.

„Vor allem, wenn wir keine Entschuldigung dafür haben", kommentierte ich lässig, reichte ihm ein zweites Glas, füllte es und drehte mich um, um das Feuer zu beobachten.

„Wärmendes Zeug, diese Bristol Milk", sagte er mit einem Atemzug, der zu kurz war, um als Seufzer bezeichnet zu werden. Dann lachte er, wischte sich den Schweiß von der Stirn und fuhr mit einer Zusammenhanglosigkeit fort, die an Kindheit erinnerte.

„Ich *habe eine Ausrede* ."

Ich wartete einen oder zwei Moment.

"Was ist es?"

„Zum einen der Mann, den du gesehen hast, wie er mich über den Platz schleppte."

„Selbst das ist nicht unbedingt eine Entschuldigung", beharrte ich.

„Aber dafür steht er", protestierte mein Besucher. Er saß ein oder zwei Minuten da und starrte ins Feuer. Ich saß neben ihm und war mir erneut einer unartikulierten und ausweichenden Gesellschaft bewusst.

"Wie hat es begonnen?" Ich fragte schließlich.

Er holte tief Luft. Dann schloss er die Augen. Und als er sprach, tat er es, ohne sie zu öffnen.

„Ich glaube nicht, dass ich es erklären könnte", war seine lustlose Antwort.

„Versuchen Sie es", drängte ich. „Lasst uns das Ding lüften, kanalisieren. Lasst uns ein wenig Licht und Ordnung hineinbringen."

Er bewegte seinen Kopf langsam auf und ab, als hätte er eine vage Vorstellung von der Psychologie des Geständnisses, als wüsste er, welche Vorteile es hat, geheime Straftaten zu „ äußern ". Dann saß er ganz still und angespannt da.

„Aber es gibt keine Möglichkeit, das Ganze zu lüften. Es gibt keine Möglichkeit, ein Fenster einzuschlagen. Es ist – es ist nur eine leere Wand."

„Warum eine leere Wand?" Ich habe nachgefragt.

Er drehte sich um und blickte mit blicklosen Augen an mir vorbei.

„ *Weil ich mich nicht erinnern kann* “, sagte er mit einer Stimme, die den Eindruck erweckte, dass er mehr mit sich selbst als mit mir sprach. Er sah sich mit einer erbärmlichen Hilflosigkeit um. „Ich kann mich nicht erinnern!“ wiederholte er mit der Verlorenheit eines verängstigten Kindes.

„Genau das wollte ich erreichen“, rief ich und tat so, als ob ich selbstbewusst und nachlässig intim wäre. „ Also lasst uns vor der leeren Wand wegräumen. Lasst uns wenigstens ein oder zwei Tritte dagegen versuchen.“

„Es hat keinen Zweck“, beschwerte er sich.

„Nun, lass es uns versuchen“, beharrte ich mit gezwungener Fröhlichkeit. „Lasst uns den Anfang machen.“

„Wie weit soll ich zurückgehen?“ fragte er schließlich. Er sprach mit der müden Lustlosigkeit eines Patienten, der einem unwillkommenen Arzt gegenübersteht.

„Fangen wir gleich von vorne an“, schlug ich fröhlich vor.

Er saß einen Moment oder zwei da und blickte auf seine zitternden Finger.

„Es gibt wirklich nicht viel, womit man anfangen kann“, versuchte er zu erklären. „Diese Dinge scheinen nicht in einer Minute, einer Stunde oder einem Tag zu beginnen.“

„Natürlich nicht“, stimmte ich zu, während ich darauf wartete, dass er fortfuhr.

„Das, was mir damals auffiel, war, dass mein Gedächtnis einen blinden Fleck zu haben schien – einen blinden Fleck, genau wie ein Auge.“

"Krank?" Ich fragte. „Oder überarbeitet?“

„Ich schätze, ich habe ziemlich hart gearbeitet. Das weiß ich. Wissen Sie, ich wollte mich in diesem Amt gut machen. Ich muss also mehr abgebissen haben, als ich kauen konnte.“

„Welches Büro?“ Ich fragte, als er stehen blieb. Er blickte mit einem Blick benommener Ratlosigkeit zu mir auf.

„Habe ich dir das nicht gesagt?“ fragte er und massierte sein Stirnbein mit den Enden seiner unsicheren Finger. „Na ja, ich meine John Lockwoods Büro.“

„John Lockwood?“ Ich wiederholte es mit einer plötzlichen Anspannung meiner Nerven. „Meinen Sie den Eisenbahninvestor, den Mann, der an der Nordwestküste so viele Millionen verdient hat?“

Der Jugendliche auf dem Stuhl nickte. Und ich bemühte mich, meine Gefühle zu kontrollieren, denn John Lockwood, das wusste ich nur zu gut, war der Vater von Mary Lockwood. Er hatte, wie ich, den gefrorenen Norden ausgebeutet, aber auf eine ganz andere Art und Weise als ich.

„Mach weiter“, sagte ich nach einer ziemlich langen Pause.

„Lockwood holte mich von den kanadischen Nordbüros in Winnipeg herunter. Er sagte, er würde mir eine Chance im Osten geben – die Chance meines Lebens.“

„Was waren Sie in seinem Büro?“

„Ich nehme an, man würde es Privatsekretär nennen. Aber ich glaube nicht, dass er selbst wusste, was ich war.“

„Und er hat zugelassen, dass du dich überanstrengst?“

„Nein, das kann ich nicht sagen. Es war nicht seine Schuld. Sehen Sie, seine Arbeit in diesem Sommer hielt ihn die meiste Zeit an der Küste fest. Er hatte einen englischen Bergbauingenieur namens Carlton, der sich um British Columbia kümmerte Interessen.“

„Und Sie haben die Büroarbeit weitergeführt, während Lockwood draußen im Westen war?“

„Ich habe getan, was ich konnte, um die Sache am Laufen zu halten. Aber wissen Sie, es war alles so neu für mich. Ich war noch nicht tief genug in die Arbeit eingedrungen, um sie so zu organisieren, wie ich es wollte. Es gab eine Viele kleine Dinge, die *nicht* organisiert werden konnten.

"Warum nicht?"

„Nun, dieser Carlton zum Beispiel hat Lockwoods Büro für seine englische Post zuständig gemacht. Alle seine Briefe mussten an den Punkt weitergeleitet werden, von dem aus er berichtete.“

"Also?"

„Als Lockwood nicht im Büro war, beauftragte er mich, mich um seine Post zu kümmern, die eingeschriebenen Briefe zu unterzeichnen, Telegramme umzuleiten und dafür zu sorgen, dass alles an den richtigen Punkt gelangte. Es war eine ziemlich schwere Post. Carlton, schätze ich, war ein Mann von Bedeutung, und außerdem investierte er für Freunde zu Hause. Es war natürlich ganz einfach, sich darum zu kümmern, aber –“

"Warten!" Ich habe unterbrochen. „Hat diese Mail etwas mit unserer leeren Wand zu tun?“

Er blickte mich an, als hätte er mich zum ersten Mal gesehen, als hätte er die ganze Zeit nur laut nachgedacht.

„Warum das ist die leere Wand", rief er.

"Wie?" Ich forderte.

Vor vier Wochen kam Lockwood aus dem Westen zurück. Am selben Tag kam ein eingeschriebener Brief für den jungen Carlton ins Büro. In diesem Brief befanden sich zwölf Banknoten der Bank of England zu je hundert Pfund. Insgesamt etwa sechstausend Dollar."

"Wo ist es hergekommen?"

„Aus Montreal, von Carltons eigenem Vater. Er wollte, dass das Geld an seinen Sohn weitergeleitet wird. Der ältere Mann war auf dem Weg zurück nach England. Der jüngere Carlton suchte nach bestimmten Ländern, in die sein Vater investieren wollte. Die Bewegungen des jungen Carlton waren ziemlich unsicher , also sorgte sein Vater dafür, dass er den Brief an unser Büro schickte – an Lockwoods Büro."

„Und Sie fungierten immer noch als *poste restante* für das Carlton in British Columbia?"

„Ja, wir haben seine Post empfangen und weitergeleitet."

"Und?"

„Wir haben auch diesen eingeschriebenen Brief aus Montreal erhalten. Da kommt die leere Wand ins Spiel."

"Wie?"

„Wir haben keine Aufzeichnungen darüber, dass dieser Brief jemals unser Büro verlassen hat."

Er sah mich an, als würde er erwarten, dass ich elektrisierter sein würde, als ich es für möglich gehalten hätte.

„Verloren, gestohlen oder verirrt?" Ich fragte.

„Das ist es, wofür ich meine Augen einsetzen würde", beteuerte er feierlich.

„Aber wo kommen *Sie* ins Spiel?"

Seine Antwort erfolgte ohne die geringste Emotion.

„Ich habe den Brief unterschrieben."

„Dann erinnerst du dich an so viel?"

„Nein, ich erinnere mich nicht daran. Aber als sie begannen, über das Postamt Nachforschungen anzustellen, erkannte ich meine eigene Unterschrift, als ich sie sah."

„Ohne Chance auf einen Fehler oder eine Fälschung?"

„Es war meine eigene Unterschrift."

„Und du erinnerst dich nicht einmal daran, den Brief bekommen zu haben?"

Draghooks Revue passieren lassen . Ich habe die ganze Nacht über darüber nachgedacht, aber ich bekomme keine klare Vorstellung davon, was ich getan habe."

Die Wucht der Situation wurde mir endlich bewusst.

„Und sie machen Sie für das Verschwinden dieses Briefes verantwortlich?"

„Mein Gott, ich trage die Verantwortung dafür! Seit fast einem Monat lastet es auf mir. Und ich kann es nicht mehr lange ertragen!"

„Dann lass uns zurück zu den Möglichkeiten gehen. Hast du sie jemals überprüft?"

sie durchgesehen wie ein Wahlprüfer eine Wählerliste. Ich habe sie alle einer nach dem anderen geprüft, aber am Ende landen sie alle an der leeren Wand."

„Nun, bevor wir noch einmal auf diese Möglichkeiten zurückkommen, wie wäre es mit der persönlichen Gleichung? Haben Sie irgendwelche Gefühle, eine emotionale Voreingenommenheit, eine bestimmte Neigung zu der Sache, egal wie lächerlich sie auch erscheinen mag?"

Er schloss die Augen und schien tief in Gedanken versunken zu sein.

„Eines habe ich immer gespürt", gestand er, „ich hatte immer das Gefühl – wohlgemerkt, ich sage nur Gefühl –, dass ich, als ich diesen Carlton-Brief unterschrieb, ihn mit seiner persönlichen Post in Lockwoods eigenes Zimmer trug. und gab es ihm entweder oder ließ es auf seinem Schreibtisch liegen.

„Wieso fühlst du das?"

„Erstens muss ich gewusst haben, dass er Carlton kürzlich gesehen hatte, und hatte zu diesem Zeitpunkt eine klarere Vorstellung von seiner Adresse als ich. Zweitens muss die Registrierung auf mich einen vergleichsweise wichtigen Eindruck gemacht haben." ."

„Und Lockwood selbst?"

„ Er sagt, ich irre mich. Er meint, ich hätte ihm den Brief nie gegeben, sonst hätte er sich daran erinnert.“

„Und die Umstände scheinen ihn darin zu unterstützen?“

„Alles steht hinter ihm“, lautete die Antwort.

„Dann lass uns zurück zu den Möglichkeiten gehen. Wie wäre es mit Diebstahl? Sind Sie sicher, dass jeder im Büro zuverlässig war?“

„ Jeder außer *mir*!“ war seine bittere Erwiderung.

„Wie wäre es dann, wenn es tatsächlich in diesen vier Wänden verloren wäre?“

„Das ist kaum möglich. Ich habe jeden Winkel, jede Schublade und jeden Aktenordner durchsucht. Ich habe den Ort immer und immer wieder gründlich durchgesehen. Ich habe sogar meine eigene Wohnung durchsucht, jede Tasche und jeden.“ Ecke jedes Zimmers.“

„Dann hast du ein Zuhause?“ Ich fragte.

Wieder gab es die verräterische neurasthenische Verzögerung, bevor seine Antwort kam.

„Ich habe in derselben Woche geheiratet, in der der Brief verloren ging“, war seine Antwort.

„Und Ihre Frau konnte Ihnen nicht helfen, sich zu erinnern?“

„Sie wusste es erst vor einer Woche. Dann sah sie, dass ich nicht schlafen konnte und ständig Dinge vergaß, Kleinigkeiten, die zeigten, dass ich mich nicht richtig koordinieren konnte – wie zum Beispiel, dass ich einen Brief ohne Unterschrift rausgehen ließ oder durcheinander kam auf der sicheren Kombination oder ob ich mich nicht erinnern konnte, ob ich gegessen hatte oder nicht. Sie sagte, sie dachte, ich hätte Typhus oder so etwas in der Art. Sie ging direkt zu Lockwood und beschuldigte ihn praktisch, mich überarbeitet zu haben. Lockwood musste ihr was sagen Es war passiert. Ich nehme an, es lag an der Art und Weise, wie es auf sie geworfen wurde, alles auf einem Haufen! Sie ging an diesem Nachmittag zu ihren eigenen Leuten nach Hause, ohne mich zu sehen. Ich dachte darüber nach und kam zu dem Schluss, dass es keinen Sinn hatte, irgendetwas zu tun, bis – bis das Chaos wurde irgendwie geklärt.“

Ich sprach mehrere Sekunden lang nicht. Der Fall war nicht so einfach, wie es schien.

„Und Lockwood, wie denkt er darüber?“ Ich fragte schließlich.

„So wie sich jeder Mann fühlen würde!" Das säuerliche Lächeln, das sein Gesicht verzog, war bezeichnend. „Er lässt mich beschatten!"

„Aber er *tut* nichts!"

„Er gibt mir immer mehr Zeit."

„Na ja, bedeutet das nicht, dass er immer noch irgendwie an dich glaubt?"

„Er glaubt nicht an mich", war die langsame Antwort.

„Warum tut er dann nichts? Warum handelt er nicht?"

Es herrschte einen Moment Stille. „Weil er seiner Tochter versprochen hat, mir noch eine Woche zu geben."

Wieder einmal verspürte ich diese seltsame Anspannung der Nerven. Und ich musste mich zusammenreißen, bevor ich weitermachen konnte.

„Sie meinen, Mary Lockwood hat sich persönlich für Ihren Fall interessiert?"

"Ja."

Das wäre wie Mary Lockwood, erinnerte ich mich. Sie würde immer mehr sein wollen als nur; sie würde barmherzig sein wollen – mit anderen. *Ich* war der Einzige, der sich einer nicht zu übersehenden Straftat schuldig gemacht hat!

„Aber warum Mary Lockwood?" Ich bat darum, etwas zu sagen.

„Sie schien der Meinung zu sein, dass man mir eine Chance geben sollte." Criswell sprach mit lustloser Schwere, als ob Mary Lockwoods Mitleid, als ob irgendjemandes Mitleid ihm etwas zuwider wäre.

„Daumen runter", murmelte ich. Er sah mich ausdruckslos an; Die Redewendung hatte seinen Verstand noch nicht erreicht. Ich ging zum Tisch und schenkte ihm ein weiteres Glas Bristol Milk ein.

„Sie sagen, Sie hätten Dinge getan, um zu zeigen, dass Sie nicht richtig koordiniert haben", fuhr ich fort. „Um auf die Möglichkeiten zurückzukommen: Könnte da nicht ein Anflug von Aphasie gewesen sein? Könnte es sein, dass Sie nicht etwas mit diesem Brief gemacht haben und sich nicht daran erinnern konnten, was es war?"

„Es ist keine Aphasie – das war sie nie", erwiderte der junge Mann mit unglücklichem Blick ruhig. „Mit einem solchen Namen kann man es nicht würdigen. Und es hat nie zu etwas Ernsthaftem geführt. Ich habe meine gesamte Büroarbeit reibungslos und ohne einen Fehler erledigt. Aber wie ich Ihnen bereits sagte, stand ich unter Druck, und ich hatte nicht gut geschlafen.

Die größeren Dinge erledigte ich fehlerfrei, aber ich stellte oft fest, dass ich sie automatisch erledigte."

„Dann lasst uns noch einmal auf diese Möglichkeiten zurückkommen. Könnte der Brief geistesabwesend fehlgeleitet worden sein? Könnte er an eine von Carltons Adressen gegangen sein?"

„Jede Adresse wurde eingeholt. Die Sache wurde durch das örtliche Postamt und durch das Büro in Montreal überprüft. Dieser Teil davon ist so klar wie Tageslicht. In diesem Büro von Lockwood ist ein an Carlton adressierter Brief angekommen. Darin waren sechstausend Dollar enthalten in bar. Ich habe es erhalten und unterschrieben. Der Mann, an den es adressiert war, hat es nie erhalten. Weder das Geld noch der Brief wurden jemals wieder gesehen. Und die letzte Aufzeichnung davon endet bei *mir*. Ist es ein Wunder, dass sie es getan haben? Hat mich dieser Gummischuhmann bei jeder meiner Bewegungen verfolgt?"

„Warte", rief ich und grübelte immer noch im Feld der Möglichkeiten. „Warum kam dieser Brief nicht in einem zweiten Umschlag, den Sie nach Erhalt entfernt haben? Warum war er möglicherweise nicht an Lockwood oder die Firma adressiert?"

„Aus den Postunterlagen geht etwas anderes hervor. Es kam zu Carlton. Ich habe als Agent von Carlton unterschrieben. Oh, es hat keinen Sinn, all das alte Thema noch einmal durchzugehen. Ich habe darüber nachgedacht, bis ich dachte, ich würde verrückt." Ich habe es in den letzten drei Wochen geharkt und gegraben, und es ist nichts dabei herausgekommen. Es *kann nichts* dabei herauskommen, bis Lockwood es satt hat, darauf zu warten, dass ich beweise, was ich *nicht beweisen kann*!"

„Aber gibt es bei all dem, was passiert ist, bei dem ganzen Tag, an dem der Brief kam, nicht einen Fetzen oder Fetzen Erinnerung, an den man versuchen könnte, etwas aufzuhängen? Gibt es da nicht eins, egal Wie klein oder wie neblig, womit kann man beginnen?"

„Nicht eine einzige rationale Sache! Ich habe versucht, eine Brücke in diesen leeren Raum zu bauen – dieser Tag kommt mir immer wie ein leerer Raum vor – ich habe versucht, ihn wie einen Ausleger aufzubauen, aber ich kann zwei Ideen nicht miteinander verbinden." zusammen. Ich habe versucht, es mir vorzustellen; ich habe versucht, es mir vorzustellen; ich habe versucht, es mir so vorzustellen, wie ich es gelebt haben muss. Aber alles, was mir geblieben ist, ist die dumme Vorstellung eines Mannes, der seinen Daumen schlägt."

"Was meinst du damit?" „Forderte ich und setzte mich ruckartig auf.

„Ich sehe immer wieder jemanden, jemanden, der vor mir sitzt, einen Brief in seiner rechten Hand hält und damit auf den Daumen seiner linken Hand tippt, während er spricht."

„Aber wer ist es? Oder wer war es?"

„Ich habe versucht mir vorzustellen, dass es Lockwood war."

„Na, da hast du doch was!" Ich schrie jubelnd. „Das ist wertvoll. Es ist etwas Bestimmtes, etwas Konkretes, etwas Persönliches. Fangen wir damit an."

„Es hat keinen Zweck", bemerkte mein Begleiter. Während er sprach, klang seine Stimme müde und unbekümmert. „Zuerst dachte ich so, wie Sie es tun. Ich war mir sicher, dass es zu etwas führen würde. Ich habe Lockwood weiter beobachtet und versucht, ihn bei dem Trick zu erwischen."

"Und?" Ich habe dazu aufgefordert.

„Ich hatte keine Chance, mich zu vergewissern. Also ging ich zu ihm nach Hause und fragte nach Miss Lockwood selbst. Ich versuchte zu erklären, wie viel mir die ganze Sache bedeutete. Ich fragte sie, ob sie ihren Vater jemals auf frischer Tat gesehen hätte." tippt mit den Daumen.

„Und hatte sie?"

„Sie war sehr geduldig. Sie dachte darüber nach und versuchte sich zu erinnern, aber sie kam zu dem Schluss, dass ich mich geirrt hatte. Seiner eigenen Tochter, erklärte sie, wäre ein solches Verhalten aufgefallen. Tatsächlich wagte sie es, die Angelegenheit zu erwähnen Ihr Vater. Und als John Lockwood herausfand, dass ich auf diesem Weg zu seinem Haus gekommen war, verlor er – nun ja, er verlor ziemlich die Beherrschung darüber. Er beschuldigte mich, ich hätte versucht, das Mitgefühl seiner Tochter auszunutzen, ich hätte versucht, mich dahinter zu verstecken Miss Lockwood selbst kam jedoch zu mir und sah mich wieder, und war so nett zu sagen, dass sie immer noch an mich glaubte, dass sie immer noch Vertrauen in mich hatte. Sie sagte, ich könne immer auf ihre Hilfe zählen. Aber sie tat alles nur schien mich noch weiter in die Dunkelheit zurückzudrängen, die Dunkelheit, die für mich schlimmer als die Hölle ist!"

Er beugte sich im Stuhl weit nach vorne und bedeckte sein Gesicht mit seinen unsicheren Händen. Ich hatte keine Hilfe, die ich ihm geben konnte.

ihn anstarrte, begann ich zu verstehen, was er durchgemacht hatte. Noch beunruhigender als das Bewusstsein dafür war der Gedanke daran, wozu es letztendlich führen würde, wozu es bereits führen würde, in diesem zerbrochenen Wrack eines wandelnden Geistes, in diesem von Angst geplagten Neurastheniker, der ein Loch in seinem Gedächtnis entdeckt hatte und hatte es immer wieder erforscht und dabei gefühlt, wie die Zungenspitze immer wieder die Höhle eines verlorenen Zahns erkundet.

„Ich ging zu einem Arzt, nachdem sie mich verlassen hatte", sagte der Mann auf dem Stuhl mit seinen hageren Fingern, die sich gegen seine Augenhöhlen drückten. „ Er sagte mir, ich müsse schlafen. Er gab mir Trional und Bromide und so, aber ich schien nicht in der Lage zu sein, sie zu assimilieren. Dann sagte er mir, es sei alles in meinem eigenen Kopf, ich müsse mich nur entspannen. Er sagte mir, ich solle mit den Händen nach unten liegen und seufzen, nur einmal seufzen. Ich lag die ganze Nacht da, als ob ich in einem Sarg wäre, und wartete auf diesen Seufzer, kämpfte darum, betete darum. Aber das tat er nicht kommen."

„ Natürlich nicht", sagte ich ihm, denn ich kannte das Gefühl. „So ist das nie der Fall. Du hättest ein paar Wochen in den Wäldern von Maine verbringen sollen, oder versuchen sollen, oben in Temagami zu angeln, oder fünfzehn Meilen am Tag einen Golfball schlagen sollen."

Dann blieb ich stehen und sah ihn an, denn irgendein untergeordneter Teil meines Gehirns musste schon während des Redens gearbeitet haben.

„Beim Himmel, ich glaube, das Mädchen hat sich geirrt!"

„Falsch?" er hat gefragt.

„Ja, ich glaube nicht, dass irgendein Mädchen wirklich die kleinen Tricks ihres Vaters kennt. Ich würde gerne wetten, dass Lockwood die Angewohnheit hat, manchmal mit dem, was er in der anderen Hand hält, auf seinen Daumennagel zu klopfen!"

Mein entmutigter Freund sah zu mir auf, ein wenig beunruhigt über die Heftigkeit meines Ausbruchs.

„Aber was geht mich das jetzt an? Was nützt es mir, auch wenn er mit dem Daumen tippt?"

„Können Sie nicht erkennen, dass es sich dabei um Erkundungsarbeiten handelt, wie das Ausgraben einer verlorenen Stadt? Können Sie nicht erkennen, dass wir mindestens bis auf einen Stein vordringen und verfolgen müssen, wohin das erste Zeichen führt?"

Ich tat mein Bestes, um ihn mit einer Spur meiner plötzlichen Begeisterung anzustecken. Ich wollte ihn emotionalisieren und aus dieser toten Monotonie der Gleichgültigkeit herausholen. Ich sprang auf und legte eine deklamierende Hand auf die Ecke meines Bibliothekstisches.

„Ich sage dir, es tut dir sehr gut. Es ist dein Rettungsring. Es ist das Ding, das dich über Wasser halten muss, bis du wieder festen Boden unter den Füßen hast."

„Ich habe einmal versucht, so zu denken", war seine lustlose Antwort. „Aber es führt zu nichts. Es lässt mich nur entscheiden, dass ich das Ganze geträumt habe."

Ich starrte auf ihn herab, während er sich müde in dem schweren Stuhl zurücklehnte.

„Schau her", sagte ich. „Ich weiß, dass es dir ziemlich gut geht. Ich weiß, dass du die ganze hoffnungslose Situation satt hast und dass du es aufgegeben hast, darüber nachzudenken. Aber ich möchte, dass du das für mich durchlebst–" Nacht. Ich möchte versuchen, die Situation unten in Lockwoods Büro zu dramatisieren, als Sie den Carlton-Brief unterschrieben haben. Ich möchte, dass Sie alles tun, was Sie können, um sich diesen Moment vorzustellen. Ich möchte, dass Sie diese freitragende Brücke über den Golf hinausstrecken den Abgrund von jeder Seite, bis du die Mitte berührst und uns die Chance gibst, sie zusammenzuschrauben.

Ich schob die Stühle zurück, machte den Platz auf dem Lesetisch frei, drehte den Jugendlichen herum, so dass er diesem Tisch zugewandt war, und nahm dann einen meiner eigenen Briefe von dem schweren Messingständer neben ihm. Mein einziges Ziel bestand nun darin, ihn zum „Berserker" zu machen.

„Das ist dein Zimmer", sagte ich ihm. „Und das ist Ihr Schreibtisch. Denken Sie daran, Sie sind in Ihrem Büro und arbeiten hart. Seien Sie bitte so gut, dass Sie beschäftigt bleiben."

Während ich sprach, durchquerte ich den Raum zur Tür und war darauf bedacht, mich auszugeben. Aber ich konnte ihn hören, wie er sein nachsichtiges und freudloses Lachen lachte.

„Jetzt bringe ich Ihnen diese Postangelegenheit. Und hier habe ich einen eingeschriebenen Brief, der an einen gewissen Carlton adressiert ist. Sehen Sie ihn da? Dieser Brief? Er ist für Carlton, denken Sie daran. Ich möchte, dass Sie ihn nehmen. Und unterschreiben , hier. Ja, schreib deinen Namen auf – schreib ihn tatsächlich. Jetzt nimm den Brief. Und jetzt denk, Mann, *denk* nach. Was machst du danach? Was kommt als nächstes? Was ist deiner Meinung nach das Richtige? Das einzige Sache?"

Er blickte verwundert zu mir auf. Dann sah er sich im Raum um. Dann schüttelte er langsam seine Perle von einer Seite zur anderen. Es war mir nicht gelungen, ihm auch nur einen Funken meiner eigenen geistigen Energie mitzuteilen.

„Ich kann es nicht", sagte er, „ich kann mich nicht erinnern. Es scheint nichts anzudeuten."

„Aber denk nach, Mann, denk nach!" Ich schrie ihn an. „Lassen Sie Ihrer Fantasie freien Lauf! Stürzen Sie sich in die Rolle! Spielen Sie! Das Ding ist da in Ihrem Kopf, das sage ich Ihnen. Es ist irgendwo dort eingeschlossen, nur dass Sie nicht die richtige Kombination getroffen haben, um die Tür aufzustoßen. Das geht nicht." Etwas in diesem Leben, du hast noch nie einen aktiven Moment in diesem Leben erlebt, ohne dass eine Aufzeichnung davon hinterlassen wurde. Es kann vergraben sein, es kann so tief vergraben sein, dass du sterben wirst, ohne es auszugraben, aber es ist da , ich sage dir, wenn du nur danach gehst!"

„Wenn ich nur sicher wäre, dass es da ist", zögerte der Mann am Tisch. „Wenn ich nur wüsste, in welche Richtung ich gehen soll! Aber das bedeutet nichts; es *bringt* mich nicht weiter."

„Du bist nicht in der Rolle", rief ich fast mit einer Ekstase der Ungeduld. „Was Sie tun müssen, ist, diesen Tag zu überstehen. Wenn Sie das nicht können, müssen Sie zumindest einen Teil davon *überstehen . Nein, denken Sie nicht, dass das alles Dummheit ist. Es geht nur.*" Zurück zu einem sehr alten Assoziationsgesetz. Ich versuche nur, etwas zu tun, um Sehen, Fühlen und Hören hervorzubringen. Wir wissen beide, dass das Dinge sind, die am schnellsten bei der Wiederbelebung von Erinnerungen wirken. Kannst du nicht sehen – aus ähnlichen Bedingungen heraus? Ich möchte etwas aufspüren, das eine ähnliche Handlung nahelegt! Es ist nicht nötig, Ihnen zu sagen, dass sowohl mein als auch Ihr Verstand ständig dazu veranlagt sind, das zu wiederholen, was sie einmal unter den gleichen Umständen getan haben. Es hat keinen Sinn, sich mit der Psychologie zu befassen. Das ist alles So ein gewöhnlicher, alltäglicher gesunder Menschenverstand.

Er saß da und sah mich ein wenig ausdruckslos an, als ich ihm das vorschlug. Sein blasses Gesicht, das im Licht des Feuers zuckte, war fleißig, aber nur passiv. Die Ansteckung meiner rhapsodischen Anstrengung hatte ihn nicht erreicht. Das wusste ich schon, bevor er sprach.

„Ich verstehe, worauf Sie abzielen", erklärte er. „Aber egal wie sehr ich denke, ich komme nicht über die leere Wand hinaus. Ich bin immer noch in deiner Bibliothek. Und das ist immer noch ein Tisch und nichts wie Lockwoods Schreibtisch."

„Und deshalb kommt es dir ziemlich albern vor?"

„Ja, es *scheint* albern", gab er zu.

Dann fiel eine plötzliche Idee wie ein Hagelkorn vom Himmel.

„Ich weiß, was los ist", rief ich. „Ich weiß, warum du die Rolle nicht spielst. Das liegt daran, dass du nicht auf der richtigen Bühne bist. Du weißt, dass es eine leere Probe ist – du hast es nicht geschafft, dich gehen zu lassen!"

„Es tut mir leid“, sagte er mit der Reue eines Kindes und mit seiner wiederholten Geste der Hilflosigkeit.

Ich drehte mich um und hörte kaum, was er sagte.

„Wir müssen in dieses Büro“, erklärte ich. „Wir müssen in Lockwoods eigenes Büro gelangen.“

Er schüttelte den Kopf, ohne mich anzusehen.

„Ich habe das Büro durchsucht, jeden Winkel davon!“ wiederholte er.

„Aber was ich wissen möchte ist, *können* wir uns darauf einlassen?“

„Um diese Zeit in der Nacht?“ fragte er, offenbar ein wenig erschrocken bei der bloßen Vorstellung davon.

„Ja, jetzt“, erklärte ich.

„Das möchte ich lieber nicht“, bekräftigte er schließlich.

„Aber Sie tragen immer noch diese Büroschlüssel bei sich, nicht wahr?“ Ich fragte.

„Ja, ich habe immer noch meine Schlüssel. Aber so wie die Dinge sind, würde es nicht richtig aussehen. Es wäre nur zu leicht für sie, meinen mitternächtlichen Besuch in diesen Büros falsch zu interpretieren. Und sie beobachten mich bei jeder meiner Bewegungen.“ Ich mache."

„Dann lassen Sie sie wissen, dass Sie den Schritt machen werden“, beharrte ich. „Und dann schlüpfen wir in mein Auto, ohne dass wir eine Chance haben, verfolgt zu werden.“

Er schien die Sache im Kopf noch einmal durchzudenken. Dann blickte er auf, als hätte ein plötzliches Licht die ganze Situation geklärt.

„Sie kennen Mary Lockwood, nicht wahr?“ er forderte an.

„J-ja“, gab ich zögernd zu.

„Wäre es dann nicht einfacher für Sie, sie anzurufen und ihr zu erklären, was Sie zu tun beabsichtigen?“

Ich war an der Reihe, in einem braunen Arbeitszimmer zu sitzen. Ich erinnerte mich, dass es keine leichte Sache sein würde, diesem Fremden klarzumachen, warum ich mich nicht mit Mary Lockwood unterhalten wollte. Ich erinnerte mich auch daran, dass die Situation, mit der ich konfrontiert war, über bloße persönliche Probleme hinausgehen sollte. Und ich befand mich in einer Zwickmühle, bis mir der stets zuverlässige Benson einfiel.

„Ich lasse meinen Mann Lockwoods Haus anrufen", erklärte ich, als ich aufstand, „und verkünde, dass wir diesen Büros einen informellen Besuch abstatten."

„Aber wofür ist dieser Besuch?"

„Um herauszufinden, ob John Lockwood wirklich mit den Daumen tippt oder nicht!"

Der graugesichtige Jugendliche starrte mich an.

„Aber welchen Nutzen hat das?" er forderte an.

„Es gibt uns das richtige Bühnenbild, die richtigen ‚Requisiten' – etwas, das wir ausstrecken und entlangtasten können. Es wird für Ihre Fantasie das Gleiche bedeuten wie eine Mauer für ein Stück Efeu." Und ich blieb stehen und drehte mich um, um Benson meine Anweisungen zu geben.

„Oh, das hat keinen irdischen Zweck!" wiederholte der Mann, der sich nicht erinnern konnte, mit seiner flachen und atonischen Stimme. Aber anstatt ihm zu antworten oder mit ihm zu streiten, drückte ich ihm den Hut in die Hand und hielt die Portière fest , während ich darauf wartete, dass er durchging.

Ich habe oft gedacht, dass die anständige und etwas schwerfällige Gestalt von Mr. John Lockwood, wenn er in dieser Nacht in seine eigenen Büros eingedrungen wäre, davon überzeugt gewesen wäre, dass er es mit zwei Verrückten zu tun hatte.

Denn nachdem wir Zutritt zu diesen Büros erlangt hatten und die Tür hinter uns verschlossen hatten, begann ich noch einmal mit dem, was ich in meiner eigenen Bibliothek so unzureichend versucht hatte.

Während des ersten Teils meiner Bemühungen, eine schlummernde mentale Idee in eine Annäherung an das Leben zu verwandeln , versuchte ich, mich an meine Umgebung und die Tatsache zu erinnern, dass es sich um die unziemliche Stunde von fast zwei Uhr morgens handelte. Aber als ich Criswell an seinen eigenen Schreibtisch setzte und mein Möglichstes tat, um sein müdes Gehirn in die Rolle zu bringen, die ich ihm zugedacht hatte, verlor er, glaube ich, den Überblick über Zeit und Ort. Am Ende der zehn Minuten war mein Gesicht schweißnass, und eine Welle völliger Erschöpfung durchströmte mich, als ich sah, dass nach all meinem Kampf nichts in diesem minutiös inszenierten kleinen Drama weder seine noch seine Vorstellungskraft berührt hatte Erinnerung.

„Du verstehst nichts?" „ fragte ich, als ich mich am Ende meiner Pantomime wieder auf einen Stuhl fallen ließ. Kein Bühnenmanager hätte leidenschaftlicher, überzeugender und besorgter kämpfen können, wenn er versuchte, seine Persönlichkeit auf einen Schauspieler zu projizieren, der nicht reagierte . Aber es war erfolglos gewesen.

„Nein, ich kann nichts bekommen!" sagte der weißgesichtige Criswell. Und ich konnte sehen, dass er es aufrichtig versucht hatte, dass er seine ganze Seele angestrengt hatte, um das Licht zu erreichen, das ihm verwehrt blieb. Aber es handelte sich dabei nicht um eine bloße Willensentscheidung. Es lag außerhalb seiner Macht. Es hing von etwas Äußerem ab, von etwas, das so weit außerhalb seiner bewussten Kontrolle lag, als ob es ein Engel wäre, der kommen und ihn an der Stirn berühren müsste. Es lag einfach daran, dass die Tür der Erinnerung verschlossen und verriegelt blieb. Wir hatten nicht die richtige Kombination gefunden. Aber ich habe nicht aufgegeben.

„Jetzt gehen wir hinein und versuchen es in Lockwoods eigenem Büro", sagte ich ihm mit einer Entschlossenheit, die ihn dazu brachte, sich von mir zurückzuziehen.

„Ich – ich glaube nicht, dass ich das noch einmal durchmachen kann", stockte er. Und ich konnte sehen, wie sich die Falten geistiger Erschöpfung in seinem aschfahlen Gesicht vertieften.

Dennoch brachte ich ihm kein Mitgefühl entgegen; Ich erlaubte ihm kein Entkommen aus diesen vier Gefängnismauern. Ich hatte den Pool bereits zu stark gerührt. Ich wusste, dass ein Rückfall in die alte teilnahmslose Hoffnungslosigkeit jetzt doppelt gefährlich sein würde.

Ich sah mich im Zimmer um. Drei Seiten davon waren mit Bücherregalen gesäumt, und jedes Regal war mit Hunderten von Büchern gefüllt, insgesamt sogar Tausenden, von langweiligen und uninteressant aussehenden Abhandlungen über Eisenbahnbau und Bergbautechnik bis hin zu noch langweiliger aussehenden Konsularberichten und Lehrbüchern zu Finanzthemen. Die vierte Seite des Raumes hatte zwei Fenster. Zwischen diesen Fenstern, etwa zwei Meter von der Wand entfernt, stand Lockwoods Palisanderschreibtisch. Es war ein hübscher Schreibtisch, stark geschnitzt, aber wie die übrigen Möbel von höchster Einfachheit. Ich wusste, dass dieses Rechteck aus Palisanderholz Geschichte geschrieben hatte. Es war und bleibt ein Schauplatz napoleonischer Auseinandersetzungen. Dennoch stand es vor mir so kahl und kahl wie die Plattform eines Preisboxers.

Ich setzte mich in den geschnitzten Drehstuhl neben diesem Schreibtisch, rückte meinen Stuhl näher an das Palisanderholz heran und blickte zu Criswell auf, der sich, glaube ich, umgedreht und abgehauen wäre, wenn er die Chance dazu gehabt hätte. Ich vermute, dass er sogar anfing, Zweifel an meiner geistigen Gesundheit zu hegen. Aber darin sah ich keinen Einwand. Ich hatte das Gefühl, dass es eher ein Vorteil war. Es würde dazu dienen, seine Nerven auf ein noch höheres Niveau zu heben – denn ich hoffte immer noch wider alle Hoffnung, dass ich ihn in irgendeine Form von mentaler Spannung versetzen würde, die ihn dazu treiben würde, den Hochsprung zu wagen, der ihn auf irgendeine Weise dazu bringen würde, den Sprung zu schaffen blinde Wand.

„Nun, ich bin Lockwood, denken Sie daran", rief ich und richtete meinen Blick auf ihn, „und Sie sind Criswell, mein Privatsekretär. Haben Sie das klar verstanden?"

Er antwortete mir nicht. Offenbar suchte er schwach nach einem Platz zum Sitzen.

„Hast du das klar verstanden?" Ich wiederholte es, diesmal mit fast donnernder Stimme.

„Ja", sagte er schließlich. "Ich verstehe."

„Dann geh zurück in dein Zimmer dort. Aus diesem Zimmer möchte ich, dass du mir einen Brief bringst. Nicht irgendeinen alten Brief, sondern einen bestimmten Brief. Ich möchte, dass du mir den eingeschriebenen Carlton-Brief bringst, den du unterschrieben hast. Das möchte ich." Sehen Sie es, fühlen Sie es und bringen Sie es hierher.

Ich habe die ganze Autorität meines Wesens in diesen Befehl gesteckt. Ich musste sowohl meinen Kurs als auch meine Intelligenz rechtfertigen. Ich musste meinen Mann über den Hochsprung bringen oder gedemütigt und besiegt davonkriechen.

Ich starrte den Mann an, denn er bewegte sich nicht. Ich versuchte, ihn durch die Wut meines Blicks zum Gehorsam zu bewegen. Aber es schien nicht zu gelingen.

„Verstehst du das nicht?", rief ich. „Ich möchte, dass Sie mir diesen eingeschriebenen Brief hier und jetzt bringen!"

Er sah mich etwas ausdruckslos an. Dann fuhr er mit der Hand über seine feuchte Stirn.

„Aber das haben wir schon einmal versucht", beschwerte er sich zögernd. „Das haben wir versucht, aber es hat nicht funktioniert. Ich habe den Brief gleich beim ersten Mal mitgebracht, und du warst nicht hier."

Ich setzte mich auf, als wäre ich angeschossen worden. Ich konnte ein Kribbeln in meinem Rückgrat spüren. Mein Gott, dachte ich, der Mann stolpert tatsächlich über etwas. Die Dunkelheit lieferte sich eine Idee.

„Ja, das haben wir schon einmal versucht", flehte ich. "Und was passierte?"

„Du warst nicht hier", wiederholte er in einem Ton von so träger Distanziertheit, dass man meinen könnte, er stehe unter dem Einfluss eines Hypnotiseurs.

„Aber ich bin jetzt hier, also bring mir den Brief!"

Ich versuchte leise zu sprechen, bemerkte aber, dass meine Stimme vor unterdrückter Aufregung zitterte. Ob die Ansteckung meiner Hysterie auf ihn übergegangen ist oder nicht, kann ich nicht sagen. Doch plötzlich verließ er mit größter Feierlichkeit den Raum.

In dem Moment, als ich allein war, tat ich etwas, das sowohl lächerlich als auch kühn war. Ich riss Lockwoods private Schublade auf und holte ein Perfecto aus einer Zigarrenkiste, die ich dort gefunden hatte. Dieses Perfecto zündete ich unverschämt und prompt an und atmete seinen Duft aus, denn plötzlich wurde mir klar, wie wirkungsvoll bestimmte Gerüche für die Erinnerung sein können, wie zum Beispiel der bloße Geruch einer Arche Noah einen Mann vierzig Jahre tragen kann zurück zu Weihnachten in meiner Kindheit.

Ich saß geschäftig und geistesabwesend da und rauchte, als Criswell ins Zimmer kam und leise an meinen Schreibtisch trat. In seiner Hand trug er einen Brief. Er nahm das ernst genug, nur seine Augen waren, wie ich bemerkte, so leer, als würde er eine Vorführung des Schlafwandelns geben. Er erinnerte mich an einen hungrigen Schauspieler, der versucht, bei einem Truthahn *aus Pappmaché* glücklich auszusehen .

„Hier ist ein Brief für Carlton, Sir", sagte er zu mir. „Sollte ich es besser weiterschicken, oder kümmern Sie sich darum?"

Ich tat so, als wäre ich beschäftigt. Ich hatte das Gefühl, Lockwood wäre so gewesen, wenn die Szene tatsächlich jemals stattgefunden hätte. Lockwoods eigener Geist muss beschäftigt gewesen sein, sonst hätte er eine eindeutige Erinnerung an das, was passiert war, mitgenommen.

Ich blickte schnell und gereizt auf. Ich nahm Criswell den Brief aus der Hand, warf einen Blick darauf und begann geistesabwesend mit der Spitze meines linken Daumens herumzutippen, während ich die Sekretärin vor mir betrachtete.

Criswells Gesicht wurde ausdruckslos, als er die Bewegung sah. Es war jetzt nicht einmal somnambulistisch in der Intelligenz. Der Gedanke, dass er mich in einem so kritischen Moment im Stich lassen würde, machte mich wahnsinnig.

„Warum brechen Sie zusammen?" Ich weinte. „Warum gehst du nicht weiter?"

Er schwieg und blickte nach vorn.

„Ich – *ich sehe blau* ", sagte er schließlich wie zu sich selbst. Sein Gesicht war feucht vor Schweiß.

„Was für ein Blau?" Ich habe dazu aufgefordert. „Blauer Stoff? Blauer Himmel? Blaue Tinte? Blau *was* ?"

„ *Es ist blau* ", wiederholte er und ignorierte meine Unterbrechung. Und seine ganze Seele schien sich in der schrecklichen Qual einer geistigen Geburt zu winden und zu winden.

„Ich sehe Blau. Und du machst es weiß. Du vertuschst es. Du machst es weiß – weiß – weiß! Oh, was in Gottes Namen ist das?"

Während ich ihn beobachtete, kribbelte es wieder in meinem Rücken mit tausend elektrischen Nadeln. Er drehte sich mit einer mitleiderregenden Geste zu mir um.

"Was war es?" er flehte. „Kannst du mir nicht helfen, es zu bekommen – hol es, bevor es geht! Was war es?"

„Es war blau, blau und weiß", sagte ich ihm, und als ich es sagte , wurde mir klar, wie verrückt das für einen Außenstehenden geklungen hätte.

Er ließ sich auf einen Stuhl sinken und ließ seinen Kopf nach vorne auf seine Hände sinken. Er sprach mehrere Sekunden lang nicht.

„Und da sind zwei Hügel, die mit Schnee bedeckt sind", intonierte er langsam.

Mein Herz sank ein wenig, als ich ihn hörte. Ich wusste, dass ich seine Kräfte überfordert hatte. Er wanderte wieder in die Bedeutungslosigkeit ab. Er hatte den Hochsprung verpasst.

„Schon gut, alter Mann", versuchte ich ihn zu trösten. „Es hat keinen Sinn, es zu übertreiben. Du sitzt eine Weile da und beruhigst dich."

Als ich niedergeschlagen auf einen Stuhl auf der anderen Seite des Schreibtisches sank und müde in dem mit Büchern gesäumten Raum umherblickte, der eine so unbestimmte Tragödie beherbergte, wurde die Tür zu meiner Linken aufgerissen. Durch sie trat eine Frau in einem elfenbeinfarbenen Abendkleid, über das ein goldener Umhang geworfen war.

Ich saß da und blinzelte zu ihr hoch, denn es war Mary Lockwood selbst. Es war nicht so sehr ihr plötzliches Erscheinen, sondern die Worte, die sie zu der zusammengedrängten Gestalt auf der anderen Seite des Schreibtisches sagte, die mich erschreckten.

„Du hattest Recht", sagte sie mit einer selbstzerstörerischen Entschlossenheit. „Vater tippt mit den Daumen. Ich habe ihn vor einer Stunde dabei gesehen!"

Ich saß da und starrte sie an, während sie in der Mitte des Raumes stand, ein Turm aus Elfenbein und Gold vor den matten und gesprenkelten Farben der mit Büchern gesäumten Wand. Ich wartete darauf, dass sie sprach. Dann ruhte mein Blick zwischen den gesprenkelten Farben, die sich meinem Auge entgegenstellten, aus den verblassten Gelbtönen und rostigen Brauntönen, den matten Grüntönen und leuchtenderen Rottönen und der Vergoldung unzähliger Titel, auf einem nahegelegenen blauen Rechteck.

Ich habe es angeschaut, ohne es wirklich zu sehen. Dann wurde mir überraschend klar, dass Blau die Farbe gewesen war, die Criswell erwähnt hatte.

Aber Blau ist schließlich nur Blau, sagte ich mir ausdruckslos, als ich aufstand und den Raum durchquerte. Dann sah ich den weißen Streifen oben im Buch, und ohne ersichtlichen Grund sprang mir plötzlich das Herz bis zum Hals.

Ich schnappte nach dem blau-weißen Ding, wie ein Mann, der über Bord geht und nach einer Rettungsleine greift. Ich riss es von seinem Ruheplatz und ging damit zur Schreibtischplatte.

Auf der blauen Titelseite las ich: „Bericht des Kommissars der North West Mounted Police, 1898."

Ich konnte auf den ersten Blick erkennen, dass es sich bei dem Band um ein Blaubuch der kanadischen Regierung handelte. Es war ein Band, den ich selbst in meiner Freizeit und für meine eigenen Zwecke genutzt hatte. Aber diese Enden, erinnerte ich mich, als ich das Buch nahm und schüttelte, gehörten jetzt zu einer Welt, die sehr töricht und sehr weit weg schien. Dann schüttelte ich das Buch wie ein Terrier eine Ratte, drehte es um und schaute hinein. Dies tat ich mit langsam sinkendem Herzen.

Es enthielt nichts Bedeutendes. Dennoch nahm ich es hoch, schüttelte es und durchsuchte noch einmal seine Blätter, um mich zu vergewissern. Dann stieß ich zwischen der achtzehnten und neunzehnten Seite des Abschnitts, der den Titel „Der Bericht von Inspektor Moodie" trug, auf eine Fotobeilage, einen Farbblock-Fotostich. Es trug die Inschrift: „Der Gipfel des Laurier Pass blickt nach Westen." Was mich plötzlich zum Atmen brachte, war die Tatsache, dass auf diesem Foto zwei schneebedeckte Hügel zu sehen waren.

„Criswell!" Ich rief so laut, dass es für die verwirrte Frau im goldenen Umhang wie ein Schrei geklungen haben musste.

„Ja", antwortete er mit seiner weit entfernten Stimme.

„War John Lockwood jemals an Nord-British Columbia interessiert? Hatte er irgendwelche Ansprüche oder Interessen oder Pläne, die ihn dazu veranlassen würden, in einem Polizeipatrouillenbericht nach Spuren zu suchen?"

„Ich weiß es nicht", war die müde und gleichgültige Antwort.

„Denk nach, Mann!" Ich rief ihn an. *Denken!*

„Ich kann nicht denken", beschwerte er sich.

„Müsste er nicht nach Straßen zu einem neuen Bergbaulager in diesem Bezirk suchen?" Ich blieb hartnäckig.

„Ja, ich glaube, das hat er", war die langsame Antwort. Dann sah der Sprecher zu mir auf. Seine Benommenheit glich fast der eines Rausches. Sein wandernder Blick blickte unsicher auf das Blaue Buch, während ich es noch einmal von hinten nach vorne durchblätterte. Ich sah, wie sein schwankender Blick fester wurde und sein ganzes Gesicht sich veränderte. Ich legte das Buch auf den Schreibtisch, mit dem Bild von Laurier Pass nach oben im matten weißen Licht.

Ich sah, wie sich die Augen des Mannes allmählich weiteten und sein Körper sich hob, als ob eine unsichtbare hydraulische Maschine ihn langsam und gleichmäßig anheben würde.

„Na, da ist das Blau! Da ist das Weiß!" Er hat tief eingeatmet.

"Mach weiter!" Ich weinte. "Mach weiter!"

„Und das sind die beiden schneebedeckten Hügel! Das ist es! Ich sehe es! Ich sehe es jetzt! Das ist das Buch, das John Lockwood durchging, *als ich ihm den Brief überreichte* !"

„Welcher Brief?" Ich bestand darauf.

„Carltons Brief", verkündete er.

„Wo ist es dann?" Ich war krank im Herzen. Ich schaute von Criswell zu dem Mädchen im goldenen Umhang, als sie den Raum zum Bücherregal durchquerte und sich über die Stelle beugte, von der ich so fieberhaft das Blaue Buch geschnappt hatte. Ich sah, wie sie sich den Staub von den Fingerspitzen wischte, sich tiefer beugte und erneut zwischen die Regale griff. Dann schaute ich zurück zu Criswell, denn ich konnte hören, wie seine Stimme fast zu einem Schrei anstieg.

„ Ich erinnere mich! Ich sehe es jetzt! Und er muss sich erinnern! Er muss sich erinnern! "

Ich schüttelte hoffnungslos den Kopf, als er sich auf den Stuhl warf und immer wieder diesen dummen Schrei ausstieß.

„Ja, er muss sich erinnern“, konnte ich Mary Lockwood sagen hören, als sie sich umdrehte und uns ansah.

„Aber was wird ihn machen?“ fragte ich, als ihr beharrlich unpersönlicher Blick meinen traf.

„Dieses Testament“, verkündete sie, als sie ihre Hand ausstreckte. Da sah ich zum ersten Mal, dass sie in dieser Hand einen stark beschrifteten und mit R versehenen Umschlag hielt.

"Was ist das?" forderte Criswell und starrte ihn eindringlich an.

„Es ist Ihr verlorener Brief“, antwortete Mary Lockwood. „Wie es herausgekommen ist, weiß ich nicht. Aber wir wissen jetzt, dass Vater diesen Brief in diesem Buch eingeschlossen hat. Und die Lockwoods , fürchte ich“, fuhr sie mit einem seltsamen kleinen Zittern in der Stimme fort. „Ich muss Sie um sehr, sehr viel um Verzeihung bitten. Es tut mir leid, Mr. Criswell, es tut mir furchtbar leid, dass das passiert ist. Aber ich bin froh, schrecklich froh, dass es so gelaufen ist.“

Es herrschte einen Moment völlig ununterbrochener Stille. Dann drehte sich Criswell zu mir.

„Das alles habe ich *dir* zu verdanken“, schimpfte er schließlich mit feuchten, aber glücklichen Augen, während er sein Bestes tat, um meine Hand abzuschütteln. „Du bist es, der – der mich wieder eingestellt hat!“

Wir standen da in einer Art Dreieck, sehr unbeholfen und unbehaglich, bis ich den Mut fand, das Schweigen zu brechen.

„Aber es scheint mir nicht gelungen zu sein, mich wieder zurechtzufinden, Criswell“, sagte ich, als ich mich umdrehte und Mary Lockwoods starren Blick begegnete. Sie blickte mich eine ganze halbe Minute lang aus ihren unerschrockenen und unmissverständlichen Augen an. Dann wandte sie sich langsam ab. Sie sprach nicht. Doch als sie zur Tür tastete, die Criswell, wie ich bemerkte, für sie öffnete, war etwas seltsam Unglückliches in ihrem Gesicht zu erkennen.

KAPITEL XI

DER NILGRÜNE ROADSTER

„Ich hoffe, Sie haben gut geschlafen, Sir", sagte Benson, als ich mich einen langen Monat später zu meinem Frühstück aus eiskaltem Casaba und Eiern von O'Brien setzte.

„Wie ein Kreisel, danke", konnte ich meinem alten Diener mit besorgtem Blick verkünden.

„Das hört sich nach alten Zeiten an, Sir", wagte Benson und streichelte dabei seine eigenen Knöchel, als würde er sich selbst die Hand schütteln.

„Es *fühlt sich an* wie in alten Zeiten", gab ich knapp zu. „Und heute Morgen, Benson, möchte ich, dass du mein Arbeitszimmer räumst und das Durcheinander von Shang- und Ming-Bronzen von meinem Schreibtisch entfernst."

"Sehr gut, Herr."

„Und bestellen Sie ein oder zwei Rieschen von dem Wistaria Bond, den ich früher benutzt habe. Denn ich habe wieder Lust auf Arbeit, Benson, und das ist ein Gefühl, das wir meiner Meinung nach nicht vernachlässigen sollten."

„Ganz recht, Sir", stimmte Benson mit einer anerkennenden Kopfbewegung zu, die er kaum zu verbergen versuchte.

Es war die Wahrheit, die ich zu Benson gesagt hatte. Die Dürre schien vorbei zu sein. Die alte psychasthenische Trägheit war verschwunden. Aus irgendeinem unerklärlichen Grund kam mir das Leben immer noch wunderbar vor, berührt von einer unbestimmten Verheißung großer Abenteuer, gekrönt noch einmal vom flüchtigen Weinglanz der Romantik. Von meinen Fenstern aus sah der Gramercy Square aus wie etwas, das Maxfield Parrish gezeichnet haben könnte. Ein Milchwagen gleich hinter der Ecke ließ mich plötzlich an Phaethon und seine Renner auf den Sternenpfaden denken. Ich verspürte den Drang, an meinen Schreibtisch zurückzukehren und die Flügel der Schöpfung auszuschütteln. Ich wollte noch einmal schreiben. Es würde nie wieder um diese unmöglichen alaskischen Halbgötter der früheren Tage gehen, sondern um echte Männer und Frauen, um die Menschen, die ich getroffen und gekannt hatte und von denen ich mir nur schwerlich ein Bild machen konnte. Das Leben, so begann ich zu spüren, war ein Spiel, ein großartiges Spiel, ein Spiel, das es wert war, gesehen zu werden, und das es doppelt wert war, versucht zu werden, es zu interpretieren.

Als ich mich an diesem Tag niederließ, schrieb ich fieberhaft und voller Freude. Ich schrieb, bis meine Finger verkrampft waren und mein Kopf leer war. Ich erlag einer unbeschwerten Logorrhoe, die mich zufrieden schlaff und schlaff machte und ein oder zwei Stunden an der frischen Luft brauchte.

Also machte ich mich summend auf den Weg. Es war ein glitzernder Nachmittag im frühesten Frühling, und während ich durch die ruhigen Straßen auf und ab ging , blätterte ich in meinem halb trägen Gehirn angenehm über bestimmte Vorstellungen über den Wert einer dramatischen Überraschung, zusammen mit einer sorgfältig registrierten Selbstvorsicht hinsichtlich der des Autors übermäßiger Gebrauch des langen Arms des Zufalls.

Zufälle, sagte ich mir, waren Dinge, die auf der gedruckten Seite viel zu oft auftauchten und im wirklichen Leben viel zu selten vorkamen. Es war die Art und Weise eines faulen Mannes, sein Ziel zu erreichen, dieser Trick, auf den Stoßstangen der Erfindung zu reiten, sich an der überbeanspruchten Armpfanne des Zufalls zu schwingen und baumeln zu lassen. Es war gut genug für die glatte und trügerische Geschwätzigkeit der bewegten Bilder, aber –

Und dann blieb ich stehen. Ich blieb abrupt stehen, als ich mit einem dieser katastrophalen Straßenunfälle konfrontiert wurde, die in unseren Städten des 20. Jahrhunderts, in denen Geschwindigkeit und Gier das Leben so leicht wiegen, nur allzu häufig vorkommen.

Ich weiß kaum, was mir zuerst auffiel: der blitzsaubere, kleeblattfarbene Roadster, der in seinem nilgrünen Lackmantel glitzerte, oder das Mädchen, das ihm direkt in den Weg zu treten schien, als er summend über den glatten und polierten Asphalt fuhr. Aber durch eine dieser wundersam schnellen Berechnungen, zu denen der menschliche Verstand oft fähig ist, wurde mir klar, dass dasselbe leise summende Auto dazu prädestiniert war, mehr oder weniger heftig mit dieser gebrechlichen und scheinbar zögernden Gestalt in Kontakt zu kommen.

Mein erster Impuls war, mich abzuwenden, um einem Spektakel auszuweichen, von dem mir mein Instinkt sagte, dass es schrecklich sein würde. Denn wieder einmal spürte ich, wie der Schnabel der Feigheit meine Eingeweide durchbohrte. Ich hatte die Angst eines Odynephobikers vor Blut. Es hat mich entmannt; Es machte meine Seele krank. Und ich hätte zumindest mein Gesicht mit meinen Händen bedeckt, um die Szene auszublenden, wenn ich mich nicht plötzlich an den anderen und seltsam ähnlichen Vorfall erinnert hätte, als ein Auto heftig mit einem menschlichen Körper zusammenstieß. Und es war mein Auto gewesen. Ich wusste nur zu gut, dass ich mich bei dieser Gelegenheit als unverzeihlich schwankend und feige erwiesen hatte. Ich war vor dem Schrecken davongelaufen, dem ich wie ein Mann hätte begegnen sollen. Und ich hatte für meine Feigheit bezahlt, und zwar mit dem unglaublich hohen Preis meiner Selbstachtung und meines Seelenfriedens.

Also zwang ich mich dieses Mal, mich der Musik zu stellen. Ich wappnete mich dafür, zusehen zu müssen, selbst als das fahrende Auto den zögernden Körper traf und ihn auf den Bürgersteig warf. Mein Herz schlug wie ein Kugelhahn in meine Kehle, und ich schrie in Todesangst laut auf, denn ich konnte sehen, wie der Körper mit dem Rock unter dem Fahrwerk des nilgrünen Roadsters verschwand und über den Bürgersteig schleifte die beiden weißen Hände klammerten sich verzweifelt an die grün bemalten Frühlingsblätter. Aber ich bin nicht weggelaufen. Anstatt wegzulaufen, habe ich genau das Gegenteil getan. Ich drehte mich zur Seite des gefallenen Mädchens, das sich in meinen Armen versteifte, als ich es hochhob. Dann breitete ich meinen Mantel am Bordstein aus und legte den leblosen Körper darauf, denn in meiner ersten unbegründeten Panik ging ich davon aus, dass die Frau tot sei. Ich konnte Speichel und Blut sehen, das von ihren geöffneten Lippen tropfte. Es war schrecklich. Und ich hatte mich gerade vergewissert, dass sie noch lebte, dass sie noch atmete, als mir bewusst wurde, dass ein zweiter Mann, der neben dem Auto hergelaufen war und dem Fahrer mit der Faust entgegen geschüttelt hatte, dicht neben mir stand . Er war ein älterer Mann, ein ehrwürdig aussehender Mann, ein Mann mit silbernem Haar und einem sanftmütigen und abgenutzten Aussehen. Er rang die Hände und stöhnte vor Kummer, während er auf das Mädchen herabstarrte, das auf meinem Mantel ausgestreckt lag.

„Sie haben sie getötet!" er weinte laut. „O Gott, sie haben sie getötet!"

"Kennst du dieses Mädchen?" „Forderte ich, während ich mein Bestes tat, um den Hals ihrer Hemdtaille zu lockern.

„Ja – ja! Sie ist meine Babbie. Sie ist meine Nichte. Sie ist alles, was ich habe", war seine Antwort. „Aber sie haben sie getötet."

„So zu handeln wird der Sache nicht helfen!" Ich sagte es ihm fast wütend. Dann blickte ich immer noch wütend auf, um zu sehen, was aus dem nilgrünen Auto geworden war. Es war dicht neben dem Bordstein gelandet, keine zehn Meter entfernt. Ich konnte sehen, wie eine Frau vom Fahrersitz stieg. Zuerst fiel mir nur auf, dass ihr Gesicht sehr weiß wirkte und dass ihre linke Hand fest an ihre Brust gepresst war, als sie sich umdrehte und auf uns zukam. Selbst in diesem Moment der Anspannung kam es mir wie eine unbeschreiblich dramatische Geste vor.

Dann schwang sich der lange Arm der Göttin namens „Zufall" hoch und schlug mir mit voller Wucht ins Gesicht, so hart, wie der Hammer eines Schmiedes auf einen Amboss schlägt. Die Frau, die ich sah, wie sie mit bleichem, aber entschlossenem Gesicht auf die Stelle zuging, an der ich am Straßenrand kniete, war Mary Lockwood selbst.

Ich stand auf und blickte sie in der grausamen Klarheit des schräg einfallenden Nachmittagssonnenlichts an. Ich bemerkte, dass ihre verzweifelten Augen nur für einen Moment auf der Gestalt der Frau ruhten, die am Straßenrand lag. Dann tauchten sie vor meinem Gesicht auf. In diesen Augen, als sie mich anstarrte, konnte ich die Frage lesen, die schreckliche Frage, die ihre Lippen unausgesprochen ließen. Doch es war keine Angst; Es war keine Feigheit, das sah ich auf dieser tragisch farblosen Stirn geschrieben. Es war eher ein stummer Protest gegen grenzenlose Ungerechtigkeit, ein leidenschaftliches und unartikuliertes Plädoyer für eine Strafe, von der sie wusste, dass sie ihr nicht auferlegt werden konnte.

„Nein, sie ist nicht tot", antwortete ich auf diese unausgesprochene Frage. „Vielleicht ist sie nicht einmal ernsthaft verletzt. Aber —"

Ich starrte auf den verräterischen blutverschmierten Speichel. Aber der silberhaarige alte Mann an meiner Seite machte solchen Ausflüchten ein Ende.

„Sie ist getötet", verkündete er aufgeregt.

„So etwas ist sie nicht", erwiderte ich genauso aufgeregt.

„Aber Sie haben gesehen, was sie ihr angetan haben?" forderte er und klammerte sich an meine Schulter. „Du hast es gesehen. Sie haben sie wie einen Hund gejagt. Sie haben sie ruiniert; sie haben ihren Körper gebrochen, ein Leben lang!"

Ich konnte sehen, wie Mary Lockwood die Hand ausstreckte, als suche sie nach Halt. Sie atmete inzwischen fast genauso schnell wie das wiederbelebte Mädchen am Straßenrand.

„Halt den Mund", befahl ich dem alten Mann knapp, als er noch einmal mit seinen Deklamationen begann, denn die übliche Stadtmenge begann sich bereits um uns zu sammeln. „Wir wollen jetzt nicht reden. Wir müssen dieses Mädchen dorthin bringen, wo man sich um sie kümmern kann."

Damals sprach Mary Lockwood zum ersten Mal. Ihre Stimme zitterte, aber die behandschuhte Hand, die an ihrer Seite hing, zitterte nicht mehr.

„Könnte ich sie nicht nach Hause bringen?" Sie fragte mich. "Zu meinem Zuhause?"

Ich war damit beschäftigt, die Menge zurückzudrängen.

„Nein", sagte ich ihr, „das Beste ist ein Krankenhaus. Ich setze sie dort in dein Auto. Dann fährst du sie zum Roosevelt. Das ist sogar besser, als auf einen Krankenwagen zu warten."

Ich beugte mich erneut über das verletzte Mädchen und fühlte ihren Puls. Für jeden, der sich in einer solchen misslichen Lage befindet, kam es mir wie ein erstaunlich starker und gleichmäßiger Puls vor. Und ich bemerkte, dass ihre Atmung nahezu normal war. Ich untersuchte jede Seite ihres Gesichts und inspizierte ihre Lippen und sogar ihre Zungenspitze, um zu sehen, ob nicht ein Schnitt oder eine Abschürfung dort für diesen beunruhigenden Blutstreifen verantwortlich war. Aber ich konnte weder eine Schnittwunde noch eine Prellung finden, und zu diesem Zeitpunkt verschaffte sich der alte Mann wieder Gehör.

„Du wirst sie in kein Schädlingshaus bringen", verkündete er aufgeregt. „Sie wird mit mir nach Hause kommen – was von ihr übrig ist. Sie *muss* mit mir nach Hause kommen!"

Mary Lockwood starrte ihn mit ihren tragischen und immer noch leicht verwirrten Augen an.

„Sehr gut", verkündete sie leise. „Ich bringe sie nach Hause. Ich bringe euch beide nach Hause."

Und darüber schien der alte Mann ungemein erleichtert zu sein.

„Wo willst du hin?" Ich verlangte es ziemlich ungeduldig von ihm. Denn um Marys willen hatte ich beschlossen, sie von dort wegzubringen, bevor der unvermeidliche Streifenpolizist oder Reporter vorbeikam.

„Auf der anderen Seite von Brooklyn", erklärte der Beraubte mit einer vagen Handbewegung Richtung Osten. Ich musste die Menge noch einmal zurückdrängen, bevor ich die schlaffe Gestalt von ihrem asphaltierten Ruheplatz aufsammeln konnte.

"Und wie heißt du?" „Forderte ich, als der alte Mann auf dem Weg zum wartenden Auto neben uns herschlurfte.

„Crotty", verkündete er. „Zachary Crotty."

Erst als ich das verletzte Mädchen in den weich gepolsterten Autositz gesetzt hatte, explodierte der Name „Crotty", der wie ein Torpedo über die offenen Räume der Ablenkung geschleudert wurde, gegen die Rumpfplatten der Erinnerung.

Crotty! Allein der Name Crotty brachte meine Gedanken plötzlich zurück zu einem weiteren Straßenunfall, einem Unfall, an dem ich selbst so aktiv und so unglücklich beteiligt gewesen war. Denn Crotty war der Name des Mannes, erinnerte ich mich, der das Urteil meines Chauffeurs Latreille über das Opfer dieser unvergesslichen Halloween-Affäre bestätigt hatte. Crotty war die Person, die Latreille mitgeteilt hatte, dass wir tatsächlich einen Mann getötet hatten. Und Crotty war kein besonders gebräuchlicher Name. Und jetzt war er seltsamerweise an einem weiteren Unfall fast der gleichen Art beteiligt.

Etwas veranlasste mich, hineinzugreifen und die Hand des immer noch komatösen Mädchens zu spüren. Ich bemerkte, dass sich diese Hand warm anfühlte. Dann drehte ich mich um und musterte den ehrwürdig aussehenden alten Mann, der jetzt lautstark in ein großes Baumwolltaschentuch weinte.

„Du musst uns deine Straße und Hausnummer geben", sagte ich ihm, als Tarnung, um meine fortlaufende Kontrolle zu verbergen.

Er tat es, während er schluchzte. Und während er das tat, konnte ich keine Spur von echten Tränen in seinem Gesicht entdecken. Darüber hinaus war ich mir sicher, dass das Auge, das das lärmend geblümte Taschentuch regelmäßig verdeckte, ein chronisch umherschweifendes Auge war, ein instabiles Auge, ein Auge, das offenbar abgeneigt war, dem eigenen, ehrlich fragenden Blick zu begegnen.

Diese Entdeckung, oder vielleicht sollte ich sagen, dieser Verdacht, veranlasste mich, mich an Mary zu wenden, die bereits an ihrem Platz auf dem Fahrersitz saß.

„Wäre es nicht besser, wenn ich mit dir gehen würde?" Ich fragte sie, zutiefst getroffen von dem stummen Leiden, das ich nur allzu deutlich in ihrem milchweißen Gesicht sehen konnte.

„Nein", sagte sie mir, als sie dem Onkel des Mädchens bedeutete, ins Auto zu steigen. „Das ist etwas, was ich selbst tun muss."

„Und das muss bezahlt werden, und zwar gut bezahlt", erklärte unser silbrighaariger alter Freund, während er sein Baumwolltaschentuch verstaute und seinen leicht triumphalen Platz in diesem nilgrünen Roadster einnahm.

Ich glaube, es war nicht so sehr diese Aussage, sondern vielmehr der niedergeschlagene und hoffnungslose Ausdruck in Mary Lockwoods Augen, der mich dazu veranlasste, mich über die Autotür zu beugen und dem Blick dieser Augen zu begegnen, die so blind auf mich herabstarrten.

„Ich wünschte, du würdest mich mitgehen lassen", bettelte ich und steckte meinen Stolz in die Tasche.

„Was würde das nützen?" sie forderte mit einem Hauch von Bitterkeit in ihrer Stimme. Ich konnte sehen, dass ihr Fuß bereits auf den Anlasserknopf drückte.

„Vielleicht kann ich dir helfen", wagte ich es eher unzulänglich. Doch noch während ich sprach, erblickte ich die blau gekleidete Gestalt eines Streifenpolizisten, der sich am Straßenrand durch die Menschenmenge drängte. Ich stelle mir vor, dass auch Mary diese Gestalt erblickte, denn ein Schatten huschte über ihr Gesicht und der Puls des Motors steigerte sich zu einem Dröhnen.

„Ich kann es kaum erwarten", sagte sie mit einer Art schuldbewusstem Keuchen. „Dieses Mädchen braucht Hilfe. Und sie braucht sie schnell."

Unbewusst fiel mein Blick auf das andere Mädchen, das so schlaff auf dem gepolsterten Sitz saß. Offensichtlich kam sie wieder zu sich. Aber als sie mit der Bewegung des Autos an meinem Blickfeld vorbeizog, machte ich eine triviale und dennoch etwas verwirrende Entdeckung. Mir fiel auf, dass die entspannte Hand, die so teilnahmslos an der Türoberseite stand, einen deutlichen gelben Fleck zwischen den Spitzen des ersten und zweiten Fingers aufwies. Ich wusste, dass dieser gelbe Fleck üblicherweise durch den Gebrauch von Zigaretten verursacht wurde. Es war ein typisches Zeichen für den Gewohnheitsraucher. Doch die sanftmütige und eintönige Gestalt, die ich in diesen Autositz gehoben hatte, konnte kaum als Konsument von „Sargnägeln" akzeptiert werden. Es hinterließ eine Falte, die die eiserne Vernunft nur schwer beseitigen konnte.

Ich blinzelte dem wegfahrenden Roadster hinterher und spürte, dass etwas mehr als nur Ratlosigkeit an meinem Herzen nagte. Ich wurde von dem Gefühl undefinierter Verschwörungen bedrückt, die sich um das Mädchen mit den tragischen Augen in dem nilgrünen Auto ranken. Und ein plötzliches Verlangen, diesem Mädchen zu folgen, zwischen ihr und bestimmten Aktivitäten zu stehen, die sie nie begreifen konnte, erfasste mich.

Eine solche Verfolgung war jedoch nicht so einfach, wie sie versprochen hatte. Denn ich musste dem fragenden Streifenpolizisten zunächst erklären, dass der Unfall trivial gewesen war, dass ich mir nicht einmal die Mühe gemacht hatte, das Kennzeichen des Autos mitzunehmen, und dass ich für alle Fälle in meinem Haus am Gramercy Square gefunden werden konnte weitere Informationen könnten als notwendig erachtet werden. Als ich dann die Nachbarschaft hinter mir ließ, zögerte ich zwischen zwei möglichen Kursen. Eine davon bestand darin, über das Telefon mit Marys Vater in Kontakt zu treten, mit John Lockwood. Die andere Möglichkeit bestand darin, schnell zum Polizeipräsidium zu eilen und die Sache mit meinem guten Freund Lieutenant Belton zu besprechen. Aber beide Bewegungen, erinnerte ich mich, wären Mary selbst zuwider gewesen. Es bedeutete Werbung, und Werbung war etwas, das man vermeiden sollte. Also habe ich das Problem gelöst, indem ich einen ganz anderen Weg eingeschlagen habe. Ich habe getan, was ich tief in meinem Herzen schon immer tun wollte. Ich rief ein vorbeifahrendes Taxi an, sprang ein und fuhr direkt in den Hinterlandbezirk von Brooklyn, wo Crotty sein Zuhause beschrieben hatte.

Ich fuhr nicht direkt zu diesem Haus, sondern ließ meinen Fahrer an einer nahegelegenen Ecke ab und näherte mich dem Haus zu Fuß. Kein nilgrünes Auto mehr zu sehen. Und das Haus selbst sah, wie ich bemerkte, ausgesprochen unattraktiv aus, schäbig, sogar schäbig. Ich stand im Schatten des Seiteneingangs zu einem dieser mit Goldbuchstaben verzierten Ecksaloons , die wie aromatische Oasen aus den düstersten Saharas der Menschheit aufragen , und betrachtete die insgesamt abstoßende Häuserfassade. Und während ich dort stand und sorgfältig seine kleinsten Merkmale notierte, kam eine Gestalt zügig die zerbrochenen Sandsteinstufen hinunter.

Was mich jedoch in Atem halten ließ, war die Tatsache, dass es sich bei der Figur um die eines Mannes handelte, und zwar um Latreille , meinen Ex-Chauffeur. Und noch einmal erinnerte ich mich, dass der lange Arm des Zufalls nach mir streckte und mich am Ärmel packte.

Aber ich blieb nicht dort, um über diese Abstraktion nachzudenken, denn ich bemerkte, dass Latreille , der auf der gegenüberliegenden Straßenseite schlenderte, zwei anderen Männern ein Zeichen gegeben hatte, die sich gemächlich von der nahe gelegenen Ecke meiner Karawanserei näherten. Einer von ihnen war, wie ich sah, der alte Mann namens Crotty. Und es war offensichtlich, dass sie innerhalb von zwei Minuten irgendwo unangenehm nahe an der Stelle ankommen würden, an der ich stand.

Also ging ich diskret und leise durch den Seiteneingang dieser duftenden Bierstube zurück. Dort begegnete ich einem Barkeeper aus Hibernia mit einem leeren Tablett und einem außergewöhnlich bösen Blick. Ich hielt ihn jedoch mit einer brüderlichen Hand auf seinem Ärmel zurück.

„Schwester", erklärte ich hastig, „ich habe hier ein Date mit einer Rippe. Können Sie mich in Deckung bringen?"

Ich war mir sicher, dass es Patois war, der sein Verständnis erreichen würde. Doch erst als er den Five-Spot erblickte, den ich auf sein Tablett geschoben hatte, verschwand der Ausdruck lebensmüden Zynismus aus seinem Gesicht.

„Sicher", sagte er und steckte die Rechnung prompt und teilnahmslos ein. Dann drängte er sich ohne ein Wort oder einen Wimpernschlag an einem Raum vorbei, der mit runden Tischen auf Eisensockeln überfüllt war, zog den Schlüssel aus einer Türöffnung in der Rückwand, drückte ihn mir in die Finger und bedeutete mir beiläufig hinein.

Ich trat durch diese Tür ein und schloss und verriegelte sie. Dann inspizierte ich mein Quartier. Sie waren beredt genug über schmutzige und hässliche Abenteuer. Sie rochen nach saurem Alkohol und abgestandenem Zigarrenrauch mit einem vagen Beigeschmack von Iris und Patschuli. Auf der einen Seite des Raumes stand ein nachgeahmtes türkisches Sofa, auf der anderen ein unordentlicher Waschtisch und ein Kartentisch mit verkohlten Kanten. Auf halber Strecke dazwischen gab es eine „Speak-Easy", eine kleine verschiebbare Wandtafel, durch die flüssige Erfrischungen serviert werden konnten, ohne die Privatsphäre der Teilnehmer übermäßig zu beeinträchtigen. Dieses Speak-Easy fiel mir auf, als ich es ein klein wenig zurückschob, und öffnete sich zum „Biersalon", direkt hinter dem Barraum selbst, dem „Salon", in dem der durstige Gast an einem der kleinen Tische sitzen konnte Nehmen Sie an runden Tischen Platz und konsumieren Sie nach Belieben seine „Suds" oder seinen Fuselöl -Whisky. Und der ganze Ort beeindruckte mich als etwas, das die Zivilisation immer noch zu einem Spott und die vorstädtische Erholung zu einer Viper machte, die auf ihrem Bauch krabbelte.

Tatsächlich spähte ich immer noch durch meinen kleinen Schlitz in der Wand, in dem ich sprechen konnte, als mir die drei Gestalten bewusst wurden, die in den leeren Raum mit den kleinen runden Tischen schlichen. Ich konnte sie deutlich sehen. Da war der silberhaarige alte Crotty; da war Latreille ; und da war ein ziemlich ungepflegter Mensch mit verstohlenem Blick, der mir sehr schnell und unverkennbar den Eindruck machte, er sei drogenabhängig. Und so abstoßend mir das Abhören auch war, ich konnte nicht anders, als mich an meine Sprechspalte zu lehnen und diesem würdigen Trio zuzuhören, das sich in einem Umkreis von zwei Metern um mich herum niederließ, Latreille und der alte Crotty mit dem Rücken zu mir unordentliche Person, die sie als „Der Doc" anredeten, der mit dem Gesicht zur Wand saß, die mich abschirmte.

„Swell kipping!" murmelte zufrieden einer aus diesem Trio aus ihrem momentanen Schweigen. Und da wurde ich sofort hellhörig, denn ich wusste, dass Swell Kipping im Volksmund der Unterwelt für leichtes Ernten stand.

„Was wird es sein, Jungs?" unterbrach eine Stimme, die ich als die des Barkeepers erkannte .

„Bourbon", bellte Latreille .

„Ein eckiger Kerl, Mickey", verkündete gesellig der alte Herr namens Crotty.

„Tiefbier", seufzte der Mann, der als „Der Doc" bezeichnet wurde. Dann erklang das Geräusch eines angezündeten Streichholzes, das Scharren eines Stuhlbeins und das Klopfen einer Faust auf der Tischplatte, gefolgt von einem leisen, zufriedenen Lachen.

„Es ist eine Pfeife!" verkündete eine feierlich jubelnde Stimme. Und ich wusste, dass der Redner mein angesehener Ex-Chauffeur war. „Es ist sicher ein großer kleiner Kinderspiel!"

„Nichts ist ein Kinderspiel, bis man das Zeug in die Jeans gesteckt hat", behauptete Crotty mit der nicht unnatürlichen Skepsis des Alters.

„Aber hat sie ihre Hundertzehn nicht dem Doc übergeben, nur um die laufenden Kosten zu decken? Ist das nicht eine Erinnerung wert ? Sie kommt heute Abend mit dem Weingelee , dem alten Portwein und ihrem eigenen Scheckbuch zurück?

Auf diese Ansprache folgte anerkennendes Schweigen.

„Aber es ist der alte Lockwood, der rübergekommen ist", erinnerte die Person namens „The Doc" schließlich seine Mitbrüder.

Latreille ein verächtliches Schnauben aus . „Ich sage dir noch einmal, der alte Lockwood wird dich bis zum Äußersten bekämpfen. Das Mädchen ist dein Fleisch Tausend. Sie ist bereits geschwächt. Sie ist ins Schleudern geraten. Und sie hat noch einen eigenen Haufen, aus dem sie ziehen kann!"

"Vierzig Tausend?" wiederholte der andere mit einem Schmatzen.

„Das sind dreizehntausend pro Stück", korrigierte Latreille weitgehend, „mit einem Plus für Car-Step Sadie."

„Schneiden Sie diesen Namen aus", befahl Crotty.

„Na dann, Babbie, wenn dir das besser passt. Und es ist ein Erdrutsch für sie!"

„ Hat sie es nicht verdient?" forderte ihr silberhaariger alter Vormund.

„Mir kommt es ziemlich gut vor, dafür bezahlt zu werden, dass man mit einem Spielauto und nicht einmal einer Schienbeinprellung über den Haufen geworfen wird."

„Nun, ist ihre Ausbildung bei dieser Arbeit nicht etwas wert?"

„ Sicher ist es das – aber wie zum Teufel hat sie diesen Blutstreifen auf ihrem Gesicht so schön und lebensecht hinbekommen ? "

Der silberhaarige alte Herr kicherte, als er sein Glas mit eckigem Gesicht abstellte.

„Das ist sicher unser Babbie, ein kleines Tribünenspiel! Sehen Sie, sie lässt das Zahnfleisch an einem ihrer Hinterzähne frei. Dann lässt sie es nach einer halben Minute bluten, wenn sie ein wenig mit der Zunge daran saugt. So ist es Sie hat den ganzen Winter über mit dem alten Bronchial Bill am Blutungsspiel gearbeitet, bevor ihn der Schnabel den Fluss hinaufgeschickt hat.

Ich stand da und lehnte an das schmutzige Regal, über das so viel von der Flüssigkeit geflossen sein musste, die die Menschheit deprimierte. Aber noch nie zuvor, da bin ich mir sicher, ist etwas so Aufmunterndes durch diese schäbige kleine Speak-Easy-Sache gekommen. Ich hatte keine Angst mehr vor diesem bösartig aussehenden Trio, das so zufrieden über seinen unrechtmäßigen Sieg jubelte.

„Nun, es ist ein Kinderspiel", fuhr die dröhnende Stimme fort, „wenn der Doc nur für ein paar Tage auf das Medikament verzichtet und Ihr Babbie nicht über das Trittbrett stolpert! "

„Es ist nicht Babbie, um die ich mir Sorgen mache", erklärte der alte Crotty. „Dieses Mädchen wird tun, was von ihr erwartet wird. Sie muss es tun. Ich habe sie darüber aufgeklärt. Was mir mehr Sorgen bereitet , ist der Handschellen, der sich da drüben auf der Insel eingeschlichen hat."

Immer noch konnte ich Latreilles leises Schnauben offener Verachtung hören.

„Nun, Sie können diesen Käfer aus Ihrem Kopf verbannen", beteuerte mein Ex-Chauffeur leise. „Du scheinst diesen Kerl vergessen zu haben, Zachy . Das ist der Busen, auf den wir den Stadtwagen des Senators abgeladen haben. Und das ist der Hindu, den ich damals in der Halloween-Nacht reingelegt habe. Daran erinnerst du dich, nicht wahr?"

Ich beugte mich näher, mein Herz hämmerte unter meiner Taille und ein Singen in meinen Ohren. Aber der alte Crotty schien sich nicht zu erinnern.

„In der Halloween-Nacht?" er grübelte laut.

„Na, der Steife, von dem ich dich gebeten habe, bereit zu sein, ihm das frohe Wort zu überbringen, wenn er zu irgendeinem Habeas-Corpus-Gesang und Tanz vorbeikäme!" rief die etwas ungeduldige Stimme von Latreille . „Macht es Ihnen nichts aus, wie die Big Hill-Jungs am letzten Halloween-Fest diesen alten Anzug mit Stroh und Lumpen vollgestopft und ihn dann auf der Straße aufgehängt haben? Und wie wir diese Attrappe erwischt haben und wie." Ich habe dem feigen Federwischer vorgetäuscht, er hätte einen Mann getötet und sei vom Tatort verschwunden?"

Ich weiß nicht, wie der alte Crotty auf diese Fragen geantwortet hat. Seine Antwort interessierte mich nicht. Es war nicht einmal Wut, die mich durchströmte, als ich diesen nur allzu wütenden Worten zuhörte.

Das erste, was ich verspürte, war ein Gefühl der Erleichterung, ein vages, aber großes Bewusstsein der Erlösung, wie ein schläfriger Lebenskünstler, dem die Begnadigung eines Gouverneurs vor der Nase zugewinkt wird. Ich hatte keine Angst mehr um Mary. Ich hatte keine Angst mehr vor dem Leben, vor mir selbst, vor meinen Mitmenschen. Mein Schiefer war sauber. Und vor allem hatte ich überhaupt keine Angst mehr vor Latreille . *Ich* war der feige Federwischer – und ich hasste ihn für dieses Wort –, dem man „hingegeben" hatte. *Ich* war das überängstliche Opfer ihrer wohlriechenden Verschwörungen. *Ich* war der Busen, der dazu gebracht wurde, sich zu bewegen, zu leiden und zu schwitzen. Aber diese Zeit war für immer vorbei. Und die große Welle der Erleichterung, die mich durchströmte, strömte wieder zurück, dieses Mal voller Wut, und brach dann noch einmal in die Höhe und brach in einem nebligen Strom des Mitleids für Mary Lockwood aus. Ich stellte sie mir als etwas Weiches und Gefiedertes in den drei Windungen dieser drei reptilienhaften Verschwörer vor, als etwas Sauberes, Schüchternes und Zerbrechliches, das langsam von den Reißzähnen überzogen wurde, die sich an ihrer Unschuld festklammern und sich von ihrer Güte ernähren sollten von Herzen. Und ich entschied, dass sie niemals das durchmachen müsste, wozu ich gezwungen worden war.

Ich habe nicht auf mehr gewartet. Für mich und meine Welt gab es tatsächlich nichts mehr zu warten. Ich hatte alles herausgefunden, was ich herausfinden wollte. Dennoch musste ich eine ganze Minute lang da stehen und mich zur Ruhe zwingen. Dann schlich ich auf Zehenspitzen durch den Raum zu einer zweiten Tür, die in der Rückwand stand, schloss sie auf und trat in den schmalen und nicht allzu gut beleuchteten Flur hinaus. Dies führte zu einem Waschraum, der wiederum zu einem weiteren schmalen Durchgang führte. Und von hier aus konnte ich zurück in den Barraum selbst gehen.

Ich zögerte nicht, dem würdigen namens Mickey irgendwelche Erklärungen abzugeben oder seinen noch würdigeren Freunden meinen Abgang anzukündigen. Ich schlüpfte leise und schnell aus diesem schmutzigen, schwärenden Fleck an der Straßenecke, bog über die Straße ab, wo sich bereits die frühe Frühlingsdämmerung senkte, und ging direkt zu dem Haus, von dem ich wusste, dass es Crottys Haus war.

Ich habe nicht einmal mit dem Klingeln gewartet. Ich probierte die Tür aus, stellte fest, dass sie unverschlossen war, und trat ein. Dort sah ich kein Lebenszeichen. Aber das hielt mich keinen Moment von meinen Erkundungen ab. Ich untersuchte in aller Stille das Erdgeschoss, fand es ebenso unscheinbar wie sein Besitzer und stieg geräuschlos die schmale Treppe hinauf, um die oberen Bereiche zu untersuchen.

Erst als ich den Treppenabsatz erreichte, blieb ich stehen. Denn dort konnte ich das gedämpfte, aber unverkennbare Geräusch von jemandem hören, der sich bewegte. Ich brauchte mehrere Minuten, um die Ursache dieser Bewegungen herauszufinden. Doch nachdem ich mich sicher gemacht hatte, ging ich zur Tür im hinteren Teil der halbdunklen Halle und öffnete sie.

Auf der anderen Seite des Raumes, in den ich starrte, sah ich ein Mädchen in Hauspantoffeln und einem verblassten rosafarbenen *Morgenrock*, über ein nicht ganz sauberes Nachthemd aus schmutzigem Leinen geworfen. In einer Hand hielt sie eine brennende Zigarette. Mit der anderen Hand rührte sie etwas in einem kleinen Schmortopf aus Granit über einem Gasherd. Ihr Haar war offen und ihre Schultern waren nackt. Aber ihre ganze Aufmerksamkeit schien auf den herzhaften Eintopf gerichtet zu sein, an dem sie zwischen Zügen ihrer Zigarette hungrig, fast kindisch, schnupperte. Dann begann sie mit sichtlicher Befriedigung erneut in ihrem Topf zu rühren.

Tatsächlich hatte ich die Tür hinter mir geschlossen, bevor sie auch nur vermutete, dass noch jemand anderes bei ihr im Zimmer war. Und als sie aufblickte und mich dort sah, weiteten sich ihre Augen langsam und sie legte langsam und absichtlich ihren Löffel auf die schmutzige Kommodenoberfläche neben sich. Es war nicht gerade Angst, die sich in ihr Gesicht schlich. Es war eher das Handwerk des lange geplagten und hartgesottenen Flüchtlings.

„Bab", sagte ich und redete sie in der Sprache an, von der ich dachte, dass sie sie am stärksten ansprechen würde. „Ich möchte mich nicht in deine Angelegenheiten einmischen. Aber die Zeit ist kostbar und ich werde Klartext sagen."

"Schießen!" sagte sie nach einem Moment des Zögerns, gefolgt von einem weiteren Moment stiller Beurteilung.

„Die Polizei schnappt sich den Doc und den alten Crotty wegen Behauptungsfälschung. Sie kommen auch hierher, Bab, um ein Mädchen namens Car-Step Sadie festzunehmen, weil sie dieser Lockwood-Frau eine Attrappe unter den Wagen geschmissen und sie zum Ausbluten gebracht hat." hundertzehn Knochen und –"

„Diese Bullen haben es auf mich abgesehen !" brach die beunruhigend schäbige Gestalt in schmutziger Wäsche hervor, als sie dastand und mich mit einer Art mausartiger Feindseligkeit in ihren schlauen jungen Augen anstarrte.

„Aber sie bringen einen Polizeichirurgen mit" , fuhr ich leichtfertig fort, „denn sie behaupten, Bab, du hast einen hohlen Zahn, aus dem jederzeit Blutungen entstehen können, wenn du diese innere Verletzung hinhalten musst." Zeug. Und sie haben ein paar Fälle ausgegraben, die im Büro des Bezirksstaatsanwalts nicht besonders gut klingen werden. Nun, ich bin nicht hier, um Ratschläge zu geben. Das ist nur ein Gepolter. Und Sie können es tun Was dir daran gefällt. Aber wenn du klug bist, wirst du rutschen, solange das Gleiten gut ist."

Sie stand noch einmal schweigend da und betrachtete mich.

„Was geht dich das alles überhaupt an?" sie forderte plötzlich.

„Es ist so wenig, meine Liebe", gab ich leichthin zu, „dass du damit genau das machen kannst, was du willst. Aber –"

„Wo ist der Doc?" war ihre nächste kurze Frage. „Wo ist Crotty?"

Ich musste schnell nachdenken.

„Sie haben sich geduckt", behauptete ich und war erstaunt über meine neu entdeckte Fähigkeit, Romane zu schreiben.

„Wer hat gesagt, dass sie sich geduckt haben?"

„Kennen Sie Mickey's da drüben an der Ecke?" Ich habe es gewagt.

Peignoir beiseite warf . Die Bewegung ließ meine Gedanken zu einer anderen und früheren Szene zurückblitzen, zu der Szene, in der ein gewisser Vinnie Brunelle die Hauptrolle gespielt hatte .

„ Latreille ", erklärte ich dem Mädchen auf der anderen Seite des Raumes, „kam vor nicht mehr als einer Viertelstunde bei Mickey vorbei und gab Crotty und dem Doc einen Tipp."

gnadenlos davongemacht Wirfst du mir ein Zeichen?", forderte sie empört.

„Ja, das haben sie", entgegnete ich.

Sie blieb plötzlich stehen, drehte sich um und betrachtete mich mit offenem Misstrauen.

Latreille- Typen jemals gekannt ?" sie verlangte.

„ Latreille hat monatelang mit mir zusammengearbeitet", erklärte ich und sprach damit tatsächlich mehr Wahrheit, als ich beabsichtigt hatte.

„Dann ich für das hohe Holz!" verkündete die kleine Abenteurerin mit hartem Gesicht, als sie begann, sich in ihre Kleidung zu schlüpfen.

„Willst du nicht, dass ich dir ein Taxi besorge?" Erkundigte ich mich und wich diskret zurück, bis ich in der offenen Tür stand.

„Taxi- Verrückter !" „„ erwiderte sie durch den Regen aus schmutzigen Dessous-Matten, die über ihre sich windenden weißen Schultern fielen." „Wofür hältst du mich eigentlich? Einen Strauß? Wenn ich in Deckung gehe,

gehe ich auf meine eigene Art dorthin, und nicht ganz Brooklyn brüllt mich an!"

Und sie ging ihren eigenen Weg. Sie ging tatsächlich viel schneller, als ich erwartet hatte, denn nach fünf Minuten war sie angezogen, hatte Stiefel und Hut und huschte durch die jetzt dunklen Straßen davon. Welche Spur sie einschlug und welche Deckung sie suchte, interessierte mich nicht im Geringsten, nachdem ich mir vergewissert hatte, dass es ihr in die entgegengesetzte Richtung zu Mickeys durststillender Karawane ging. Aber sie ging. Sie schüttelte den Staub dieses Hauses von ihren fiebrig jungen Absätzen; und das war das Einzige, was ich von ihr wünschte. Ich wusste, dass diese Nacht noch ein oder zwei Probleme für mich bereithielt, die ohne die Anwesenheit der gefürchteten Lady Babbie und ihres blutigen Backenzahns schon genug sein würden.

Doch als sie das Haus verlassen hatte, beschloss ich, ihrem Beispiel zu folgen. Dies war jedoch nicht so einfach, wie es versprochen wurde. Denn kaum hatte ich den Fuß der Treppe erreicht, hörte ich Stimmen vor der Haustür. Und ich erkannte sie sofort als die von Crotty und Latreille .

Diese Entdeckung ließ mich hastig zurück in den dunklen Flur tappen. Als sich die Tür öffnete, hatte ich mich zu einer zweiten Treppe vorgetastet, die offensichtlich in den Keller führte. Ich konnte die Stimme des Mannes hören, der als „The Doc" bekannt war, denn die drei Männer rückten nun — und das nicht allzu leise — in ihren muffigen Hafen vor. Aber mein eigener Flug die Kellertreppe hinunter verlief ruhig genug, denn jetzt wurde mir klar, wie sinnvoll es war, mich davonzuschleichen und um Hilfe zu rufen.

Allerdings gelang es mir erst nach langem Herumtasten, die Türöffnung im Kellerbereich direkt unter der Straßentreppe zu erreichen. Zum Glück lag dort ein riesiger Messingschlüssel. Als ich ohnmächtig wurde, machte ich mir also die Mühe, die Tür hinter mir wieder zu verschließen und den Schlüssel einzustecken.

In fünf Minuten hatte ich einen Lebensmittelladen in einer Seitenstraße mit einem ausreichend gesicherten Telefon gefunden. Und über dieses Telefon rief ich sofort das Hauptquartier an und fragte nach Leutnant Belton.

Er hörte dem, was ich zu sagen hatte, mit viel größerem Interesse zu, als ich erwartet hatte.

„Witter", rief er über die Leitung zurück, „ich glaube, Sie sind auf etwas Großes gestoßen."

„Angenommen, Sie stolpern danach hierher", war mein prompter Vorschlag. Doch Belton ließ sich von der überhasteten Aktion des Amateurs nicht mitreißen.

„Wenn das nicht der Haufen ist, den die Zentrale seit drei Monaten befragen will, dann verpasse ich meine beste Chance. Aber in diesem Geschäft, Witter, musst du es wissen . Also werde ich zum FBI gehen. " und schauen Sie nach Tassen und Schallplatten. Wenn dieser Ohnmächtige Bab Nadeau, *alias* Car-Step Sadie, ist, besteht kein Zweifel daran, dass Ihr Mann Crotty ist.

„Sie *ist* Car-Step Sadie", sagte ich ihm.

„Dann stehen wir mit Glocken da draußen", verkündete er ruhig.

„Aber was soll ich in der Zwischenzeit tun?" fragte ich etwas verdrießlich.

„Raten Sie einfach weiter ", erwiderte er ruhig, „raten Sie weiter , bis wir rüberschlendern und sie Ihnen aus der Hand nehmen!"

Das war leicht gesagt, erinnerte ich mich, als ich zu Crottys Behausung mit gebrochenem Gesicht zurückging, aber das Problem, dieses zwielichtige Trio unter Kontrolle zu halten, kam mir nicht allzu trivial vor. Dennoch kehrte ich mit neuer Stärke zurück, die mein Rückgrat stärkte, denn ich wusste, was auch immer in dieser Nacht passieren würde, ich hatte jetzt das Gesetz auf meiner Seite.

Dieser beiläufige kleine Anflug von Selbstvertrauen sollte mich jedoch nicht lange stützen. Plötzlich wurde ich mit einer neuen Komplikation konfrontiert. Denn als ich mich vorsichtig dem Haus näherte, von dem aus ich Bab Nadeau in die Nacht davongejagt hatte, bemerkte ich das nilgrüne Auto, das bereits dicht neben dem Bordstein stand. Und dieses Auto war, wie ich weiter bemerkte, leer.

Mit merklich beschleunigtem Puls schlich ich mich in den unreinen Bereich, holte meinen Messingschlüssel hervor und betrat lautlos den unbeleuchteten Keller. Dann bahnte ich mir ebenso leise den Weg durch die Dunkelheit, fand die Treppe und stieg ins Erdgeschoss hinauf.

Als ich den Flur erreichte, konnte ich den Klang von Stimmen durch eine Tür zu meiner Linken hören. Ich konnte Mary Lockwoods Stimme hören und dann die kehligen Töne dieses opianischen alten Betrügers namens The Doc.

... „Kein Zweifel daran, meine liebe junge Dame. Die Wirbelsäule wurde verletzt, sehr schwer. Ob es zu einer Lähmung kommt, kann ich erst sagen, wenn ich mich mit meinem Kollegen, Doktor Emmanuel Paschall, beraten habe . Aber wir müssen damit rechnen, dass das arme Mädchen lebenslang hilflos bleibt, Crotty, lebenslang hilflos!"

Es folgten ein oder zwei Momente der Stille. Und ich konnte mir vorstellen, was dieser oder jene Moment Mary Lockwood gekostet hat.

„Aber ich möchte das Mädchen sehen", sagte sie mit etwas verzweifelter Stimme. „Ich *muss* sie sehen."

„Alles zu seiner Zeit, meine Liebe, alles zu seiner Zeit", hielt ihr langweiliger alter Folterknecht zurück. Darauf folgte ein leises Stimmengemurmel, aus dem ich nichts Verständliches herauslesen konnte. Aber diese drei Verschwörer müssen sich beraten haben, denn nach einem Moment des Schweigens hörte ich das Geräusch von Schritten, die über den Boden gingen.

„Er wird einfach ausrutschen und sicherstellen, dass der Patient gesehen werden kann", hörte ich den höflichen alten Schlingel sagen. Und ich hatte gerade noch Zeit, zurückzuweichen und über die Kellertreppe auszuweichen, als die Zimmertür aufgerissen wurde und Latreille in den Flur trat. Die Tür schloss sich wieder, als er oben verschwand.

Als er zurückkam, trat er nicht ins Zimmer zurück, sondern wartete draußen und klopfte an die geschlossene Tür. Als Antwort auf die Vorladung rief dies den alten Crotty hervor. Was sich zwischen diesem würdigen Trio abspielte, das in diesem halberleuchteten Flur in seine flüsternde Beratung versunken war, erreichte meine Ohren nicht. Aber das beunruhigte mich überhaupt nicht, denn ich wusste genau, dass Latreille ihnen zumindest die alarmierende Nachricht übermittelt hatte, dass ihr dringend benötigter Patient nicht mehr unter diesem Dach war. Und außerdem wusste ich, dass diese Entdeckung dazu beitragen würde, die Dinge etwas schneller zum Höhepunkt zu bringen, als wir alle erwartet hatten. Es lag tatsächlich eine Art verdeckte Entschlossenheit in ihren Bewegungen, als sie in den Raum zurücktraten und die Tür hinter sich schlossen. Also kroch ich näher heran und lauschte aufmerksam. Aber ich konnte nur Bruchstücke und Fetzen ihres Gesprächs mithören. Ich habe jedoch genug verstanden, um zu wissen, dass sie protestierten, dass ihr Patient zu schwach sei, um interviewt zu werden. Ich konnte Crotty gefühlvoll ausrufen hören, dass es jetzt nicht mehr freundliche Worte seien, die diesem armen Kind helfen könnten, sondern nur etwas viel Substanzielleres und Alltäglicheres.

„Ja, in einem Fall wie diesem kann nur Geld sprechen", stimmte der Doc deutlich zu, offenbar angespornt zu einer offeneren Kühnheit des Vorgehens. Und es gab weitere Verhandlungen und Argumente und düstere Aufzählungen von Möglichkeiten seitens des Mediziners. Ich wusste genau, was sie taten. Gemeinsam und listig schlugen sie die Stirn und schüchterten das einsame Mädchen ein, das zwar eine Ahnung von ihrer Weltlichkeit gewonnen haben musste, aber nichts von der größeren Verschwörung verstand, die sie um sie schmiedeten. Und ich wusste außerdem, dass sie ihren Standpunkt durchsetzen würden, denn ich konnte ihr unterdrücktes kleines Keuchen der endgültigen Kapitulation hören.

„Sehr gut", sagte ihre angespannte Stimme. „Ich gebe dir den Scheck."

Diesem prägnanten Satz folgte ein ebenso prägnantes Schweigen. Dann erklangen eine Reihe kleiner Geräusche, unter denen ich das Scharren eines Stuhlbeins und Schritte über den Boden erkennen konnte. Und ich vermutete, dass Mary sich an einen Schreibtisch oder Tisch setzte, um den kostbaren kleinen Zettel auszumachen und zu unterschreiben, um den sie sich so salbungsvoll verschworen hatten. Genau in diesem Moment beschloss ich, einzugreifen.

Ich öffnete die Tür, so leise ich konnte, und betrat das Zimmer.

Es war Latreille , der mich zum ersten Mal sah. Die anderen beiden Männer beobachteten das Mädchen am Schreibtisch zu aufmerksam. Sie beobachteten sie immer noch, als sie sich langsam von ihrem Stuhl erhob, ein blau getöntes Rechteck aus Papier zwischen ihren Fingern. Und im selben Moment, als Mary Lockwood aufstand, tat Latreille dasselbe. Er erhob sich langsam, den Blick auf mein Gesicht gerichtet, und wich ebenso langsam zurück, während er mich weiterhin anstarrte. Aber dieser Rückzug war, wie mir sehr schnell klar wurde, nicht durch ein Gefühl der Angst ausgelöst worden.

„Mary", rief ich scharf dem Mädchen zu, das immer noch auf den blauen Zettel starrte.

Sie blickte auf, als sie diesen Ruf hörte, und blickte mich mit halb ungläubigen und leicht erschrockenen Augen an. Ich weiß nicht, ob sie froh oder traurig war, mich dort zu sehen. Vielleicht war es beides. Aber sie bewegte sich weder, noch sprach sie.

„Mary", rief ich ihr zu, „gib das nicht auf!"

Ich ging auf sie zu, aber sie entfernte sich wiederum von mir, bis sie dicht neben dem stets Wachsamen stand Latreille .

„Das ist etwas, was du nicht verstehst", sagte sie viel ruhiger, als ich erwartet hatte.

„Aber das *tue ich* ", widersprach ich hitzig.

„Das ist etwas, das du unmöglich verstehen kannst", wiederholte sie in einem Tonfall, der eine gähnende Kluft zwischen uns hinterließ.

„Aber *du bist es* , der das nicht tut", versuchte ich ihr immer noch zu sagen. „Diese drei hier sind Behauptungsfälscher, nichts als Kriminelle. Sie lassen dich ausbluten! Sie erpressen dich!"

Eine kurze, aber bedeutungsvolle Stille breitete sich in diesem Raum aus, als das verwirrte Mädchen von einem Gesicht zum anderen blickte. Aber es dauerte nur einen Moment. Das Tableau wurde plötzlich durch eine Bewegung von Latreille unterbrochen . Und es war eine schnelle und katzenartige Bewegung. Mit einer Handbewegung streckte er die Hand aus und riss Mary Lockwood das längliche blaue Papier aus den Fingern. Und als ich diese Bewegung sah , ertönte irgendwo in der Spitze meines Gehirns ein kleiner Alarmton . Ein entfernter Vorfahre von mir, ein Höhlenmensch, regte sich in seinem Grab. Ich sah rot.

Mit einem unvernünftigen und unvernünftigen Sprung erreichte ich Latreille und rief dem Mädchen im Gehen zu: „Verschwinde aus diesem Haus! Verschwinde – schnell!"

Das war alles, was ich gesagt habe. Das war alles, was ich sagen konnte, denn Latreille nahm plötzlich meine ganze Aufmerksamkeit in Anspruch. Anstatt sich zurückzuziehen, fing dieser höfliche Räuber den Zettel auf, hielt ihn zwischen den Zähnen und bereitete sich auf den Kampf vor. Und Kampf war das, was er bekam.

Wir schlugen zu und konterten und ballten uns zusammen und gingen gemeinsam zu Boden, wobei wir uns immer noch blind ins Gesicht schlugen, während wir dort herumdroschen und herumwälzten. Wir ließen einen Stuhl herumwirbeln und ein Tisch fiel um wie ein Kegel. Wir keuchten und schnappten nach Luft, prallten gegen die Fußleiste und ließen uns wieder hinaus ins Freie fallen. Doch ich riss den Zettel zwischen Latreilles Zähnen hervor und zerrieb ihn zwischen meinen eigenen, während wir weiter auf dem staubigen Boden stampften, stampfen und uns winden. Und ich glaube, ich hätte Latreille besiegt , wenn ich auch nur eine halbe Chance gehabt hätte, denn in meinen Ansturm floss die aufgestaute Wut vieler Wochen und Monate selbstzersetzenden Hasses ein. Aber dieser würdige Doc hielt es für klug, sich an dem Kampf zu beteiligen. Sein Eingreifen nahm die Form eines Schlags mit einer Stuhllehne an, ein Schlag, der mich für einen oder zwei Momente verblüfft haben musste, denn als ich wieder klar denken konnte, hielt Latreille mich fest, mit einem Knie auf meiner Brust und alt Crotty stand mit einem Colt-Revolver in der Hand an der Tür. Im nächsten Moment zwang Latreille meine Handgelenke nach unten, zog ein Taschentuch aus meiner Tasche und fesselte damit meine gekreuzten Hände fest zusammen. Dann drehte er sich um und gab Crotty ein kurzes Zeichen.

„Hier", befahl er. „Bringen Sie die Waffe und bewachen Sie diesen Stecknadelkopf! Wenn er etwas versucht, lassen Sie es ihn haben, und zwar gut!"

Langsam und bewusst Latreille stand auf. Er hielt einen Moment inne, um sich Blut und Staub aus dem Gesicht zu wischen. Dann drehte er sich zu

Mary Lockwood um, die mit dem Rücken zur Wand stand und ihre fest geballten Fäuste eng an ihre Seiten presste. Sie war sehr weiß, weiß bis zu den Lippen. Aber es war nicht die Angst, die sie dort festhielt. Es war eine Art farblose Hitze der Empörung, eine Mischung aus Wut und Wachsamkeit, die sie weder in Worten noch in Taten ausdrücken konnte.

„Jetzt", bellte Latreille und bedeutete ihr, sich an den Schreibtisch zu setzen, „machen Sie das Papier gut. Und zwar schnell!"

Mary musterte ihn schweigend, fleißig und bedächtig. Er war offenbar etwas verblüffend Neues in ihrer Karriere, etwas, das sie offenbar nicht begreifen konnte. Aber er hatte sie keineswegs eingeschüchtert. Denn anstatt ihm zu antworten, sprach sie mit mir.

„Witter", rief sie und beobachtete ihren Feind, während sie sprach. „Witter, was soll ich tun?"

Ich erinnerte mich an Leutnant Belton und seine Botschaft. Ich erinnerte mich an meine eigene Hilflosigkeit und an den Charakter der Männer, die uns gegenüberstanden. Und ich erinnerte mich, dass die Zeit ein Faktor zu Marys und meinen Gunsten war.

„Tu, was er dir sagt", rief ich ihr zu. Und ich wusste, dass sie langsam wieder zum Schreibtisch getreten war. Doch was sie dort tat, verstand ich nicht, denn meine Aufmerksamkeit war wieder einmal auf den alten Schurken gerichtet, der mich mit dem Colt-Revolver bedeckte und immer wieder und blasphemisch drohte, mir den Schlag ins Herz zu stoßen, wenn ich auch nur eine Fingerbewegung machte, um ihn zu bekommen von dieser Etage. Also lag ich da und betrachtete ihn. Ich studierte seine Haltung. Ich studierte die Position seiner Waffe. Ich habe meine eigene Gliedmaßenlänge studiert. Ich betrachtete die umgestürzten Möbel im Raum. Und dann habe ich den alten Crotty noch einmal studiert.

Dann lachte ich laut. Dabei drehte ich plötzlich den Kopf und starrte zur Tür.

„ *Schlag es rein, Sam!* " schrie ich jubelnd und mit aller Kraft meiner Lunge.

Es erschreckte sie alle, wie ich es beabsichtigt hatte. Aber es hat auch noch etwas anderes bewirkt, was ich erwartet hatte. Das veranlasste Crotty, schnell über die Schulter zur fraglichen Tür zu blicken. Und genau in dem Moment, als er diesen Satz schrieb, wagte ich einen meiner eigenen.

Mit einem schnellen und heftigen Tritt hob ich mein ausgestrecktes Bein an. Ich schlug mit der Sohle meines Stiefels mit einem stechenden Schlag gegen den Schaft der Waffe und ballte die Finger darum. Und das Ergebnis war praktisch das, was ich erwartet hatte. Dadurch flog der

Revolver in die Luft, als würde ein Zirkustänzer über den Rücken eines Elefanten drehen. Unterwegs war das Bellen einer explodierenden Patrone zu hören. Aber ich hatte den Zeitpunkt für den Fall bestimmt und ihn platziert, und bevor einer dieser erschrockenen beiden sich bewegen konnte, hatte ich mich schnell gedreht und über den staubigen Boden gerollt und die heruntergefallene Waffe mit meiner gefesselten rechten Hand aufgefangen . Ein weiterer schneller Ruck und eine Drehung befreiten mein gefesseltes Handgelenk, und bevor einer von ihnen auch nur einen zweiten Warnschrei ertönen ließ, war ich auf den Beinen, den Revolver in meiner rechten Hand und Feuer im Auge.

„Alle zurücktreten", befahl ich. Denn mir war jetzt heiß, heiß wie eine Hornisse. Und wenn einer von diesem würdigen Trio einen Schritt gewagt hätte, der nicht mit meinen Befehlen übereinstimmte, hätte ich meiner moralischen Überzeugung nach eine Kugel durch ihn schießen lassen. Auch sie mussten von meiner Entschlossenheit überzeugt gewesen sein, denn Seite an Seite wichen sie zurück, die Hände leicht über dem Kopf, wie betende Brahmanen, bis die Mauer selbst ihren Rückzug stoppte.

„Stellen Sie sich näher", sagte ich ihnen. Und sie schlurften und traten Seite an Schulter, lächerlich, wie die rohesten Neulinge an ihrem ersten Übungstag. Als ich mit Abscheu im Gesicht dastand und sie betrachtete, wurde ich von der Stimme Mariens unterbrochen.

„Witter", forderte sie mit kehliger Stimme vor Aufregung, aber nicht frei von einem seltsamen Jubel, für dessen Analyse ich mir keine Zeit nehmen konnte, „was soll ich dieses Mal tun?"

Ich konnte mich nicht umdrehen und sie ansehen, denn ich musste dieses zwielichtige Trio immer noch im Auge behalten.

„Ich möchte, dass du zu deinem Auto gehst", sagte ich ihr über die Schulter, „und einsteigst und dann direkt nach Hause fährst. Und dann —"

„Das ist absurd", unterbrach sie.

„Ich möchte, dass du es tust."

„Aber das habe ich nicht vor", sagte sie und ignorierte meine Meisterschaft.

"Warum?"

„Ich war in dieser Sache schon zu feige. Es war schon schlimm genug, ohne dich so hier zurückzulassen. Also sei so freundlich, mir zu sagen, was ich tun kann."

Dafür mochte ich sie, und ich wollte es ihr gerade sagen, als ich unten das schnelle Stampfen und Klappern von Füßen hörte. Und ich spürte tief in meinen Knochen, dass es Belton und seine Männer sein mussten. Dann erinnerte ich mich an Mary und ihre Frage.

„Ich sage dir, was du tun kannst", sagte ich und zeigte auf Latreille . „Sie können diesen Mann fragen, was ich letztes Halloween mit meinem Auto überfahren habe."

Sie bewegte sich vorwärts, mit einem Gesicht, das zu diesem Zeitpunkt völlig ohne Angst war. Doch bei meiner Rede verfinsterte sich ihre Stirn, und sie blieb plötzlich stehen.

„Ich muss ihn nicht fragen", gab sie langsam zu.

"Warum nicht?"

„Weil ich es schon weiß."

" *Er hat es* dir gesagt?" „Forderte ich mit einem bösartigen und ziemlich unfreiwilligen Stoß meines Laufendes in einen von Latreilles Zwischenrippenräumen.

„Nicht direkt", antwortete die stets ehrliche Mary. „Aber durch ihn habe ich es herausgefunden. Jetzt weiß ich, dass es durch ihn geschah."

„Das dachte ich mir", schnaubte ich. „Und durch ihn werden Sie jetzt herausfinden, dass er ein Lügner und ein Verleumder war. Seien Sie also so freundlich, ihr zu erklären, Latreille , dass es sich um eine mit Stroh gefüllte Puppe handelte, die wir überfallen haben, eine Schrecksekunde für Menschen auf der Straße–" Krähe und sonst nichts!

Latreille antwortete mir nicht. Er stand lediglich mit fleißigen und halb geschlossenen Augen da, ein schlangenartiges, giftiges Blinzeln auf seinem farblosen Gesicht. Tatsächlich war es der alte Crotty, der das Schweigen brach.

„Wir reden weiter , junger Mann, wenn der richtige Zeitpunkt gekommen ist. Und wenn wir das tun, wirst du für eine solche Freveltat büßen, für einen unprovozierten Angriff auf anständige Bürger!"

„Nun, jetzt ist es soweit", verkündete ich prompt, denn ich hatte Beltons schnellen Schritt auf der Treppe gehört. Und im nächsten Moment schwang die Tür auf, und der standhafte Beamte stand da und blickte aufmerksam, aber vorsichtig, in die Ecke des Pfostens. Tatsächlich stand er mehrere Sekunden lang da und musterte ruhig jedes Gesicht und jeden Faktor der Situation. Erst als er durch die offene Tür eintrat, bemerkte ich den hässlich aussehenden Dienstrevolver in seiner rechten Hand.

„Das ist genau der Haufen, den wir wollen", verkündete der Beamte für Recht und Ordnung, als er sich wieder der noch offenen Tür zuwandte.

„Kommt rauf, Jungs, und bringt sie runter", rief er fröhlich und gesellig durch die Dunkelheit.

Mary kroch, als sie den Tumult dieser schnell stampfenden Füße hörte, ein wenig näher an meine Seite. Ich nehme an, die Beunruhigung war endlich durchgesickert und hatte den letzten Teil ihres Lockwood-Stolzes zerstört. Das Aufblitzen der wartenden Schusswaffen, die seltsamen Gesichter, die noch seltsameren Erlebnisse dieser Nacht schienen zu einer endgültigen und unerwarteten Unterwerfung ihres Geistes geführt zu haben. Zumindest dachte ich das.

„Könntest du mich nicht mitnehmen, Witter?" fragte sie ein wenig schwach und auch ein wenig wehmütig. Doch der Tonfall ihrer Stimme hatte etwas an sich, das meinen müden Körper erregte. Und dieser Nervenkitzel gab mir den Mut, einen Arm auszustrecken und das Gewicht ihres Körpers darauf ruhen zu lassen.

„Du wirst uns nicht wollen, oder, Belton?" Ich verlangte, und dieser langbeinige junge Offizier starrte uns einen oder zwei Moment lang geistesabwesend an, bevor er antwortete. Als er sich abwandte, tat er dies, um ein scheinbar langsam breiter werdendes Lächeln zu verbergen.

„ *Das* sind die Leute, die ich will", erwiderte er und winkte seinen drei Gefangenen zu. Und ohne noch mehr Atem oder Zeit damit zu verschwenden, half ich Mary hinaus und hinunter zum nilgrünen Roadster.

„Nein, lass mich", sagte sie, als sie meine Bewegung bemerkte, um auf den Fahrersitz zu steigen. Aber sie schwieg einige Minuten lang, während wir durch die ruhigen und schattigen Straßen hinausgingen.

„Witter", sagte sie schließlich und schluckte, „Sie müssen denken, ich bin ein – ein schrecklicher Feigling."

„ *Ich* war der Feigling", verkündete ich aus meinem plötzlichen Kummer heraus. Denn es gab bestimmte Dinge, die man furchtbar schwer vergessen würde.

"Du?" Sie weinte. „Nach dem, was ich gerade gesehen habe? Nach dem, wovor du mich gerettet hast? Oh, wie musst du mich verachten!"

„Nein", sagte ich mit einem eigenen Schluck. „Das ist nicht das richtige Wort."

„Ist es nicht", stimmte sie geistesabwesend zu.

„Das ist es nicht", wiederholte ich, „denn ich liebe dich!"

Sie reagierte nicht auf diese dumme und unzeitgemäße Erklärung. Tatsächlich schien ihre ganze Aufmerksamkeit auf das Fahren gerichtet zu sein.

„Aber in dieser anderen Sache war ich so feige", beharrte sie aus dieser zweiten Stille heraus. „Urteile ohne Verständnis, verurteile etwas, wozu ich selbst nur allzu bereit war!"

„Und es hat dich dazu gebracht, mich zu hassen?"

„Nein – nein. Ich hasse mich selbst!" Und ihre Geste war eine des Protests, eines leidenschaftlichen Protests.

„Aber du *musst* mich gehasst haben."

„Witter", sagte sie ganz leise und lehnte sich beim Sprechen ein wenig näher an das Lenkrad, als wären alle ihre Gedanken auf der schattigen Straße vor ihr, „ich habe dich nie gehasst – niemals! Ich konnte es nicht einmal schaffen." ich selbst."

"Warum?" Ich fragte, kaum wissend, dass ich gesprochen hatte.

„Weil *ich dich immer geliebt habe* ", sagte sie flüsternd, voller Tapferkeit. Und ich hörte, wie in meinem Herzen ein silbernes Glöckchen zu läuten begann, wie ein Vogel in einem Obstgarten, der den Frühling ankündigte.

„Halten Sie das Auto an!" Ich befahl plötzlich, als die wahre, herrliche Bedeutung dieser sechs Worte Mariens bis in den seltsamen Kern der Dinge vorgedrungen war, die wir unsere Seele nennen.

"Wozu?" forderte Mary, löste mechanisch die Kupplung und trat auf das Bremspedal. Sie saß da und starrte mir erschrocken ins Gesicht, als wir anhielten. "Wozu ? " sie wiederholte.

„Weil wir nie wieder etwas herunterfahren dürfen", teilte ich ihr feierlich mit.

„Aber ich verstehe nicht", begann sie, „warum –"

„Das liegt daran, dass ich dich küssen werde, meine Geliebte", sagte ich, als ich nach ihr streckte. „Und irgendetwas sagt mir, Mary, dass es furchtbar lang werden wird!"

DAS ENDE

www.ingramcontent.com/pod-product-compliance
Lightning Source LLC
LaVergne TN
LVHW040001200726
843493LV00005B/1088